國家社科基金重大項目（10&ZD104）

上海師範大學古籍整理研究所編
項目首席專家、主編　戴建國
主編　朱易安　傅璇琮　周常林

全宋筆記

第十編

六

国家出版基金项目
NATIONAL PUBLICATION FOUNDATION

大象出版社

顧　　問　王水照　朱瑞熙　徐　規　李裕民

項目首席專家、主編　戴建國

主　　編　朱易安　傅璇琮　周常林

編纂委員會（以姓氏筆畫爲序）

王劉純　朱易安　李亞娜　周常林　俞　鋼　查清華

徐時儀　陳　新　張劍光　傅璇琮　虞雲國　戴建國

目録

◉黄　震撰

黄氏日抄（一）

王廷洽　整理

點校説明

《黄氏日抄》，黄震撰。黄震字東發，人稱于越先生，生於寧宗嘉定六年(一二一三)，慶元府慈溪(今屬浙江)人。約理宗端平元年(一二三四)始應鄉試，寶祐四年(一二五六)進士。元前至元十七年(一二八〇)卒。卒後由其門弟子私謚「文潔」。黄震爲官清正，敢作敢爲，自吴縣尉屢擢至史館檢閲，又出知撫州，任江西提點刑獄、浙東提舉常平等職。爲官崇尚實務，治學不爲空文，曾説：「非聖人之書不可觀，無益之詩文不可作。」學宗程、朱，然有所修正。傳世的書籍除本書外，尚有《古今紀要》十九卷。《宋史》卷四三八有傳。

黄震爲官勤勉，治學亦日課不輟。南宋後期人們信服的學者、思想家、史學家。誠如元朝爲《黄氏日抄》作序的學者沈逵所言：「俾孔、孟、周、程、朱子正大之學燦然復明，如杲日行空，沈陰積靄廓焉爲之一清，有目者皆可睹也。方陸學盛行，慈湖楊簡氏宗陸者也，於公爲鄉人，公未嘗苟從，末俗波蕩中，卓見定力，一人而已。」當時陸九淵的學説風靡一時，黄震並不苟從，同時也並非絶對服從程、朱之學，而自有見地。

《黄氏日抄》原刊一百卷，今存九十七卷，其前六十八卷爲很有價值的讀書筆記。它的内容分佈爲：前三十二卷是讀儒家經典；卷三十三至四十五爲讀宋朝諸儒的著作；卷四十六至六十八爲讀史和讀諸子的内容。其卷六十九至九十七爲奏劄申明、公移講義、策問書記、序跋、祝文祭文、行狀墓誌等，不屬筆記，故此二十九卷此次整理不予收録。該書名爲抄寫筆記，實則闡發了黄震的理學家的政治觀，爲研究宋朝理學不可或缺的重要資料。同時對於宋代歷史文化、語言文字之研究及古籍校勘都有相當高的學術價值。

《黄氏日抄》初刻于宋亡之前，然書未及廣傳，即遭宋末戰火摧毁。形勢稍定，黄震之孫即「購求搜緝，補刻僅完」，由沈逵爲之作序，序成於後至元三年（一三三七）。此次整理，即以此元刻本爲底本（間或有闕頁，據文淵閣四庫全書本補之），校以明正德十四年書林龔氏明實堂本（簡稱明本）、《四庫全書》文淵閣本和文津閣本，個别之處亦採用耕餘樓刊本，并參校了相关典籍。此外，還參考了浙江大學出版社出版的《黄震全集》整理成果。

沈逵序

學以孔、孟爲師，師者，道之所存，其文則六經之書也。講習以窮理，躬行以達用，斷乎不可易者。宋儒標榜角立，互有異同，而象山陸氏始倡爲高遠驚世之論，謂「此心本明，不假言議，惟當自求以得之，凡講學即是異端，六經皆吾注脚。」一時聞人風靡從之，獨慈溪黄東發氏尊信周、程、朱子之説，以上探孔、孟、六經之旨，一切反之，躬行以爲實用。於士，必以操行自立；於官，必以職業自見。至讀《論語》，而於孝弟忠信，文公所以教人者，蓋佩服於終身焉。故自强仕用，明經家法，取科第，積州縣吏能，歷監司郡守，所至有異政，仁民厚俗，一本之禮義。立朝諤諤，敷對無隱情。雖遭讒去國，未究其設施，而言論氣節，千載有光，斯可謂不負所學者矣。公暇所學經史諸書，隨手考訂，並奏劄、申請、勸誡等作，凡百卷，名之曰《日抄》，鋟梓行於世。中值兵燬，諸孫禮之，懼祖訓之失墜，購求搜緝，補刻僅完，屬予序之。予惟科目利誘之弊至趙宋而極，其以道學云者，又皆從事空言。而於躬行大業或未之能。然彼其立異矯時，固爲賢智之過，望而可知其非，百餘年間未有以折衷。猶賴先生詳辨力詆，著之方册，俾孔、孟、周、程、朱子正大之學燦然復明，如杲日行空，沈陰積靄廓焉爲之一清，有目者皆可睹也。方陸學盛行，慈湖楊簡氏宗陸者也，於公爲鄉人，公未嘗苟從，末俗波蕩中，卓見定力，一人而已。世之師若弟子玩味是書，必若公之於文公，真體而力行之而後可以言學。顧予淺陋，何足以知先生？會秩滿將歸，禮之請之益勤，敬書於卷端，以爲願學者勉。若其文詞論述，浩瀚峻潔，特公之餘事，兹故可略云。至元三年，歲在丁丑，四月之吉，廬江沈逵序。

目録

卷一

讀孝經

漢興，河間人顏芝之子得《孝經》十八章，是爲今文《孝經》。魯恭王壞孔子屋壁，得《孝經》二十二章，是爲古文《孝經》。鄭康成諸儒主今文，孔安國、馬融主古文。而今文獨行。唐明皇詔議二家孰從？劉知幾謂宜行古文。諸儒爭之，卒亦行今文。明皇自註《孝經》，遂用今文十八章者爲定本。我朝司馬温公在秘閣，始專主古文《孝經》，作爲指解而上之。至以世俗信僞疑真爲言【一】。

愚按《孝經》一耳。古文、今文特所傳，微有不同。如首章今文云「仲尼居，曾子侍」，古文則云「仲尼閒居，曾子侍坐」；今文云「子曰『先王有至德要道』」，古文則云「子曰『參先王有至德要道』」；今文云「夫孝，德之本也，教之所由生也」，古文則云「夫孝，德之本，教之所由生」。文之或增或減，不過如此，於大義固無不同。

至於分章之多寡，今文《三才章》「其政不嚴而治」，與「先王見教之可以化民」通爲一章，古文則分爲二章。今文《聖治章》第九「其所因者本也」，與「父子之道天性」通爲

校勘記

【一】至以世俗信僞疑真 「僞」原作「爲」，據明本、文津閣本改。

一章，古文亦分爲二章。「不愛其親而愛他人者」，古文又分爲一章。章句之分合率不過如此，於大義亦無不同。

古文又云：「閨門之内具禮矣乎！嚴父、嚴兄、妻子、臣妾猶百姓徒役也」，此二十二字今文全無之，而古文自爲一章，與前之分章者三，共增爲二十二。所異者又不過如此。非今文與古文各爲一書也。若以今文爲僞，而必以古文爲真，恐未必然。

至晦庵朱先生因衡山胡侍郎及玉山汪端明之言就古文《孝經》作《〈孝經〉刊誤》，以《天子》至《庶人》五章皆去「子曰」與引《詩》云之語，而併五章爲一章，云：「疑所謂《孝經》者，本文止如此。」而指此爲「經」，其餘則移置次第，而名之爲「傳」并刊。其用他書竄入者，如「孝，天之經，地之義」至「因地之義」爲《春秋左氏傳》載子太叔爲趙簡子道子産之言。如「以順則逆」以下爲《左氏傳》所載季文子、北宫文子之言。如「進思盡忠，退思補過」亦《左傳》所載士貞子之言。遂以《孝經》爲出於漢初《左氏傳》未盛行之前。且云「不知何世何人爲之。」凡係先儒考《孝經》之異同如此。

愚按《孝經》視《論語》，雖有衍文，其每章引《詩》爲斷，雖與劉向《説苑》、《新序》、《列女傳》文法相類。而孝爲百行之本，孔門發明孝之爲義，自是萬世學者所當拳拳服膺。他皆文義之細而不容不考，至晦庵疏剔瞭然矣。《嚴父配天》一章，晦庵謂孝之所以爲大者，本自有親切處，使爲人臣子者皆有，今將之心反陷於大不孝。此非天下通訓，而戒學者詳之，其義爲尤精。

愚按《中庸》以追王大王、王季爲達孝，亦與此章《嚴父配天》之孝同旨。古人發言，義各有主，學者宜審所躬行焉。若夫推其事之至極，至於非其分之當言，如晦庵所云者，則不可不知也。「今將」事，見《公羊傳》昭元年。

卷二

讀論語

聖人言語簡易而義理涵蓄無窮。凡人自通文義以上讀之，無不犂然有當於心者，讀之愈久則其味愈深。程子所謂「有不知手舞足蹈，但以言語解着，意便不足」，此說盡之矣。故漢、唐諸儒不過詁訓以釋文義，而未嘗敢贊之辭。自本朝講明理學，脱去詁訓，其說雖遠過漢、唐，而不善學者求之過高，從而增衍新說，不特意味反淺，而失之遠者或有矣。

至晦庵爲《集注》，復祖詁訓，先明字義，使本文坦然易知。而後擇先儒議論之精者一二語附之，以發其指要。諸說不同，恐疑誤後學者，又爲或問以辨之。我輩何幸，乃獲蒙成，敬受熟誦，體之躬行，庶不負先儒拳拳之意耳。近世闢晦庵字義者，固不屑事此。其尊而慕之者，又爭欲以注解名家，浩浩長篇，多自爲之辭，於經漸相遠甚者。或鑿爲新奇，反欲求勝，豈理固無窮耶？

震自幼蒙先父之教，常讀晦庵《論語》，長，師宗諭王貫道先生，見其朝夕議論，常不出晦庵《論語》，謂晦庵讀盡古今注解，自音而訓，自訓而義，自一字而一句，自一句而一章，以至言外之意透徹無礙，瑩然在心如琉璃然，方敢下筆，一字未透，即云未詳。震自此益信受誦讀，但知喜悦而不能宣諸口。今年踰六十，遺忘是懼，官所竊暇，復讀而間記《集注》、《或問》偶合參考，及他説不同者一二，以求長者之教，餘則盡在《集註》矣。

學而篇

學而時習章

近世有石賡學於晦庵門人李閎祖，作《四書疑義》，謂晦庵注此章學之爲言效也。人性皆善而覺有先後爲有病，必言氣稟有清濁，故質有昏明，而覺有先後。愚謂此於文字上生枝節，實則覺有先後，則清濁、昏明者已在其中矣。晦庵折衷諸家而歸之簡浄，讀《集注》者何必更以求多爲哉！若陸象山嘗謂《論語》有無頭柄底説話，如「學而時習之」不知時習者何事？及其門人楊慈湖又改「時習」爲「不習」，其説不知何如？要之，學者且當尊信吾聖人之訓。

有子孝弟章

按《論語》首章言學，次章即言孝弟，聖門之教人莫切於孝弟矣。此章象山斥其爲支離，固不可知。程子言爲仁以孝弟爲本，論性則以仁爲孝弟之本。性中只有仁、義、禮、智，曷嘗有孝弟來？其説性尤精，而性中曷嘗有孝弟之語？後學乍見，亦或以爲疑。蓋實則父子之道天性，而其説微覺求多於本文之外也。

晦庵《或問》中云：孝弟則固仁之發而最親者。此語爲婉而切，似當收置《集注》，使學者知孝即仁之事，而仁即性之有可也。因嘗思理一而已，聖賢發明，則愈久愈備。大舜時止説克諧以孝，未曾説仁，湯時方説仁，乃與寬對説。孔子説仁，又多與智對説。至孟子方説仁、義、禮、智四者，而理益大備。程子謂曷嘗有孝弟，蓋以孟子之説釋有子之説爾。要之，有子時未有四者之説，亦未專主於説性。孝弟爲仁之本，理脉固自渾融。且孟子雖分仁、義、禮、智爲四端，他日又嘗謂仁之實，事親是也。聖賢立論，惟理是務，亦未嘗拘一端。其言仁義，亦未嘗不根於孝弟，故孔子嘗曰：「夫言，豈一端而已。」夫各有所當也。

曾子三省章

《集註》首載尹氏曰：「曾子守約，故動必求諸身。」語意已足矣。次載謝氏曰：「諸子之學，皆出於聖人，其後愈遠而愈失其真。獨曾子之學專用心於内。惜其嘉言善行不盡傳。」竊意用心於内者無形，動求諸身躬行也。其所指之一虚一實已不同。蓋心所以具萬理而應萬事，正其心者，正欲施之治國、平天下。孔門未有專用心於内之説也，用心於内，近世禪學之説耳。後有象山因謂曾子之學是裏面出來，其學不傳；諸子是外面入去，今傳於世，皆外入之學，非孔子之真。遂於《論語》之外自稱得不傳之學。凡皆源於謝氏之説。此説今視晦庵殊不侔，使晦庵《集註》於今日，謝氏之説不知亦收載否？二説雖《集註》所並收，然不可不考其異。

入孝出弟章

晦庵於《或問》載蘇氏之説云：今之教人者，引之極高，示之極深。教者未必能，學者未必信，務以誕相勝，風俗之壞必自此始。夫晦庵豈不悟蘇氏此語之爲譏伊川哉！而載之。或者其懲伊川門人之弊歟。

三年無改章

晦庵於《集注》取尹氏之説，曰：如其道，終身無改可也。如其非道，何待三年？三年無改者，孝子之心有所不忍故也。次取游氏之説，曰：三年無改，亦在所當改而可以未改耳。其於《或問》則斷以尹氏得用心之本，游氏得制事之宜。又設《或問》曰：必若尹、游之説，則夫子之言得無有所不盡者乎！蓋不可改則終身不改，固不待言其不可以待三年，又非常之事不可以預言矣。此又晦庵足尹、游之説而完其義者也。

愚按尹、游二説皆因禮有三年之喪而釋三年爲親喪之三年，因孟莊子不改父之臣與父之政，而釋不改爲親歿三年之間不改其行事。竊意此章本意本不爲親歿而發。特「三年」字與「不改」字，與它處説人子居喪事偶同耳。夫人子於其父之道，誰不知體之而持久爲難。父在之時隱於志者，三年無改其道，父殁之後見於行者，三年無改其道。則其拳拳於親而不敢違，始爲可知耳。三年者，槩言其久。似與顔子「三月不違仁」語脉相近。且夫子既明舉父在與父殁兩事而言，則非獨指居喪而言也。明言於父之道，又非獨指其居喪行事而言也。必如古者之説，徒主其三年之文，而不暇顧其父在之文矣。三年有成、三年大比、三年成都、三年視敬業樂群，皆要久而言，豈徒三年之喪稱三年哉！而必以三年爲居喪耶？

知和而和章

本意不過禮以和爲貴，和又當以禮節之耳。范氏以「知和而和」屬之樂，而晦庵取焉。禮樂雖相關，但恐於本文有添。

因不失其親章

《集注》以爲「所依者不失其可親之人，則亦可宗而主之矣」，是一章三節各自爲義也。《或問》以爲「因上二者而不失其所親，則爲可宗」，則下一節承上二節而言也。恐不若《集注》爲徑，然此一節終覺未易曉。先師王宗諭貫道嘗講此章云：宗者，人所取爲宗師，宜超然卓立之人也。因者，因仍於古而非自立者也，惟因而不失其可親之人，則源流既正，亦可宗之也。此語似於《集注》有發。

爲政篇

民免無耻章

《集注》謂苟免刑罰而無所羞耻。《或問》謂范、吕、謝、尹氏皆以苟免爲言，殊失文意。蓋所謂免，正以其革面而不敢爲非，真有免爲罪戾耳【一】。豈冒犯不義以至於犯上作亂，而脱漏憲網，以幸免於刑誅之謂哉！愚按二説似微不同，實則經文惟言免字，晦庵言苟免字以發之，恐後學看苟字粗淺，故於《或問》故再發以足之。此等似當入《集注》。

十五志學章

程子謂孔子自言進德之序如此。此語盡之矣。諸儒議論疊出，皆因待聖人過高，謂聖人不待學故也。然聖人亦與人同耳。晦庵斷以非心實自聖，而姑爲是退託。此語尤有味，而學者宜知所勉矣。

攻乎異端章

孔子本意似不過戒學者它用其心耳。後有孟子闢楊、墨爲異端，而近世佛氏之害尤甚，世亦以異端目之。凡程門之爲佛學者，遂陰諱其説而曲爲回護。至以攻爲攻擊，而以孔子爲不攻異端。然孔子時未有此議論，説者自不必以後世之事反上釋古人之言，諸君子又何必因異端之字與今偶同而回護至此耶？

【一】真有免爲罪戾耳　「爲」原作「於」，據明本、文津閣本改。

舉直錯枉章

舉直錯枉而民服，詞義曉然自不待注。所不可曉者諸字耳。兩語交互，歸宿正在諸字。若單云舉直錯枉，舍諸字不言，則不可耳。今《集注》以諸字作衆字說，如諸侯之「諸」，是云衆枉衆直也。然晚學亦未易曉，或疑「諸」者，助辭，即「之於」二字之連聲。錯者，置也，如賈誼置諸安處則安之類。錯諸者，猶云舉而加之也，舉直者而置之於枉者之上，是君子在位，小人在野，此民所以服。或舉枉者而置之於直者之上，是小人得志，君子失位，此民所以不服。庶幾此章兩下相形之意方明，未知然否。若如舊說，則舉者，用也；錯者，不用也。二字相背。若如今說，則舉者舉斯加彼之舉也，錯者置之於此之名也。二字相因，其義訓皆不同矣。

八佾篇

君子無爭章【二】

辭義曉然，本無可注。近世立高論者回護爭字，其說雜然。晦庵本注疏舊說《射禮》爲證，其說始平。於是知好議論而忽注疏者可戒也。

使民戰栗章

蘇氏謂公與宰我謀誅三桓，而爲隱辭以相語。有以問尹氏者，尹氏艴然曰：說經而

【二】君子無爭章　「君」原作「右」，據《論語》改。

欲新奇，何所不至矣。此論最於説經有益，聞者當戒。

胡氏因郊社之文，以社爲祭地之禮。晦庵曰：未可知也。然其言有據，存而考之可也。愚謂社固祭地也，然所祭指吐生百穀之土，與稷爲比，則舉地之一而言之，自王社以下皆然，故春祈、秋報皆于社焉。若王者父天母地之大祭，全舉地而言，恐又不止此社而已。

三歸

《集註》云：三歸，臺名。事見《説苑》。而《或問》載舊説婦人謂嫁曰歸，三歸云者，一娶三姓而備九女，如諸侯之制也。愚按《説苑》謂管氏避得民而作三歸，殆於蕭何田宅自汙之類，想大爲之臺，故言非儉。而臺以處三歸之婦人，故以爲名歟。

反坫

鄭註謂坫在兩楹之間，反爵其上。按今世釋奠反爵，乃以四方板而圓坎其中，或云此反坫之餘制，然坫字從土，而云在兩楹間，豈常設之者歟。按《郊特牲》臺門而旅樹反坫，《雜記》旅樹而反坫。鄭氏亦以樹爲屏，以反坫爲反爵之地。然《内則》載閣食之制云：士於坫。《明堂位》載朝會之制云：反坫出尊，崇坫康圭。《士虞禮》載苴茅之制云：饌于西坫上。是則累土而爲之者皆可名坫。而坫亦有高、卑、東、西之不同，非必反爵之處也。如臺門而旅樹反坫，當是立反坫於臺門之内，如今行在所之騏驥院、牛羊司，與凡營壘多於臺門内立土牆之類歟。鄭氏之釋反坫皆本《論語》，其指坫爲反爵，皆本好之一字，意兩君之好，爲飲酒故云耳。然以坫之反爲爵之反，似異於經文。又按《汲冢周書》云：乃立五宫，咸有四阿反坫。註云：反坫，外向室也。則反坫又非反爵之地，反主坫言非主爵言也。反殆向外之名，坫殆别設大門屏之名。豈兩君之好，必欲容其儀衛之衆，而爲此外向之室歟。世遠不可知。若據《郊特牲》以反坫與臺門相聯，《汲冢書》以反坫與四阿相聯，則《論語》以反坫與樹塞門相聯，恐均爲宫室僭侈之事。

里仁篇

里仁爲美章

注以焉得知爲失其是非之本心。理固如此，但本文自明白，此語恐覺微重耳。

安仁利仁章

謝氏謂仁者，心無内外、遠近、精粗之間，非有所存而自不亡。竊疑此佛氏心學之説。若夫子本旨不過謂仁者安仁，與仁爲一耳。又謂知者未能無意。竊疑此亦佛氏絶意念之説。若夫子本意不過謂知者知仁之爲美，慕而行之耳。異端之説皆從《莊子·寓言》「死灰其心」一語來，近世諸儒或慕其高而言之。然人決不能無心，心決不能無意，心是活物，凡動處皆是意，特意有美惡耳。雖仁者安仁，此心亦何嘗不流行哉！於吾夫子「七十而從心所欲，不踰矩」，可知矣。

無適無莫章

君子於天下無必欲爲之心，亦無必不爲之心，惟義是從而已。此本旨也。無此兩者，惟有義耳。謝氏謂於無可無不可之間，有義存焉，則於兩者之間參酌其義，又是一意，與經旨微不同。

吾道一以貫章

聖人之道泛應曲當，無非此理，故曰一以貫之。忠以盡己，恕以及人，則此道之所以泛應曲當，而能一以貫之者也。異端借一貫之字以證不二之説，近或推之愈高，謂道本自一，不必言貫，此固非後學所敢言。諸儒疑一貫之道大，而忠恕不足以當之。至有天人體用等辨，恐亦不若平心只味本文也。

公冶長篇

乘桴浮海章

程子謂浮海之歎，傷天下之無賢君。晦庵於《集註》録之，於《或問》言其未盡善。因知經旨之本明白者，不必贅辭也。當從《或問》。

非爾所及章

諸説以仁字總罩一章之意，因而説仁恕不同，於本文似不曾解。竊意理雖一定，而人情不齊，在己者可勉，在人者不可强。我欲無加諸人可能也，欲人之無加諸我，不可必也，故以爲非爾所及耳。故夫子言己所不欲，勿施於人，盡其在己而已。《大學》言「所惡於上，勿施於下」，以至左右前後皆然，亦盡其在己而已。必欲强人之我若，而彼此皆平，則豈可得哉？姑誌所疑，以俟請問。

性與天道章

子貢明言「不可得而聞」，諸儒反謂其得聞而歎美。豈本朝專言性與天道，故自主其説如此耶！要之，子貢之言正今日學者所當退而自省也。

令尹子文註云：鬭穀於菟。石賡云穀本作穀，乳也，借作穀。

雍也篇

居敬行簡章

《集註》云伯子蓋太簡者，而仲弓疑夫子之過許。蓋未喻夫子可字之意，而其所言之理有默契焉者，故夫子然之。《或問》云：夫子雖不正言其居簡之失，而所謂可者，固有未盡善之意矣。仲弓乃能默契聖人之微旨，而分别夫居敬居簡之不同，夫子所以深許之也。愚按二説皆出晦庵而不同，恐當從《或問》之説。

孟之反不伐章

《集註》載謝氏稱孟之反無欲上人之心，及孟之反可法之語。《或問》以謝氏爲過，且云恐非夫子之意。夫釋經亦順其本旨而已。合參《或問》之説。

祝鮀宋朝章

范氏説「無鮀之佞而獨有朝之美」，協於「不有」至「而有」之文。晦庵以巧言令色不得分輕重而去其説。且以「無虐惸獨而畏高明」比此句之句法。然《書》云無者，總爲禁止之辭。「虐惸獨而畏高明」是一句而平下兩事，兩事相比也。此句「不有祝鮀之佞而有宋朝之美」相反者，是一句而兼下兩事，兩事相反也。句法似亦不類。如以辨佞爲尤足以苟免亂世，而宋朝自然之美色，與人爲之令色亦不同，則范氏分輕重之説，恐亦自通。學者更詳之。

何莫由斯道章

洪氏將何字少歇，而以人莫能由斯道。晦庵獨取之，蓋云世之不由於道者不少也。程氏等説謂人何能不由此道，若曰日用常行者，皆道也。蓋衆説説得道字輕，指天下之道也，故以爲莫不由之。洪説説得道字重，指道之踐履於身者也，故以爲莫能由之。恐合參考。

人之生也直章

《集註》獨取明道云：生理本直，罔不直也，而亦生者幸而免爾。《或問》則盡辨伊川以下諸説爲未然。愚意罔對人而言，蓋罔罔然不知所以爲人者也。幸而免對生也直而言，蓋僥倖苟免不能直者也。人之生也，直而已，罔之生也，不能直，幸免而已。幸而免者，低回委曲，苟全其生者也。

述而篇

子所雅言章

程曰：若性與天道，則有不可得而聞者，要在默而識之也。愚按本文未嘗及此。

怪力亂神章

以怪、力、亂非理之正，而别，指鬼神爲造化之迹非不正，是一律而分輕重。然載謝氏之説，謂語常不語怪，語德不語力，語治不語亂，語人不語神，一體平説，尤於經文協也。

泰伯篇

泰伯至德章

觀「三以天下讓」之説，則商德日衰，周德日興，太王父子兄弟已曉然知天命、人心之有歸，預視天下爲周之將有矣。《書》稱太王肇基王迹，《詩》稱至于太王，實始翦商，與夫子之言皆合。至歐陽公作《〈泰誓〉論》，始爲周人追諱其事。竊意聖人明白洞達，初無可諱者，故晦庵《集注》惟直述其事，《或問》於三讓亦姑舉禮辭、固辭、終辭，而不敢質其說。蓋三辭乃飲食賜予之事，故晦庵不敢確言，以爲三讓天下之說。三讓事見下方。

《或問》有疑泰伯父死不赴，傷毀髮膚，皆非賢者之事。晦庵辨以太王之欲立賢子聖孫，爲其道足以濟天下，而非有憎愛之間，利欲之私也。是以泰伯去之而不爲狷，王季受之而不爲貪。父死不赴，傷毀髮膚而不爲不孝。使泰伯而不有以深自絶焉，則亦何以必致國於王季而安其位哉！

愚按王充《論衡》謂泰伯知太王欲立王季，入吴采藥，斷髮文身以隨吴俗。太王薨，泰伯還，王季再讓，泰伯不聽，三讓曰：吾之吴越，吴越之俗斷髮文身，吾刑餘之人，不可以爲宗廟社稷主。王季始知其不可而受之。此其所載頗詳，且與吾夫子三以天下讓之説合，可以破或者信史書言泰伯父死不赴之疑。

《或問》又載蘇黄門謂子夏言泰伯端委以治吴，則未嘗斷髮文身。愚按黄門作《古史》，專據《左傳》以闢《史記》。然世遠，安知此是而彼非耶？今其主《左傳》謂，至仲雍而後斷髮文身，則惑矣。泰伯、仲雍始入吴而斷髮文身者，隨其俗也，泰伯果端委於其先矣。仲雍繼之爲君，而方斷髮文身，豈人情耶？且斷髮文身者，始入吴之事也，端委而治者，吴人尊信之後，泰伯君吴之事也。髮雖嘗斷，何妨復長；身雖嘗文，何妨被衣。兩義固不相害也。其始隨俗，及得位則臨之以禮，理固然也。若謂泰伯端委至仲雍繼位而後斷髮文身，是謂仲雍不肖也。爲君而不肖者有矣，未有下同庶民者也。且時仲雍已老矣，髮星星何可斷？身黑者何可文耶？

子罕篇

子罕言利章

《集注》惟載程氏之言曰：計利則害義，命之理，微仁之道大，故皆罕言。愚按自孟子不言利，世以利爲不美字，而此章以利與命、仁並言，故世疑之。惟《或問》中晦庵言：利者，義之和，全於義則利自至。若多言利，則人不知義而反害於利矣。命者，天之令，修己以俟，然後可以立命。若多言命，則人事不修而反害於命矣。仁者，性之德，必忠信篤敬，克己復禮，然後能至。若多言仁，則學者憑虚躐等，而反害於仁矣。三者皆理之正，不可以不言；而憂深慮遠，又不可以多言也。此言似合入《集註》，可免世俗分輕重美惡之疑。

鄙夫空空章

《或問》謂空空指鄙夫而言。此語合入《集註》，蓋《集註》末嘗明言空空指誰。

先進篇

先進於禮樂章

晦庵以先進爲前輩，野人爲郊外之民，後進爲後輩，君子爲士大夫。此甚平實。引程子曰：先進於禮樂，文質得宜。今反謂之質朴而以爲野人。愚謂若以先進爲朝廷邦國行禮樂之人，則宜如程子宛轉其説。若泛言前一輩人，而於禮樂亦止泛言於禮樂之事。則程子之説視本文爲有添矣。或止云先輩質朴，故於禮樂之事猶野人也，則與晦庵叶。

子路曾皙冉有公西華侍坐章

四子侍坐，而夫子啓以如或知爾，則何以哉！蓋試言其用於世當何如也？三子皆言爲國之事，皆答問之正也。曾皙，孔門之狂者也，無意於世者也，故自言其瀟灑之趣，此非答問之正也。夫子以行道救世爲心，而時不我予，方與二三子私相講明於寂寞之濱，乃忽聞曾皙浴沂、詠而歸之言，若有觸其浮海居夷之云者【三】，故不覺喟然而歎，蓋其意之所感者深矣。所與雖點而所以嘆者，豈惟與點哉！繼答曾皙之問，則力道三子之美，夫子豈以忘世自樂爲賢，獨與點而不與三子者哉！

後世談虚好高之習勝，不原夫子喟嘆之本旨，不詳本章所載之始末，單摭與點數語而張皇之，遺落世事，指爲道妙。甚至謝上蔡以曾皙想像之言爲實有暮春浴沂之事，云三子

【三】若有觸 「觸」原作「獨」，據文津閣本改。

爲曾晳獨對春風，冷眼看破，但欲推之使高，而不知陷於談禪。是蓋學於程子而失之者也。程子曰：子路、冉有、公西華言志，自是實事。此正論也。又曰：孔子與點蓋與聖人之志同，便是堯、舜氣象。此語微過於形容，上蔡因之而遂失也。曾晳豈能與堯、舜易地皆然哉！至若謂曾晳狂者也，未必能爲聖人之事，而能知夫子之志，遂以浴沂詠歸之樂指爲老安少懷之志。曾晳與夫子又豈若是其班哉！

竊意他日使二三子盍各言爾志，此泛言所志，非指出仕之事也。今此四子侍坐而告以如或知爾，則何以哉，此專指出仕之事，而非泛使之言志也。老安少懷之志，天覆地載之心也，適人之適者也。浴沂詠歸之樂，吟風弄月之趣也，自適其適者也。曾晳固未得與堯、舜比，豈得與夫子比，而形容之過如此，亦合於其分量而審之矣。

顔淵篇

顔淵問仁章

註云：爲仁者所以全其心之德也。愚按此章前曰「克己復禮爲仁」，後曰「爲仁由己」。此註恐指爲仁由己之爲仁耳。蓋以語脉而詳之，克己復禮爲仁，云克己復禮即所爲仁，爲非用力之字。若爲仁由己，則爲乃用力之字。語雖相似而脉則不同也。要之，爲仁之工夫即是上文克己復禮，盍更詳之。

惜乎夫子之説君子章

註云：謂棘子成之言，乃君子之意。愚按上文棘子成曰：「君子質而已矣。」故子貢指其説君子，恐非其所言别有君子之意也。合審。

子路篇

仲弓問政章

程子謂仲弓問焉知賢才而舉之。子曰「舉爾所知，爾所不知，人其舍諸？」便見仲弓與聖人用心之小大，推此義則一心可以興邦，一心可以喪邦，只在公私之間耳。愚按仲弓正問舉才之方，而孔子教之耳。程子豈意其不欲舉才而推其弊至此歟。范氏曰：失此三者，不可以爲季氏宰，況天下乎？恐亦衍文。

憲問篇

霸諸侯

註云：霸與伯同，長也。愚意：天下之主謂之王，諸侯之長謂之伯。此指其定位而名也。以德方興而爲天下所歸則王，平聲。聲轉而爲王，去聲。王政不綱而諸侯之長自整齊其諸侯則伯，聲轉而爲霸，皆有爲之稱也。正音爲静字，轉聲爲動字。

商、周之初，諸侯猶未强大，故有德易以興。周衰，諸侯强大，地醜德齊，莫能相一。管仲輔齊，僅能以智力總率之，使之尊周攘夷，其濟世之功亦不少，故夫子稱之。若孟子之言，則又存萬世之常道。

孔子沐浴而朝章

胡氏曰：仲尼此舉，先發後聞可也。愚謂孔子於義盡矣。此事果可先發後聞，則夫子亦爲之矣，不待胡氏發其所不及也。此言似不必附《集註》。

衛靈公篇

有教無類章

註專主變化氣類。愚恐夫子與進互童，孟子來者不拒之意，皆在其中也。

季氏篇

季氏將伐顓臾章

《集註》云：遠人謂顓臾分崩離析，謂四分公室，家臣屢叛。《或問》載蘇氏考究，定公十年子路爲季氏宰，哀公十一年冉求爲季氏宰，則伐顓臾在季康子之世。哀公七年季康子伐邾以召吴寇，故曰遠人不服而不能來也。十五年公孫宿以成叛，故曰邦分崩離析而不能守也。恐當以《或問》所載爲正。蓋顓臾在邦域之中,難指其爲遠人,而夫子此語正因季氏將伐顓臾,而槩及當時之國事,謂他有當理者尚多也。所謂遠人,非正指將伐之顓臾也。

陽貨篇

性相近章

性者,此理素具於此心,人得之於天以生者也。自一陰一陽之謂道,而繼之者善。于以賦予於萬物,人爲萬物之靈,其性之所自來,固無有不善。而既屬於人則不能以盡同,故夫子一言以蔽之曰「性相近也」。至孟子當人欲横流之時,特推其所本然者以曉當世,故專以性善爲説,自此言性者紛紛矣。由今觀之,謂性爲相近,則驗之身,稽之人,參之往古,考之當今,上探之聖賢,下察之衆庶,無一不合,信乎其爲相近也。謂性爲皆善,則自己而人,自古而今,自聖賢而衆庶,皆不能不少殊。雖禹、湯、文武之聖,亦未見其盡與堯、舜爲一。孟子蓋獨推其所本然者以曉人也。

言性之説,至本朝而精,以善者爲天地之性,以不能盡善者爲氣質之性。此説既出,始足以完孟子性善之説。世之學者乃因此陰陋吾夫子之説,而不敢明言其爲非,則曰性相近是指氣質而言,若曲爲之回護者。然則孟子之言性何其精,而夫子之言性何其粗耶！竊意天命之謂性，所謂天地之性，是推天命流行之初而言也，推性之所從來也；所謂氣質之性，是指既屬諸人而言也，斯其謂之性者也。夫子之言性亦指此而已耳。

本朝之言性特因孟子性善之説【四】，揆之人而不能盡合。故推測其已上者，以完其義耳。言性豈有加於夫子之一語哉？且天下之生，凡同類者無有不同，而纖悉則不能盡同，此其所以爲造化之妙。如桐梓之生一也，而枝條花葉之横斜疏密則無一同，然要其所以爲桐梓者，終相若也。此相近之説也，而可以知人矣。人之形體一也，而耳目口鼻之位置、美惡則無一同，然要其所以爲人者，終相若也。此相近之説也，而可以知其無形者矣。人之能言一也，而其聲音之清濁高下，則無一同。然要其所以爲人聲者，終相若也。此相近之説也。而可以推人之性矣。其賦自天，何有不善，自陰陽雜揉，屬之人而謂之性，宜不能粹然而皆善。此相近之説也。奈何獨主性善之説，而遂廢性相近之説耶？

故嘗謂夫子言性相近，惟指其實然者，故他日言中人以上，中人以下，生而知，學而知，人品節節不同，皆與相近之言無戾。孟子專言性善，惟推其本然者，故他日言二之中、四之下，性之反之，先覺後覺，人品亦各各不同，終歸於夫子相近之説。學者亦學夫子而已。夫子未嘗言性，言性止此一語，何今世學者言性之多也？無亦知其性之相近而戒其習之相遠可乎！孟子言忍性是性不能皆善而忍，亦習之義也。

【四】特因孟子性善之説　「特」原作「持」，據明本、文津閣本改。

匏瓜

黄勉齋宰臨川，刊臨川人應抑之《天文圖》，有匏瓜星，其下註云：《論語》，吾豈匏瓜也哉！焉能繫而不食，正指星而言。蓋星有匏瓜之名，徒繫於天而不可食。正與維南有箕，不可簸揚，維北有斗，不可挹酒漿同義。又建昌吴觀附此於《四書疑義》，未知然否？

微子篇

虞仲

註云：虞仲即仲雍，與泰伯同竄荆小蠻者。愚按仲雍嘗治吴爲君，恐不可言逸民，亦無隱居放言之事。兼仲雍生伯夷、叔齊之前，使虞仲果仲雍也，亦何爲反序次於夷，齊之後。恐先儒自有所據耳。

堯曰篇

雖有周親不如仁人

《集註》載孔氏曰：周，至也。言紂至親雖多，不如周家之多仁人。《或問》則曰：范氏之説，因上文而以周親爲周室之親，亦善，但於《書》文不協。愚意於《書》文雖不協，於本文則協，且免得添「紂」字與「多」字，又免得改「周」字爲「至」字，似當兩存耳。又按古註，孔曰：親而不賢不忠則誅之，管、蔡是也。仁人謂箕子、微子來則用之。此説雖大賚之初，未有管、蔡之事，而狀不如意甚明。

卷三

讀孟子

梁惠王上

梁惠王問利國。孟子言利之害，而進以仁義之效。梁惠王問沼上之樂。孟子言獨樂之患，而進以與民同樂之效。齊宣王問桓、文，則黜桓、文之無足道，而進以行王道。齊宣王有不忍一牛之心，則反覆言之而使推此心保四海。及教齊、梁以王道，又皆歸之耕桑、孝弟之實，無非因其機而誘進之【一】。晦庵《集註》已各發其旨趣之歸，辭意瞭然，熟誦足矣。

梁惠王下

齊宣王好世俗之樂，非也，而孟子不之非。廣四十里之囿，非也，而孟子不之非。不毀明堂，非也，而孟子不之非。好貨、好色皆非也，而孟子不之非。惟一切因其機而順導

校勘記

【一】無非因其機而誘進之　「誘」原作「詩」，據明本、文津閣本改。

之，使無不與民同之，以歸於行王之道焉。蓋齊，大國也，可以有爲於天下，故誘進之如此，此孔門之所謂權者也。滕，小國，惴惴自保而其君又賢，則惟以正對而不爲誘進之辭。凡其旨義，則皆《集註》備之矣。

按《史記》載梁惠王三十五年孟子始至梁，後二十三年，當齊湣王十年，齊伐燕，孟子在齊。《古史》乃謂孟子先事齊宣王，後見梁惠、梁襄及齊湣王。晦庵序《孟子》，謂未知孰是。晦庵又謂《孟子》以伐燕爲宣王時事，與《史記》、《荀卿》等書皆不合。《通鑑》以伐燕爲宣王十九年【二】，則是孟子先游梁而後見齊宣王，亦未知孰是。按《史記》齊伐燕有二事：齊宣王先嘗伐燕，燕文公卒，易王初立，齊宣王因燕喪伐之，取十城，是即《孟子·梁惠王》篇所載問答，稱齊宣王者也，此一事也。稱宣王者，孟子作於宣王已没之後，故以謚稱，而趙岐註亦稱齊宣王也。齊湣王後又伐燕，燕王噲以燕與子之，齊伐燕，下燕七十城，是即《孟子·公孫丑》篇所載，沈同問燕可伐歟者也。此又一事也。止稱齊王者，作《孟子》時，湣王尚在，未有謚之可稱。趙岐註亦止稱王也。燕噲遜國在齊宣卒後九年，湣王伐燕，在齊宣卒後十年，以此見伐燕噲，非齊宣甚明。孟子以周顯王三十三年見梁惠王，齊宣王以周顯王四十五年卒，其子湣王立，在位四十年。孟子初見梁惠王，已稱爲叟，姑以五十歲約之，又後之二十三年齊湣方伐燕，孟子當年七十四五歲，距湣王之卒，孟子約一百餘歲，孟子當不及見湣王卒，故《孟子》書自《公孫丑》篇後凡涉齊事，皆止

【二】通鑑以伐燕爲宣王十九年　「鑑」原作「監」，據明本、文津閣本改。下文同。

稱「王」。陳賈作《周公未盡仁智論》，終篇止説齊王，蓋嘗考究《古史》、《通鑑》少誤，近世師儒援爲王留行事，有謂區區齊宣，不足爲聖世道。説者遂亦誤指伐噲爲齊宣王事。故私記之，以俟考古者質焉。右係鄉人蔣監簿曉之説。

公孫丑上

前二篇皆載游説齊、梁之説，此篇因公孫丑預設當路於齊，動心否乎之問，遂明不動心，以及知言養氣之説。繼以王霸之説，繼以仁不仁之説，又繼以不忍之心而發明四端之説。凡皆多前聖所未發，有益萬世者。其指要已備於晦庵之《集註》，讀之瞭然，後學不待贅一辭矣。

公孫丑下

孟子游説齊、梁備於前篇，否，亦多因言齊事而發之。此篇惟首章言多助寡助之分，豈亦爲齊而發者歟？餘則載游説齊王始終進退之節，蓋孟子拳拳救世之心，雖齊宣不足以共此，而其因以垂訓萬世，皆因齊王發之也。

滕文公上

齊、梁既不偶，始邂逅滕文公以世子過宋，因與之交際，其始末皆備此篇。然告齊、梁皆以權宜，告滕文公皆以正對。文公天資甚美，而國小力弱，故教以太王治岐之政，而不及湯、武救民之事矣。然其告齊、梁亦未嘗不歸宿於王政之本，如治岐之云也。有王者起必來取法，是爲王者師。

註以此爲言滕，然上文以三代教養之法而言，恐此所謂是爲師云者，指三代而言。蓋以三代教養可爲王者師，使滕君行王政而師之，未必遽期滕之爲王者師也。後有王者，亦未必捨三代不法而必待滕之所行爲師也。

有若似聖人一章

門人以有若言行氣象類孔子，而欲以所事孔子事之。有若之所學何如也？曾子以孔子非有若可繼而止之。孔子自生民以來未之有，宜非有若之所可繼，而非故貶有若也。有若雖不足以比孔子，而孔門之所推尚，一時皆無有若比可知。咸淳三年升從祀以補十哲，衆議必有若也。祭酒爲書，力詆有若不當升，而升子張。不知《論語》一書，孔子未嘗深許子張。據此章則子張正欲事有若者也。子張之未能爲有若昭昭也。陸象山天資高明，指心頓悟，不欲人從事學問，故嘗斥有子孝弟之説爲支離。奈何習其説者不察，因栩攻之於千載之下耶？子張有靈，回顧有子，恐不自安其位次耳。江漢秋陽之喻，曾子蓋甚言夫子道德盛大彰著灼然，非他人可擬之狀。而講象山之學者，又往往襲取以證精神之説。恐本旨亦不如此，在學者詳之。

離婁上

一章言爲政必因先王之道，而先王之道仁政也。二章言爲君盡君道，爲臣盡臣道，而在仁與不仁也。三章言三代之得天下失天下，而其得失在仁不仁之分也。四章言天下之本在身。五章言德教之行先巨室。六章言諸侯耻受命於大國，惟好仁則無敵於天下。七章言不仁者樂其所以亡。八章言桀、紂毆民歸於仁君。九章歎自棄自暴者之可哀也。《孟子》此篇反覆救世之説，無一不歸於仁。十章言親其親，長其長，而天下平，發明仁之足以救世。至此而徑易昭白極矣。繼此言誠身之道，言誠、思誠之道，皆受業子思之言也。又繼此言，二老來歸，則欲諸侯之師文王。言冉求聚斂，則痛當世率土地而食人肉。餘言事親善親之事，一一明白，熟誦而已。

巨室

古者卿大夫皆世其官，所與共社稷者，故曰「巨室」。人君當以至公率先之，否則卿大夫世家皆以爲不可矣，故曰爲政「不得罪於巨室」。後世誤以兼并之豪爲巨室，以屈法縱惡爲不得罪。蓋後世惟見兼并之豪爲巨室，無復見卿大夫之世家也。惟見豪民謗訴驅逐長吏之爲罪，而無復見士大夫執古誼爭時政之事也。眩流俗而釋古書，陷於非義者多類此，學者謹之。

無責耳矣

註謂人之輕易其言，以未嘗遭失言之責故耳。或疑無責只是不足責之意，所以甚鄙而警之也。「耳矣」云者，輕收之語辭。

離婁下

此篇多平居講貫之言，而欲其自得一章，工夫次第爲尤詳。蓋云功深力到，自然而得，故言欲其自得。晦庵於《或問》發明已備，而世乃有以自得爲己之獨得，至或傲然特立異論而不顧者，可深省矣。十九章言舜由仁義，二十章言禹、湯、文、武、周公，二十一章言孔子作《春秋》，二十二章自謂未得爲孔子之徒而私淑諸人。蓋歷舉列聖相傳之事，而企焉自任，與承三聖意相近，特每更端而言之耳。當通爲一章而誦味之也，餘皆叙孟子之言行以繼之。末章乞墦之喻，警士大夫求富貴，掩其苟求之迹，而反敢以富貴驕人者，最爲切至。

施施從外來

「施施」二字，注以爲喜悦自得之貌。造語精矣。或疑施是施之於人，不反顧收斂，施施正是驕其妻妾之狀，未知然否。

惠而不知爲政

《或問》云子産相鄭，能使都鄙有章，上下有服，田有封洫，廬井有伍，非不知爲政者也。晦庵舉其師之言，謂子産於橋梁之修，蓋有餘力而惠之及人，亦有大於乘輿之濟者矣。意此時偶有故而未就，又不忍乎冬涉而爲耳。然暴其小惠以悦於人，其流弊必至廢公道而市私恩，故深譏之。愚意子産，君子人也，未必暴私惠以悦於人，其濟處亦未必真有深淵須橋梁之地，其時亦未必冬寒之時，而相國之乘輿，又豈有常出於外，捐以濟人之理？或者子産乘輿偶出，乘輿已濟而小民有涉水者。因就以其乘輿濟之，小民感悦，世傳爲美談。孟子因而廣之，言此不過一時之惠，自有歲時常行之政耳。若夫徒杠成、輿梁成，恐亦農隙歲一修之。若謂他時無之，而此時始成，又豈政也哉？凡此類皆不當以文害辭。

舜明於庶物章

註謂物者，事也。人倫，指君臣父子以下五者言之也。以物爲事，蓋謂於事上明理，其説甚當。或疑上文云：「人之所以異於禽獸者幾希，庶民去之，君子存之。」而繼以舜言之明於庶物，似即承上文「人異禽獸幾希」之言。察於人倫，似即承上文「庶民去之，君子存之」之言。人物皆天之賦，明於庶物則知自異於物矣。應上文「人異禽獸幾希」之言也。人皆爲物之靈，察於人倫，則又知自異於衆人矣。應上文「庶民去之，君子存之」之言也。既明於庶物，又察於人倫，此其所以能由仁義行也。未知然否。

三自反

楊氏謂孟子「三自反」不若顔子「一不校」。晦庵言自反之説，正學者所當用力。若反之未至【三】，而遽欲以不校爲高，恐陷於苟且頽墮，愚恐亦流於釋氏忍辱。晦庵此説極救近世談高就簡之弊，須深味之。

萬章上

此篇言舜之孝親，以及舜、禹之有天下，以及伊尹之相湯，以及孔子之進退，而終於辯百里奚之自鬻，皆發明聖賢之心迹，以釋世俗之疑議。至若以瞽瞍亦允若，就指爲舜之父不得而子，以堯、舜其君民，就指爲伊尹之要湯，皆即世俗之説而精其義。以堯之授舜爲天，以禹之相益爲薦於天，皆推義理之極而高其説。此則孟子因機誘説之辭也。使舜浚井之事，晦庵以爲不必問其有無。益避啓之事，蘇黄門極言其妄。晦庵謂三年喪畢，還政嗣君而告歸之時也。於是去而避之，亦禮之常而事之宜耳。蓋求仁得仁，又何耻之

【三】若反之未至　「未」原作「末」，據明本、文津閣本改。

有哉！

萬章下

此篇因三子之偏而論始終條理，所以示學者作聖之功精矣。自孟獻子有友五人，以至交際，以至仕非爲貧，以至士不託於諸侯，皆士之所以自守者。

周室班爵禄

《集註》謂與《王制》、《周禮》不同而不敢質其説，此謹之至也。然孟子生周之末，其詳已不聞。漢文帝時作《王制》，果何爲而反得其詳？漢衰而《周禮》出於王莽家之劉歆，恐尤難與《孟子》較異同也。當以《孟子》之説爲正，而闕《孟子》之所未詳。

告子上

言性莫善於《孟子》，《孟子》言性莫詳於此篇。然爲辯告子發也，非無故而言也。已而繼之以人心得養、失養之分，齊王一暴十寒之喻，究詰於舍生取義，本心之真反覆乎！宫室妻妾外誘之惑，辯析乎養其小體、養其大體之孰重孰輕？無非歸之實踐履以全其在我者也。性學之説，至本朝愈詳，而晦庵集其成。今觀孟子之言性如此，晦庵之發其指趣又如此。學者宜熟誦而深思矣。尚滕口説者何也。

乃若其情則可以爲善

情指惻隱之類。才者，能爲之名，可以爲善，故又以爲才。

告子下

此篇五霸三王之罪人一章，以至今之所謂良臣，古之所謂民賊，警切世變，極爲痛快。自戰國風俗一變之後，行於世者滔滔皆若人，徒飾以三王以上之議論耳。

盡心上

行不著習不察

此章似承上章而言，反身而誠，上也；强恕而行，次也；行不著，習不察，由之而不知者衆也。

舉一廢百

《集註》云：爲我、兼愛、執中，皆舉一而廢百。愚按文勢似止言「子莫執中」，讀者更審之。

棄井

《集註》云：猶爲自棄其井。蓋主掘井者言之，以勉人也。若味本文，恐只是廢棄無用之義。蓋鑿雖深而不及泉，猶爲無用之井，故井必以及泉爲期。孟子勉人之意，已在其中。

盡心下

篇末叙自昔聖賢相承，有功萬世。孟子平生衛道之切，自任之勇，皆自此來。韓昌黎得此而作《原道》，程伊川明此而作《明道序》。

中行之道，惟聖者能之。故顔子具體而微，其學猶無傳。傳者必其剛毅有立，如曾子、子思皆然。三傳而至孟子，遂能尊孔氏而闢楊、墨，明王道而黜霸功。卓然有功萬世焉。嗚呼，盛矣！而世猶或譏之。然李泰伯以富國强兵爲學，其譏孟子宜也。如司馬公大儒亦譏之，豈非孟子説誘時君，變化百出，温公守樸，意見所不合歟。吁！此可與權之難也。

卷四

讀毛詩

毛氏注釋簡古，鄭氏雖以禮説《詩》，於人情或不通，及多改字之弊，然亦多有足以裨毛氏之未及者。至孔氏疏義出，而二家之説遂明。本朝伊川與歐、蘇諸公又爲發其理趣，《詩》益焕然矣。南渡後，李迂仲集諸家爲之辯而去取之。南軒、東萊止集諸家可取者，視李氏爲徑，而東萊之《詩記》獨行，岷隱戴氏遂爲《續〈詩〉記》，建昌段氏又用《詩記》之法爲集解，華谷嚴氏又用其法爲《詩緝》，諸家之要者多在焉。此讀《詩》之本説也。雪山王公質、夾漈鄭公樵始皆去《序》而言《詩》，與諸家之説不同。

晦庵先生因鄭公之説，盡去美刺，探求古始，其説頗驚俗，雖東萊不能無疑焉。夫《詩》非《序》莫知其所自作，去之千載之下，欲一旦盡去自昔相傳之説，别求其説於茫冥之中，誠亦難事。然其指《桑中》、《溱洧》爲鄭、衛之音，則其辭曉然，諸儒安得回護而謂之雅音？若謂《甫田》、《大田》諸篇皆非刺詩，自今讀之【一】，皆藹然治世之音。若謂「成王不敢康」之成王爲周成王，則其説實出於《國語》，亦文義之曉然者。其餘改易，固不

校勘記

【一】自今讀之　「今」原作「令」，據明本、文津閣本改。

可一一盡知。若其發理之精到，措辭之簡潔，讀之使人瞭然，亦孰有加於晦庵之《詩傳》者哉！學者當以晦庵《詩傳》爲主，至其改易古説，間有於意未能遽曉者，則以諸家參之，庶乎得之矣。

二南

晦庵謂：文王治豐，以岐周舊地分周、召。周、召者，采邑之名。周公掌内治，召公掌諸侯之治，化皆南被，故曰「二南」。王雪山謂：周、召官也，自二公爲之，後世相承不改。此詩當是此地所採南樂歌名，南，大夏也，取純陽。愚按雪山以樂言，而晦庵言其所以被於樂者。

大序

此本《關雎》之《序》而併序三百篇大旨，以故語或不倫。晦庵易置其次，以《詩》者志之所之，居篇首爲《大序》，而别取其言《關雎》者居後爲《關雎》之序，於義正矣。而非復古人之本文。嚴華谷依本文而逐章各疏其所以然，讀者且合從嚴氏。國史掌《書》而不掌《詩》。《大序》乃謂《詩》作於國史。孔子言：「《關雎》，樂而不淫，哀而不傷。」蓋淫者，樂之過；傷者，哀之過。惟此詩得情性之正。而《大序》乃謂不淫其色，無傷善之心。此《大序》之失也，晦庵闢之，當從晦庵。

關雎

關雎，荇菜皆因興而寓比之意，寤寐、轉展即所謂哀而不傷也，琴瑟、鍾鼓，即所謂樂而不淫也。樂得淑女，古以爲后妃思得嬪御之賢。晦庵以淑女爲正指后妃太姒，后妃爲文王之配，而自求之者蓋設言。愚意若如晦庵之説，則詩人詠之之辭也。

卷耳

王雪山去《序》言《詩》，至以爲后妃勞媵妾之歸寧。晦庵《詩傳》以爲后妃懷文王，皆以婦人不預外事也。然詩人特詠其情如此耳，豈預外事哉！書坊《詩傳》折衷有晦庵新説，亦從衆説合從衆説以爲后妃之志。

螽斯

戴岷隱云：螽斯喻子孫，非喻后妃。愚按：「螽斯羽，振振兮」，是詠子孫，宜爾字方是指后妃。

芣苢

《芣苢》，諸家皆以爲治妊，蓋因《詩序》「樂有子」之言也。王雪山云：芣苢，車前子，婦人服之下血，非可治妊，蓋采取以療疾耳。晦庵曰：未知采何用，得之矣。戴氏謂此詩見一時同輩相與之樂。此語蓋得其氣象。

翹翹錯薪

晦庵云：以錯薪起興，而欲秣其馬，則悦之至。以江漢爲比，而歎其終不可求，則敬之深。此已盡一詩之意。箋謂喻女之尤高潔者。嚴氏《詩緝》取之，恐求之過。

于嗟麟兮

晦庵謂：嘆美公子，是乃麟也。嚴曰：「麟之趾」指麟言也，「于嗟麟兮」指公子言也。猶楚狂接輿稱孔子爲鳳兮也。

召南

鵲巢鳩居

雪山云：詩人偶見鵲有空巢而鳩來居，後人必以爲常，此談《詩》之病也。

采蘋

諸家謂蘋爲萍，萍，藻也。嚴華谷考《本草》，水萍有三種，大者爲蘋，毛氏以爲大萍是也。郭璞以爲即藻，誤也。雪山謂：祭之菹，皆取水産，取其潔也。故菹字，從草從水。

有齊季女

諸家以季女爲指大夫妻，蓋已嫁者也。古註以爲古者先嫁三月，教于公宫，教成祭之。戴岷隱取其説，云與昏義合。

甘棠

古説謂召伯聽訟，不欲勞民而就之也。岷隱謂召伯行省風俗，偶憩棠下，非必受民訟，亦非有意於不擾。晦庵、雪山、華谷並合。

行露

岷隱謂男有强委聘者，女不從而訟。引《列女傳》爲證。雪山曰：暴男侵貞女，女固可尚，男爲何人？豈文王之化獨及女而不及男邪！合此二説，則《詩序》侵陵之説殆非也，特不成婚而訟耳。

德如羔羊

晦庵《詩傳》云「德如羔羊」一句，衍説耳。《折衷新説》曰：大夫羔裘而居，德稱其服，亦如羔羊爾，恐當以《詩傳》爲正。吕氏則以爲如《羔羊》之詩，華谷主之，取好賢如《緇衣》爲證。然愚恐語脉不同。

摽有梅

諸家皆以爲天子之情。岷隱云：不我庶士擇壻之詞，父母之心也。合從之。

三五在東

晦庵云：星小而稀。

不我以其後也悔

岷隱云：「不我以」正是置之於無所與事之地，非遇勤勞也。已乃寬釋曰：久當自悔，且有以處我，嘯歌以俟時，不必過爲戚戚也。無所怨尤，此爲媵之美。愚按此説得之，諸家皆泥序文。

野有死麕

雪山云：媒妁之來，尚欲使舒，徐無諠動，貞女可知。當是在野而貧者，取獸於野，包物以茅，護門有犬，皆鄉落氣象。

平王之孫齊侯之子

古説謂平王爲武王，平者，正也。或曰即平王宜臼。魯莊元年，王姬歸于齊。蓋平王之孫嫁齊襄公。晦庵並存其説。

騶虞

毛氏以騶虞爲義獸，諸家並同。晦庵《詩傳》亦從之。此一説也。晦庵又於《詩序》載歐陽公曰：賈誼《新書》，騶者，文王之囿名；虞者，囿之司獸。陳氏曰：《禮記·射義》云：「天子以《騶虞》爲節」，「樂官備也」。則騶虞爲虞官明矣。獵以虞爲主，其實歎文王之仁，而不斥言也。此又一説也。凡皆晦庵兼存之。嚴華谷乃取《月令》七騶咸駕及《孟子》虞人之説，以爲騶御與虞人，而謂《爾雅》無騶虞之名，騶虞非獸也。愚按歐公之説甚明，而晦庵特於《詩序》兼存之者，以《騶虞》詩與《麟趾》相應，麟爲獸，則騶虞亦當爲獸。故《詩傳》以毛説爲主耳。華谷析騶虞爲二，恐未安，雖以《禮記》「天子以《騶虞》爲節」，「樂官備也」爲據，以騶與虞兩者爲備，然云樂官備者，以有騶有虞爲官備也。

邶

柏舟

晦庵主《列女傳》，以此爲婦人之詩，以柏舟之堅自比。華谷援《孔叢子》載孔子讀《柏舟》，見匹夫執志之不可易。謂非婦人之詩。晦庵據《列女傳》以變毛氏，華谷又據《孔叢子》以變晦庵。愚按：「汎彼柏舟」古註謂：汎汎然流水中。似與經文合。初不見所謂堅守之意。且合依毛氏古説，以仁人不遇爲主。

日居月諸，胡迭而微

諸家日月虧盈之説，費力。雪山云：日月愈久愈微，所謂但見有不如也。似平易。

于嗟洵兮，不我信兮

古説多未明，惟岷隱云：自憐其誠切而意不得伸也。愚按《詩》云「洵美且異」，則洵爲誠信之意。岷隱近之。

百爾君子四句

東萊説極徑浄。

習習谷風，以陰以雨

嚴華谷云：谷風，來自大谷之風，怒風也。又習習然，連續不斷，所謂終風也。又陰又雨，所謂曀曀其陰也。皆喻其夫暴怒無息，且云舊説以谷風爲生長之風，習習爲和。《小雅·谷風》二章：「維風及頽」，非和也。三章言「草木萎死」，非生長也。愚按毛氏以谷風爲東風，本不可曉，特言之熟而不覺耳。今嚴氏以谷字尋意，又以《小雅》之谷風爲證，似覺明白，故録之以俟知者。然習習終是和意，恐不過感興，未必以風之暴比夫之怒也。

胡爲乎泥中

中露、泥中，諸家皆以爲辱在塗泥是也。古註以爲二邑名，李迂仲以爲無所據。愚恐亦無一身處二邑之理，合從諸家。

旄丘

雪山云：丘之多草木者也，星名旄頭，言光芒多冠，名旄頭，言羽毛多。

不瑕有害

鄭曰：瑕，過也。嚴曰：歸衛未過【二】，有害也，何爲而不可乎。張曰：不大有害。

愚按此説近人情。

北門

【二】歸衛未過　「未」原作「夫」，據明本、文津閣本改。

雪山云：隨其所出之方，不必言背明向陰。

敦我

箋云：敦猶投擲也。晦庵取之，蓋與「王事適我」相協。若以爲厚，則難説矣。《釋文》訓迫，義亦相近。

北風

程氏謂非百姓携持而去，乃君子見幾而作。《詩記》、《詩緝》皆取之。然「既亟只且」，則事勢已迫，非見幾者也。見幾必於其初者也。恐合且依舊説。

靜女

本刺詩也。毛、鄭因靜之名轉而指爲賢女。李迂仲本歐陽公，始以爲男女相贈遺，如《溱洧》、《宛丘》之類，但云惟彤管難通，以《左傳》歌此詩，取彤管焉，又似美事耳。晦庵《詩傳》、華谷《詩緝》亦皆以爲男女相贈遺之詩，「貽我彤管」，女贈男之物也。「自牧歸荑」，男贈女之物，報彤管之贈也。晦庵則於彤管云未詳何物。李氏謂古者針有管，樂亦有管。《詩緝》又據《解頤新語》曰：古者后夫人固必有女史彤管之法。古以刀筆未有用豪毛者，安得有管？故書謂之畫，蓋以刀筆刻畫於簡，至秦蒙氏始以豪毛製筆，故自漢以來始有簡寫之之説。左氏所稱取彤管，止取贈物之意，非有取於女史也。凡皆《詩緝》所援之説，如此亦足解李迂仲之疑矣。至於靜之爲義，《詩緝》又援曹氏，謂靜女仕族處幽閑者，今亦相約於城隅隱僻之地，似亦有此理。愚意「静女其姝」，乃奔者自爲相稱美之辭，豈必泥此而謂其真有貞静之德哉！

籧除戚施

雪山云：籧除，今龜胸；戚施，今駞背。

伋壽

《折衷》、《新説》與李氏云：壽無救於兄，而重父之過，此固至論也。然愚意壽竊節先往，真欲代兄之死，卒之兄亦往死者，非初料所及也。以是罪壽，壽重不幸，所謂求全之毁歟。

鄘

髧彼兩髦

自古皆謂指共伯，共伯爲衛武公所殺，而共姜不嫁也。《折衷》疑武公賢君，夫必有弑奪之事。《史記》未可據。東萊辨此事，計武公立時已四十餘，則共伯兄也，年又加長。兩髦者，子事父母之飾，小歛則脱之，史謂釐侯已葬而共伯自殺，安得猶謂髧彼兩髦？以是知武公未嘗有弑奪之事。華谷謂兩髦之制，男角女羈。今共姜守志不嫁，不事膏沐，髧然垂其兩髦如幼時之狀，實我嫠居之容儀，至死誓無他心，以此告於母耳。

紲袢

諸家皆以紲爲去，袢爲暑氣，謂縐絺能去暑氣也。惟晦庵《詩傳》以紲袢爲縛束之意，謂以展衣蒙縐絺而爲之紲袢，所以自歛飭也。愚意縐絺何嘗能去暑？特以暑熱宜此輕疏之衣耳。紲字從糸，非從水之泄也，何所見而訓紲爲去。袢字從衣，非煩暑之煩也，何所見而訓袢爲暑。夫子當暑，袗絺綌必表而出之，尚不欲其露肌膚，況婦人乎？晦庵以紲袢爲歛飭，其得之矣。

桑中

自《詩序》至毛、鄭，至《禮記》以桑間濮上爲亡國之音，皆以此詩爲淫奔者之詩。故近世晦庵《詩傳》、岷隱《續詩記》、華谷《詩緝》言人人同，獨東萊吕氏力辨此爲雅音，謂寧有編鄭、衛樂曲之理？其意以爲雅樂，祭祀、朝聘之所用。而夫子自衛反魯，《雅》、《頌》各得其所也。然風之用於燕饗者，惟二南。而列國變風，未嘗被之樂也。夫子所謂正者《雅》、《頌》，而未嘗言及變風也。此詩明爲衛之詩，詩之名明以爲桑中，詩之辭明言淫奔，後世安得反爲之諱，而指以爲雅音也。古人採民風，傷世變，故録之云爾。

景山與京

古注謂景，大也。諸家皆從之。晦庵傳以景爲日影，以「既景乃岡」爲證。然恐語法不類也，合從衆。

匪直也人

此語難曉，惟晦庵云：非獨此人所以操其心者，誠實而淵深，所蓄馬亦已至於三千矣。文義方通。華谷云：「説于桑田」，是文公能務農重本，以蓄育其人也，非特人也。文公操心，塞實淵深，故能致國富强。至於「騋牝三千」，覺於上下文尤協。

衛

重較

車中俯而憑處爲式，式上平立，而憑處爲較，故曰重較。吕和叔云。

永矢弗諼

程以爲弗忘君，但後章「弗過弗告」處難通。今《詩傳》、《詩緝》與岷隱皆謂不與世接。弗諼者，不忘此樂也。

碩人

只是形容，而意自見。《詩緝》以爲比喻恐拘。此詩當從朱《傳》。

氓

此序云：「華落色衰，復相棄背。」蓋據此詩有「及爾偕老，老使我怨」之語也。華谷言詩云「三歲爲婦」，是三歲而即相棄，所云「老使我怨」者，言始也將與汝偕老，今我未老而已見棄。若我從爾至老，暴戾必有甚者，愈使我怨也。其説似得詩人之意。愚按：「以我賄遷」，則女有資財，「三歲食貧」，則男反無以養之。此婦人一時爲其所誘，已即不堪，遂反目而相棄。合不以正，婦遂復還，非獨氓之逐此婦也。

竹竿

此篇亦《詩緝》得之，但「駕言出遊」之駕，當從衆説爲乘舟。《詩緝》以爲駕車，則與上文不協。

能不我甲

毛曰甲，狎也。《釋文》曰：《韓詩》作狎。東萊曰：但能不我親狎，妄自尊大而已。似得詩意。程、朱諸家以甲爲君長。雖就甲字起義而須展轉，恐且合從毛、吕之説爲徑。諸家諱言狎者，以狎爲不美字，然此非褻狎之狎，乃親狎之狎，正謂惠公驕傲而言，不當以文害辭。

有狐

綏綏，毛以爲匹行貌。朱反之，以爲獨行求匹貌。李迂仲祖毛説云：狐尚匹行，而女乃無夫家。戴岷隱以綏綏爲安閑不迫。似皆得詩意。諸家祖朱説而反古説者，特以狐非美物，不欲以綏綏爲安閑，言其善狀耳。然恐詩人托物起興，不以此拘也，心之憂矣。「之子無裳」，諸家主古説，以爲婦人欲嫁之辭。岷隱謂國人作也，云未有妃耦猶之可也。

衣帶之屬，無與治之，此可念爾。亦覺優游，得詩人之意。在淇之厲【三】，《傳》謂深可厲之厲，恐不若王氏謂岸近危曰厲。

木瓜

議者律齊桓以專封之罪【四】。李迂仲載劉内翰之言曰：專封者，天子黜之，諸侯封之，則爲專封。若戎人滅衛，桓公救之，亦霸者之所當爲也。謂之小惠亦不可也。愚按管仲處世變之極而能一正天下，功莫大焉。故夫子許之，其後孟子闢之者，蓋勸時君以行王爲萬世立訓耳。自春秋而降，唯漢高祖功在管仲之上，惟諸葛公義在管仲之上，惟周世宗行事在管仲之上，餘皆在其下。至我藝祖，雖湯、武未可比矣。若管仲之可議者，聖賢寧不爲？而仲則苟於爲之耳。管仲救世之功何可當也，而世以其救衛爲小惠，且罪其專封耶！

彼其之子，不與我戍申

古注云：是子獨處鄉里，不與我來守申，是思之言也。疏云：政教頗僻，彼子在家，不與我戍申，是怨不均平也。至歐陽、程、蘇則以爲國人怨諸侯不戍申，言周人不當遠戍也。《詩記》、《詩緝》皆從之。晦庵《傳》獨從古注，云：彼其之子，戍人，指室家而言。夫室家豈有同戍之理。而詩人云爾者，思之情然也。故曰「懷哉懷哉！曷月予還歸哉！」蓋若如衆説，以爲怨諸侯不戍申，即與下文懷哉不貫。晦庵其亦味之矣。

【三】在淇之厲　「淇」原作「湛」，據文津閣、文淵閣本改。

【四】齊桓　「桓」原宋人避欽宗諱，改作「威」。現予回改。下同。

尚寐無吪

古注吪，動也。蓋寤則憂，寐則不知，故欲無吪、無覺、無聰，付世亂於不知耳。近世釋以爲欲死者，過也。

葛藟

晦庵謂：此去其鄉里家族，流離失所者自嘆之辭。雪山謂：棄與他人，或出繼其旁族者。華谷云：舊説平王以他人之父爲父者。非也。

采葛

古以爲《采葛》去君側，故懼讒。特《采葛》非人臣之事，於事情未通。惟歐陽氏以積少成多爲聽讒之喻，而李氏取之。晦庵《傳》以爲淫奔者托以行。然亦意之之辭。至《詩傳》、《折衷》載晦庵《新説》，仍以《采葛》比聽讒。愚按：《晉風·采苓》之詩亦以比聽讒，則此説近人情，而不反古説。

大車穀則異室一章

晦庵《傳》以爲畏其大夫之辭，於義爲正。《詩記》、《詩緝》、段氏《集解》皆從古説，以爲能使男女有别者，恐迂。蓋與前章畏子不奔之意不類。

彼留子嗟

古以留爲氏，或以爲滯留之留。合兩存之以俟知者。

鄭

善善

黄云：父子相繼，積善有素。朱云：武公有善而天子善之。二説不同，學者更詳。然竊意序謂明善善之功，本不成文。二説亦就其文而意之爾。

獻于公所

晦庵以公爲莊公，華谷遂以爲叔段，在鄭從莊公出田，暴虎以獻，氣陵其兄。愚恐叔段强恣于外，未必入鄭肯從莊公田，叔段君臨大邑，未必可身自襢裼。若段果從莊公之狩而獻于公所，正是退守人臣之分，安得言相陵邪。岷隱曰：言勇力之士暴虎以獻于叔也。此詩御中節，射中度，既事而退，意甚閒暇，知暴虎者，非指叔言也。愚按公所之公，非公侯之公也。段爲京城之主，其所寓即公所也。此句恐合依岷隱説。此乃言叔段在京城田狩之事，故《詩》曰「叔于田」，安得改釋爲莊公之田，而叔從之以暴虎耶？

狡童

王雪山曰：鄭忽言行，蓋亦近賢，不可以成敗論人。所謂狡童，當有他人當之，非謂忽也。嚴華谷曰：忽以世子爲鄭君，不得目以狡童，正指忽所用之人耳。晦庵則謂：忽之辭昏，未爲不正，《有女同車》、《山有扶蘇》、《蘀兮》、《狡童》四詩皆非刺忽。凡皆公議，不惑於繼序講師之説者也。

齊

匪雞則鳴，蒼蠅之聲

古説皆謂賢妃欲其夫之早起，誤以蠅聲爲雞聲。晦庵云：心常恐晚，聞其似者而以爲真。至曹氏始謂哀公以雞聲爲蠅聲。嚴氏宗之，云蠅以天將明乃飛而有聲，雞未鳴之前無蠅聲也。戴氏曰：哀公荒淫，雞鳴矣，乃託辭曰：此蒼蠅之聲爾。東方明矣，乃託辭曰此月出之光爾。一以爲賢妃之言，一以爲哀公之言，未知孰是。然讀者且當從古説，庶三章之意聯貫。

東方之日

諸家皆以日爲喻君，然詩中似無此意。惟戴岷隱云：男女相奔，不夙則莫，日出早也，月出莫也。此爲近事情。

魏

摻摻女手，可以縫裳

古説謂女嫁三月廟見，方執婦功。女者未見廟之稱，而使之縫裳，是爲儉急。晦庵亦從之。特好人提捉古説，亦以爲新昏之婦。晦庵則以爲大人，云：大人之儀容如此，若無可刺，惟褊心爲可刺耳。至雪山、岷隱、華谷三家，則以古説爲未然。雪山云：今細民草屨不問寒雪，安有葛屨不可履霜？又安得廟見三月方可執婦功？女子亦有下衣，安得女子不可縫下裳？此詩言婚嫁太速，使夫力婦功以濟其家，而不虛度，所以爲褊而可刺也。岷隱云：謂葛屨可以履霜，不計其厚薄。謂女手可以縫裳，不擇其能否。纖夫細兒矜情衣服，顧影自喜，時亦有之。彼非不楚楚然可愛，惟是褊心，是以爲刺也。華谷云：男子葛屨履霜，祈寒奔走而不休。未嫁女出爲人縫裳，而利其傭資，皆急於趍利也。

愚按《詩》本文但言女手，而毛、鄭指爲已嫁未廟見之女，若以爲富貴家之女，三月而後反馬者，則必無縫裳之事，必不與葛屨並言。若以爲民間之女，亦安得盡拘三月而後廟見？廟見而後縫裳？揆之人情，似未允合。今三家之説如此，故録之以俟來者。

園有桃，其實之肴

毛以爲喻國有民，得其力。是特釋序文不能用其民之語。詩中未見此意。鄭以爲不取於民，食園桃而已。則天下無此理也。惟晦庵不以爲比喻，而以爲託興，詩意不過如此而已。

碩鼠

鄭《箋》以《碩鼠》爲斥其君。非矣。華谷以爲指聚斂之臣，又不若晦庵謂託言大鼠，害人而去之。尤平易也。

唐

我聞有命，不敢以告人

説謂桓叔將傾晉而民爲之隱，蓋欲其成。嚴華谷云：自桓叔至武公屢得志矣，而晉人終不服，相與攻而去之，其後更六世逾六七十載，迫於王命而後不敢不聽。在昭公之初，晉人之心，豈從沃哉。蓋反辭以見意，故泄其謀，欲昭公知之，忠之至也。言有命者迫切之辭，言不敢告人，乃所以深告昭公也。

如此良人何

《詩傳》云：「如此良人」，何哉？喜之甚而自慶之至也。張横渠曰：言國亂不得見也。二説相反。蓋《詩傳》去序而言也。要之，既曰變風，合從張説。東萊亦曰有感於男女失時，故歎息而言。

王事靡盬

盬字諸家皆訓不攻緻，以盬與蠱字異義同，但於靡字不曾總説。惟李迂仲云：王事靡盬者，勤於王事而無不攻緻也。意方全。

無衣

《無衣》之詩，晉武公簒逆而賂周釐王以成其奸者也。《詩序》以爲美晉武公。俗儒遂因爲之曲説，其所以黨惡右奸，開後世亂臣賊子之門，甚矣！惟朱文公之辨曰：序以爲美，失其旨矣。且武公弑君簒國，大逆不道，乃王法之所必誅而不赦者。雖曰尚知王命之重而能請之以自安，是亦禦人於白晝大都之中，而自知其罪之甚重，則分薄贓餌貪吏，以求私有其重寶而免於刑戮。是乃猾賊之尤耳。以是爲美吾恐其奬奸誨盜，而非所以爲教也。嗚呼！文公之辨足以植萬世之綱常矣。

世有爲朱文公《詩傳》折衷者，乃黜前説而載其《新説》曰：武公簒逆之人，徼求命服，要君無上，王法所當誅。然此詩美之，而孔子録焉，何也？曰：當是時天下無主，僭竊禮樂，何所不至，非復知有王命也。請命之大夫獨能推明諸侯之命服出於上則安，是不以小善爲無益而不爲，亦所以見王命之尊嚴，爲天下後世法也。嗚呼！使此言果出於文公，則亦恕矣。然前説何可廢也？今不惟集《折衷》者獨載《新説》，凡集《詩》解者亦無不獨載《新説》而盡黜前説，正論湮微，世俗驚憚乃如此。

至嚴華谷則併新舊説不載，而自爲之辨曰：潘父弑昭侯，迎桓叔。晉兵攻桓叔而立孝侯，是桓叔初舉而國人不與也。曲沃莊伯弑孝侯，晉人又攻莊伯，立孝侯之子鄂侯。此莊伯再舉而國人又不與也。及鄂侯卒，莊伯伐晉，晉人共立鄂侯之子哀侯。此莊伯三舉，而國人又不與也。至武公虜哀侯，晉人復立哀侯之子爲小子侯，此武公四舉而國人又不與也。及武公誘殺小子侯，晉復立哀侯之弟緡。此武公五舉而國人終不與也。最後武公滅晉，盡以其寶器賂周僖王。王命武公爲諸侯，晉人特迫於王命，不得已而從之，豈以武公爲可美哉！且武公有無王之心而後動於惡，簒弑大惡也，王法之所不容誅也。彼其請于天子之使，豈真知有王哉？正以人心所不與，非假王靈則終不能定晉也。夫王不命焉而請之，非禮也。不聞請于王而請命于其使，尤非禮也。此正與唐藩鎮戕其主帥而代之，以坐邀旌節者無以異。又以賂王而得之，烏取其爲美也！聖人致嚴於名分之際，陳成子之事，至沐浴而請討。《無衣》之詩不删者，所以著世變之窮而傷周之衰也。武公之事，國人所不與，序言美之者，特其大夫之意耳。

愚按：華谷之辨論雖不若文公之激烈，而事情則悉矣。大夫爲之謀，而大夫自以爲美，此黨賊者奸謀也。彼自以爲美，天下萬世不當以爲美也。至若詩中之詞，則戴岷隱得之，曰：己不請命於天子，其大夫乃爲之請命乎？天子之使，蓋武公自嫌强大，不肯少屈，使其大夫風天子之使而取之。觀其詩，詞傲然可憤，「豈曰無衣」，自詭强盛也，「不如子之衣」，以敵體相輕也。衣者，天子之衣，豈使臣之衣？當是時，晉猶未强，非得天子之命服誠不可以苟安，非武公謙詞也。外示强大，中實歉然，真情所見，不可掩也。三味此說，則晉不容不假重於周，又不肯甘心輸情於周。周王之受賂，正墮其奸謀。《無衣》之詩，尚足爲美也哉。嗚呼！以天子禮樂征伐之權，而反爲亂臣賊子弑君簒國之地，使當時人心鬱悶而不可爭，後世議論淪染而不知非，是則重可痛也已！

載獫歇驕

諸家皆以爲田犬名，長喙曰獫，短喙曰歇驕。王雪山、嚴華谷、戴岷隱三家以爲田畢而遊園，載獫於輶車，以歇其驕逸。王曰字不從犬也，嚴曰田犬無短喙者也。未知然否。

矜其車甲

晦庵曰：西戎者，秦不共戴天之讎也，秦人所以樂爲之用。戴岷隱曰：襄公志在復讎，婦人閔其君子，無怨詞焉。段氏昌武曰：孔曰襄公以義興師，雖婦人亦知勇於赴敵而無怨。

龍盾之合

《傳》曰：合而載之，必載二者，備破壞也。愚按盾者，今遮箭牌也，盾狹而車廣，一盾不足爲衛，必以二盾比而合之，乃足爲衛，非防其破毁也。與「二矛重弓」意不同。

權輿

權輿，《釋文》曰始也。《詩緝》載陳氏曰：造衡自權始，造車自輿始。

陳

宛丘

古説四方高中央下曰宛丘。郭氏謂中央隆起，與古説背馳。王雪山云：如此恐是宛轉之狀，補傳以爲地名。愚按：旁高中下，則於登遊眺望非便。今陳國於此聚遊，恐郭説爲是。而俗因其宛轉之狀，以名其地也歟。

子之湯兮

湯，他浪反爲是，蓋堂字去聲，至今俗亦有浪湯之説，與下文上字、望字叶韻。子字舊云斥幽公，晦庵止以爲指游蕩者得之。

市井

一井之地以二十畝爲廬舍，因爲市以交易，故稱市井。

穀旦于差

古説穀，吉也，差，擇也，言擇吉日也。竊意其未然。蓋此詩指婆娑市井而言，世未有擇吉日而後游市井也。果擇吉日當曰「差于穀旦」，今曰「穀旦于差」，語倒不成文矣。謹按差字有數義，易差之豪釐，差之言舛也。孟子愛無差等，差之言等也。《詩》「既差我馬」；差之言擇也。莊子自差觀之，又曰差數覯矣，差之言觀也。此詩刺游蕩者也。與下章「穀旦于逝」詞義一同。穀旦者，如後世言良辰美景之良辰也。「穀旦于差」、「穀旦于逝」，約以良辰而往遊觀也。疏以穀旦謂無陰雲風雨，蓋近之也。必如此説，然後「穀旦于差，南方之原」兩句意聯。

檜

樂子之無知

晦庵《詩傳》以子指萇楚,言草木無知也。然下章「樂子之無室」、「無家」恐難指萇楚。東萊曰:所謂赤子之心也,未有知識,未有室家之時也。此意得之。以此知《詩》不可盡去《序》説也。

匪風發兮一章

古説謂匪風,非有道之風; 匪車,非有道之車。周道指周之政令。王雪山謂風中車上最不安,西北人畏之。此言非風之飄忽,非車之疾驅,而使我心不安。但顧趍周之路而傷心爾。晦庵《詩傳》之説同。

曹

蜉蝣

蜉蝣朝生而暮死,岷隱謂非朝生暮死,乃生於土中,朝出而暮死。喻微有浮驕,鮮不速亡者。

掘閲

説謂掘地而出，升騰游翔。王雪山云：《管子》曰掘閲得玉，恐當時常談，如此掘閲，挑撥貌。

不遂其媾

張横渠以遂爲稱，以媾爲寵，不稱其恩寵也。晦庵同。合從此説，與上章「不稱其服」相應。

下泉

古説皆謂寒泉而浸稂蕭蓍爲喻，今陰雨而膏黍苗爲喻古。嚴華谷曰：田野荒蕪所見，惟稂莠、蕭蓍之類，因思周之盛時，五穀熟而風雨時，芃芃然盛之。黍苗得陰雨以膏澤之，四國既有明王，又得郇侯爲伯，以勞來之傷，今不復見也。其説不必比喻，而氣象寬平矣。然未及「洌彼下泉」之義也。王雪山曰：稂、蕭、蓍皆陸草，陸草畏水，田禾喜水，必是當時水漲，因思盛時，上有明王，下有郇伯，氣候皆正，雨澤皆調，蓋君臣皆良，故天人相應也。愚按雪山去《序》言《詩》，多無歸宿。而此説頗近人情，故録之以輔前説。

豳

周公遭變

鄭氏謂管、蔡流言，周公避居東都。愚按：注傳周公無避去之事，而此時周家亦未有東都，已於《金縢》書附其説矣。晦庵《詩傳》載黄氏曰：先儒以七月爲周公居東而作。考其詩，則陳后稷、公劉所以治國者，方風諭而成其德，是未居東也。此亦足證鄭説之非。

一之日二之日

岷隱曰：一日、二日，説者以爲周正。《豳風》，先公之事，周未建正也。夫數窮於十，自正月至十月，數之窮也。故詩人以十有一月，謂之一日，自一而數之，避月而言日者，懼其與月相亂也。愚按晦翁云：一之日，謂斗建子一陽之月，變月言日，言是月之日也。二説相參方備。蓋主於陽復而再起數。雪山亦云：一之日至四之日，皆以陽長而言之。

女心傷悲，殆及公子同歸

岷隱曰：此詩三言公子，獨以同歸爲女公子，亦恐不然，癡女子覩公子之貴，庶幾與之同歸，亦人情之想念也。雪山曰：公子適野，隨其後而還也。凡皆嫌於以公子爲女耳。晦庵曰：公子，豳公之子也。蓋是時公子猶娶於國中，而連姻公室者，亦無不力於蠶桑之務，故其許嫁之女，預以將及公子同歸而遠其父母爲悲也。此説不以公子爲女公子矣。然於同字之意差緩。程子曰：庶幾得如富貴之子，及時而行。此説最平易近人情，似不必過求。

猗彼女桑

毛云：角而束之曰猗。孔以《左傳》「晉人角之，諸戎掎之」爲證。愚按掎角之掎從扌，「猗彼女桑」之猗從犭。字義皆不同。猗，倚也，就桑而取其葉，不斬其條。朱説爲精。女桑，朱云小桑，嚴云小者曰女，如小墻亦曰女墻。然則前云柔桑，指桑葉之小者，此云女桑指桑樹之小者。

隕籜

注：籜，落也。然則與隕字之義何別？當采《説文》之意，乾葉爲籜。

改歲

東萊曰：十月而曰改歲，三正之通于民俗尚矣。岷隱曰：十一月謂之改歲者，蓋十二辰至于亥而止，復起於子，故謂之改歲，非三正之謂也。孔氏曰：改歲者，以仲冬陽氣始萌，可以爲年之始。愚恐詩意不過以年窮歲極，大寒之將至，故預爲塞墐之計，非必謂塞墐之時爲改歲之時也。

納禾稼

雪山併納之凌陰，皆以爲納之公家。云豳人遇事，先公後私。愚按此説不與衆同，姑録之。

晝爾于茅，宵爾索綯

程曰：綯所用蓋屋。諸家並同，惟嚴華谷謂茅不可索綯，晝取茅草，將以蓋屋，宵作索綯，將以縛屋。蓋指田廬言之，爲明年又播百穀之地。

豳風、豳雅、豳頌

鄭氏以「殆及公子同歸」以上爲「豳風」，「以介眉壽」以上爲「豳雅」，「萬壽無疆」以上爲「豳頌」。《周禮》籥章「逆暑迎寒」龡豳詩，「祈年于田祖」龡豳雅，祭蜡則龡豳頌。故鄭氏之分如此。王雪山謂：一詩如何分爲三籥章？所謂豳詩，以鼓、鍾、琴、瑟四器之聲合籥也。《禮・笙師》龡竽【五】、笙、塤、籥、簫、篪、篴、管、春牘、應、雅凡十二器，以雅器之聲合籥也。《禮・眡瞭》「播鼗，擊頌磬【六】、笙、磬凡四器，以頌器之聲合籥也。凡爲樂器，以十有二律爲之數度，以十有二聲爲之齊量，凡和樂，亦如之。故逆暑迎寒，祈年祭蜡，皆全用《七月》之詩，特以器和聲有不同爾。至晦庵則有三説：一説豳詩吹之，其調可風、可雅、可頌；一説《楚茨》諸詩是豳之雅，《噫嘻》諸詩是豳之頌；一説王介甫謂豳自有雅、頌，今皆亡矣。

愚按《楚茨》諸詩於今爲刺幽王之詩，《噫嘻》諸詩於今爲成周郊社之詩，未易遽指以爲豳。若如介甫謂豳詩別自有雅、頌，則豳乃先公方自奮於戎狄之地，此時安得有所謂天子之雅、頌耶？惟前一説謂吹豳之聲可雅可頌爲得之，而其詳則雪山之考訂精矣。

東山

《金縢》云：「周公居東二年，則罪人斯得。」《東山》云：「周公東征，三年而歸，勞歸

【五】禮笙師龡竽　「笙」原作「筮」，據《周禮》改。

【六】擊頌磬　「磬」原作「聲」，據《周禮・春官・眡瞭》改。

士。」諸儒以爲居東二年，暨歸則三年矣。鄭氏獨以爲其初居東二年，避流言於東都也。其後東征三年，定三監、淮夷之亂也。愚按居東二年而罪人斯得，是即東征之役也。若止避地，何云罪人斯得耶？必如鄭説居東避地者二年，其往來已及三年，既歸而後三監叛，既叛而後出東征，又復三年，于此則周公攝政七年之間，無非奔走道塗之日，更於何時輔成王致太平而制禮作樂耶？

伐柯九罭

晦庵以《伐柯》爲東人喜見周公之辭，《九罭》爲東人願留周公之辭。東人終始之情如此，而朝廷之不知在其中矣。諸家因朝廷不知之語，謂《伐柯》之籩豆，爲朝廷當待公以此禮。謂《九罭》之衮衣，朝廷當被公以此服。然迎公之禮，豈在籩豆而衮衣？固周公之所素被者也，前未嘗有褫，今安用以爲迎耶？

鹿鳴之什

燕群臣嘉賓

嚴曰：《儀禮》注云：《鹿鳴》君與臣下，及四方賓燕之樂歌也，故《序》以群臣、嘉賓兼言之。朱曰：於朝曰君臣焉，於燕曰賓主焉。先王以禮使臣之厚，於此見矣。

視民不恌

諸家本鄭氏，皆以視爲示。曹氏曰：視民與「視民如傷」同義。嚴曰：其視民則不薄之。此説免改視爲示而理自明。

周道倭遲，不遑將父

當如毛氏云：岐周之道，不遑將父。諸家皆以將爲養。戴氏曰：將非養也，扶持、奉侍之謂。

靡盬

戴云：苦而易敗謂之盬，苟成必易敗，故出使之不可亟歸者，謂王事之不可使易敗也。

皇皇者華

華，合從孔疏爲草木之華，蓋起興也。

周爰咨諏

歐陽曰：周，徧也。雪山、晦庵、華谷並同。

釃酒

毛氏云：以筐曰釃，以藪曰湑，皆去其糟之具耳。近世引《春秋傳》「無以縮酒」；恐祭祀用茅，與此釃酒用茅者不同。宜詳。

小人所腓

朱《傳》云：腓猶芘也。又云：隨動。吴伯豐嘗舉以問先生，曰：腓爲先足而動。不當引以解此詩之義，不若猶芘之云得之。《生民》詩「牛羊腓字之」，傳亦以腓爲芘。先生答曰：兩説誠不合，當删去。

愚按：朱《傳》固不當兼收二説，伯豐尤不當去隨動之説而存猶芘之説也。毛氏初釋腓字爲避字，正義又演其説曰，避患也。李迂仲云：以腓爲避患，不知何據？諸家固無有從其説者也。鄭氏知毛氏避之説難通也，遂云腓當作芘。當作者蓋改腓爲芘，非訓腓爲芘也。改字乃鄭氏箋詩之大弊，又豈可因其改字遂訛以爲字訓耶？若以腓爲隨動，雖祖程説，而程非自爲之言也。字書腓者，脛腨，《易》之咸、艮，皆取象於腓以著其隨物而動。伯豐何乃以先動爲疑。世豈有足不動而足肚自先動者乎？足者，人人之所有，豈必稽之古書而後信？若《生民》詩「牛羊腓字之」，正以牛羊足不踐棄路之嬰兒，以足肚回護而過之，若字愛然爾。亦不當援爲芘義之證。故此詩腓字，朱傳止當獨留程説。雖非大義所係，姑因伯豐之辨記之。

王命南仲

王與天子，諸家皆以爲指殷。惟李迂仲云：以王爲殷王，則與序不合。以王爲文王，則文王未嘗生時稱王，此《詩序》爲可疑者也。至晦庵去序説，則意指爲周王，而未嘗明言所以非殷王者。今若以爲文王時詩，恐且當以王命之王爲殷王耳。

胡不旆旆

自東萊主「建而不旆」之説，學者多從之。晦庵不以爲然，嘗答東萊書云：向見所集説解，説戒嚴之日，建而不旆，不知此有何證？蓋《左傳》「建而不旆」，蓋言治兵，而東萊引以言受命出軍之初也。然兩説猶未定，近世嚴華谷主晦庵之説，而辨之甚明，謂繼旐曰旆旐，以全帛爲之續，旐末爲燕尾者名之爲旆。言旆之本体也。《左傳》「建而不旆」，言張旆也。此「胡不旆旆」，乃飛揚之貌，《生民》「荏菽旆旆」，亦揚起也。

魚麗

王雪山謂後有魚麗之陣，陣凡五，每陣又各有五，敵入其中者，無有不着。然則留者，曲薄也。雖不盡與陣法相似，而曲薄周匝，魚之入其中者，亦無得而脱也。爲魚麗之陣，其殆取《魚麗》之詩之義乎！

華黍六詩

自劉原父按《儀禮·鄉飲》與《燕禮》皆以笙入，與歌相間，以爲笙者有聲無詞，詩非亡失，乃本無其詩。黄氏因之。雪山亦云：唐有上柱、鳳雛、平調、清調、瑟調、平折、命啄七曲，有聲無詞。至晦庵云：六詩曰笙、曰樂、曰奏，而不言歌，則有聲而無詞明矣。其説尤著。今《詩記》、《詩緝》世所共用者，乃皆不從其説，蓋以亡其辭之亡，非有無之無也。

愚按古者亡即無字，如「夷狄之有君，不如諸夏之亡」，是亡即無字也。亡其辭之説，云出於毛公，毛公漢人，漢世以亡爲無。王雪山云：西漢亡一人之獄是也。若《詩記》之辨，則曰《國語》叔孫穆子聘晉，伶簫詠歌《鹿鳴》之三。《鹿鳴》三篇既可與簫相和而歌，則《南陔》以下豈不可與笙相和而歌乎？故亡爲失亡之亡。愚謂《國語》言歌，則《鹿鳴》三篇，有辭之可歌也。《儀禮》不言歌，則《南陔》六詩無辭之可歌也。此不足疑也。

又《詩緝》之辨則曰本無其辭，則無由有其義，《序》本因其詞而知其義，後亡其辭，則惟有《序》所言之義存耳。愚謂古之樂章，今之琴譜類也。琴譜有操辭，具存者《鹿鳴》之詩之歌也，有徒存其譜而無辭曲之可歌者，如長清、短清，與長側、短側之類。雖無其辭，未嘗無其義也。此亦不足疑也。

南有嘉魚之什 之谷風之什

南有嘉魚

古説以嘉爲魚名，出丙穴。王雪山曰：出漢中沔南。今辰州、鄂州皆有。鄂州取以名縣，然不必泥其名，但取其美，恐或是因詩取號也。嚴曰：下文樛木非木名，則此嘉魚亦非魚名。愚意周都西北以南方之魚爲美，故曰「南有嘉魚」，未必獨指丙穴之魚也。丙穴之魚，飲乳泉而美，亦未必元名嘉魚也。自《詩傳》引丙穴之魚以釋嘉魚之詩，世遂名其魚爲嘉魚，好事者遂又名其縣爲嘉魚縣，皆以其有經目託之爲美談耳。王曰「或是因詩取號」，此説得之也。

罩罩汕汕

諸家皆以爲取魚之器。雪山云：罩，胡郭反，魚回斡水聲；汕，魚上水貌，皆群行自得之意。未知然否。按《説文》亦以汕爲魚游水貌。雪山博學，必有據也。

南山有臺

雪山云：占國占家，多即草木而觀。周之草木氣象如此，則人君聲華福禄豈有窮也。

在宗載考

朱《傳》謂宗室爲路寢之屬是也。世或以爲同姓之宗者，因宗字而誤爾。

載沉載浮

載沉載浮者，特言舟泛泛水中，或上或下，不定之貌。鄭乃以爲載物之浮者，沉者，蓋以舟不可言沉，故曲爲之辭。戴云泛然不繫，未有定止，此説得之。

采芑

毛以芑爲菜，朱以爲即苦蕒菜，而《詩緝》力主芑穀之説。按李氏云：既謂之采，則不宜謂之穀。愚意其不以爲菜而以爲穀者，蓋疑行軍所仰不徒在芑菜，而芑菜亦不應如是之多耳。然詩人不過因采芑而起興。

鉦人伐鼓

伊川云：鉦人擊鉦者，伐鼓擊鼓者，以一句説兩事，其義自明。近世混爲一事，遂多疑議。

庭燎

「夜如何其」，古説皆謂宣王夜興而問早晚。王雪山曰：人君數問夜，亦非体，恐是殿陛之間，宫掖之内執事者相爲問答之辭。《禮》雞人夜嘑旦以警百官。《漢儀》中黄門持五夜，甲、乙、丙、丁、戊。相傳未明。衛士起唱，所謂雞鳴歌，或是此曹。戴岷隱曰：「夜如何其」，非宣王之問也。詩人見庭燎之光，聞鸞和之聲，知天子之視朝，問夜何時乎？夜猶未央也。董氏曰：《傳》曰百官官箴王缺，此詩其司烜之屬所爲乎！嚴氏曰：宣王中夜而起，失於太早，詩人設爲問答之辭。今夜已何如乎？乃夜未半也。庭燎已設而有光，諸侯已皆來朝，鸞聲將將，然是太早也，所以箴之。

愚按王朝之報早晚，自有司存，不待人主親問而後知也。縱夜未央，爲人主所問，則其後浸怠浸晚，至於鄉晨是正，人主不問所致，亦安得指爲人主親問。若人主每每親問如初，則不至於嚮晨矣始勤，不流爲終怠矣。此詩人自設爲問答，以形其漸不如初可知也。箴鍼針同，見《内則》與《荀子·箴賦》。義取鍼砭。

鶴鳴

此詩不明言所主，毛、鄭以爲喻求賢，且合從之。雪山以爲魚鶴園木，皆賢者所退處而自樂者。說亦有理。若主誨之一字，而隨事以明理，則晦庵之説精矣。

爾公爾侯，逸豫無期

此二句古無成説。東萊以爲責在位之公侯，曰賢者去朝，時事可知，爾公侯猶逸豫，而不知懼乎？其説已爲明白。戴岷隱亦云：公侯不以賢才爲念，逸豫無度，賢者不肯留。至嚴氏以其與下文「謹爾優游」之爾字不歸一，而不從其説。今以爾爲指《白駒》去國之賢，則其説有三。晦庵曰：此乘白駒者，若其肯來，則以爾爲公爲侯，而逸樂無期矣。猶言横來大者王，小者侯也。豈可以過於優游，決於遁思而終不我顧哉？雪山曰：此必舊爲公侯，而今遁山林者也。度斯人浪適，其來無期，少致丁寧頌禱之辭，愛賢之深也。華谷曰：己去而彼留，於是羡賢者退居之樂，謂爾賢者若爲公爲侯，則將勤勞國事，無有逸豫之期。今爾肥遁，優哉游哉，足以自樂，願加保重耳。

愚按三説後來者深近之。而雪山爲徑，蓋謂今日去國之賢，即前日之嘗爲公侯者，故皆以爾而指之，庶與上下文相協。但雪山謂斯人浪適，其來無期，則來字爲添，似改逸豫無期，爲其來無期。恐微有未安耳。宜曰：爾公也，爾侯也，今乃逸豫自適而無期乎【七】！謹哉！爾之優游；勉哉！爾之遁思。惜賢者之去，而又體賢者之不容不去。寄興悠遠矣。

秩秩斯干，幽幽南山，如竹苞矣，如松茂矣

【七】今乃逸豫自適而無期乎　「逸」原作「逆」，據明本及《詩・小雅・白駒》改。

王雪山云：言面勢、物色皆嘉也。蓋如非比喻之，如乃枚舉之辭耳。

乃占我夢

嚴氏謂：皆頌禱設爲之言，非真有是夢。

載弄之瓦

古説瓦，紡磚也。今所見紡無用磚者，而瓦亦與磚爲二物，恐風俗古今不同爾。嘗見湖州風俗，婦人皆以麻線爲業，人各一瓦覆膝而索麻線於其上，歲久瓦率成坎。古亦豈有此事，而詩人因指之歟。

考牧

嚴云作牧養之牢而落成之。

螟蛉有子，蜾蠃負之

螟蛉，青虫；蜾蠃，蠮螉。古説皆謂蜾蠃負螟蛉之子爲子，置空桑中，七日而化。如揚子雲所謂類我類我者，嚴華谷載《解頤新語》曰：近世詩人取蜾蠃之巢毁而視之，乃自有細卵如粟，寄螟蛉之身以育之，其螟蛉不生不死，蠢然在穴中，久則螟蛉盡枯，其卵日益長大，自爲蜾蠃之形，穴竅而出，非螺蠃以螟蛉之子爲子也。愚戊辰考試省闈，聞同官宫教台州董華翁云：蜾蠃負螟蛉埋土中而寄子，其身如雞抱子，暖之而使生。然其子即蜾蠃之子，非以螟蛉之子爲子。《詩》之説得之，揚子雲則失之耳。時有監簿永嘉戴侗聞其説，亦云嘗親見蠮螉負螟蛉入筆管，有兩蠮螉互飛而共營之，初非獨陽無子而外取螟蛉之子爲子也，如腐草化螢，亦螢宿其子於腐草，既成形則自腐草而出。杜詩云「幸因腐草出」，最精於物理。

谷風

古説以谷風爲東風，嚴氏方以爲大谷之風。後章言無草不死，無木不萎，則非東風矣。嚴説良是。

蓼蓼者莪，匪莪伊蒿

古説皆於《序》文不得終養父母上立意。恐不過睹蓼莪之生意而興感耳。

小東大東【八】

古説謂小大皆取之於東。晦庵獨以爲東方小大之國，華谷從之，於文義爲長。

山有嘉卉，侯栗侯梅，廢爲殘賊，莫知其尤

「山有嘉卉」，爲栗爲梅，我反廢爲殘賊，莫知其罪。感卉木之得所，而己不如也。

滔滔江漢

滔滔江漢尚足爲南國之綱紀，盡瘁以仕，而上之人曾莫我有，是上之人不能宗主綱紀乎。我而興感也。

我從事獨賢

【八】小東大東　「大」原作「木」，據《詩·小雅·穀風》改。

賢猶多也。雪山曰：言其勞獨過於人也。

無將大車

戴云：詩意未嘗及小人，非悔將小人也。世既亂矣，力微而挽重，無益於事，與《無田》、《甫田》之意同。朱云：此亦行役勞苦而憂思者。愚按《序》言悔將小人，本不成文。蓋世有將三軍之説矣，安有將小人者哉？況詩亦初無悔用小人之意，合以上二説詳之。

楚楚者茨，言抽其棘，自昔何爲，我藝黍稷

諸家多謂今日楚茨、抽棘之場，即自昔我藝黍稷之地。蓋主《序》文傷今思古之説也。然此詩與《信南山》等篇，始終皆稱美豐登、祭祀之盛，無一毫幾微不滿之意，不應篇首二語獨歎田萊之荒，而其後無一語相應也。治世之音，亂世之音，豈能掩於言辭之間哉！毛曰：抽，除也。鄭曰：伐除茨棘以樹黍稷也。雪山曰：拔除茨棘而藝黍稷。岷隱曰：去茨棘而藝黍稷。合此五家之説觀之，抽乃抽去之，抽非抽出之抽，篇首二語非傷今矣。

愚按若如諸家以抽爲枝條抽發，則抽字當在棘字之下，如「其華湑兮」之類，棘自抽耳，非以人而抽其棘也。今曰「言抽其棘」與「言刈其楚」語意正同，是以人力而抽之刈之也，非物之自抽也。毛、鄭五家之説爲優。

疆場有瓜，是剥是菹，獻之皇祖

華谷曰:《郊特牲》天子植瓜華,不斂藏之種,是不税瓜於民也。此言民喜時物之新,不忘君上,思欲獻之。愚意古者公私之田同一井,天子植瓜,亦必借民之力,亦必於疆埸而植之。作詩者但《序》其瓜之所從出,不必以税民爲疑也。

甫田之什

歲取十千

毛曰:十千言多也。鄭氏謂一成之田十萬畝,公田十一之法,十萬取十千。晦庵從之。雪山謂:孔氏言凡詩之作,非如紀事之書,必詳度量之數,《甫田》言歲取十千,亦猶頌言萬億及秭,皆舉盈數,且叶韻耳。

愚謂鄭以制度言《詩》,不若王以人情言《詩》也。至嚴華谷一變其説,以爲百取十焉,萬取千焉,則分十千爲二事,而各爲之説。幾於臆度,又不若鄭氏言制度之有據矣。晦庵又以此詩爲士大夫食禄采邑者之數,未知采邑可有萬畝之收否?晦庵又以篇末「萬壽無疆」爲上祝下,恐合且依古注以爲民祝君也。然自《楚茨》至《甫田》、《大田》諸詩古説皆以爲刺。晦庵皆不以爲刺,三味經文,實無感傷之意。晦庵之説爲長也。

高山仰止,景行行止

按詩此本迎新昏之辭,而《詩序》以爲思得賢女以配君子者也。景者,大也,行者,路也。高山與大路類也。此言親迎者之迎新昏也。高山在望則仰之，大路在前則行之。于以駕四牡之騑騑，振六轡之如琴，由斯塗，用斯禮以親迎云耳。特述行道之所見而非有他義也。《表記》曰：《小雅》曰「高山仰止，景行行止」。子曰：「《詩》之好仁如此，鄉道而行，中道而廢，忘身之老也，不知年數之不足也。俛焉日有孳孳，斃而後已。」《表記》之言蓋斷章取義，以爲嚮往而興起，氣象廣大，使人拱挹不盡，固所謂善言詩者也。唐明皇因《表記》嚮往興起之義，其序《孝經》遂有「景行先哲」之語，似以景行二實字爲人心嚮往之虚字。《表記》善於言詩，而明皇不善於讀《表記》矣。後世緣此遂有景慕之説，是不以景爲大也。音釋者又或以行作去聲，是不以行爲路也。皆始於明皇之誤，非經旨矣。

魚藻之什

魚在在藻，有頒其首。王在在鎬，豈樂飲酒

此詩與「王在靈囿」、「於牣魚躍」氣象一同，因《詩序》以爲刺幽王將不能以自樂，諸家遂强以愁歎之辭釋之。然本文之和樂氣象終不可改。但外添一語云：傷今之不然爾。至嚴華谷方就本文造意生説，謂在藻爲淺水，而魚失其所，依蒲爲近岸，而愈失其所。三味此詩，初無此意，説者自爲巧語而文致之，讀者謹勿悦其新奇也。雪山曰：治世亂世辭意氣象自可見。如下篇《采菽》詩，亦初不見其爲刺。

采菽

《詩》多託物起興，如采菽則以筐莒承之。君子來朝，則將何以予之。蓋物必各有以處之，故因以起興云爾。說者乃謂：采藿以待燕賜，曲生枝節，意味愈短。此最讀《詩》之病，姑舉其槩云。

民之無良，相怨一方，受爵不讓，至於己斯亡

古說以爵爲爵禄，或以下民無爵禄之可爭也。又以民爲人之通稱。華谷主錢氏之說，以爵爲酒爵，云民之相怨，各執一偏，或因盃酒失歡，至亡其身。詩蓋爲持平之說以解之也。愚按此說稍平易。

黍苗

詩中明言美召公，而《詩序》乃以爲刺幽王。此類亦何訝晦庵之去《序》耶！若下篇《隰桑》則詩中真有思見君子之意，序非自爲之言也。

英英白雲，露彼菅茅

《詩傳》謂白雲，水土輕清之氣，當夜而上騰。露即其散而降下者。其說甚工。然有雲之夜必無露，有露之夜必無雲。蓋露乃天地清氣之合，儻無翳隔，即草木上自然凝結，非待自上而降，如雨雪之比也。今所謂「英英白雲，露彼菅茅」，當是覆露之露，非雨露之露。

緜蠻黄鳥，止于丘隅

《詩傳》謂緜蠻之黄鳥，自言止于丘隅而不能前，恐不若諸家謂役人見黄鳥得所止而感歎也。

有豕白蹢，烝涉波矣

古説皆以爲將雨之證，而未有明言其所以爲雨之證者。王雪山云：豕，江豚也，豬首魚尾，有兩細足，微白，湖湘間多有之。出則雨兆，月近畢亦雨兆。此説蓋考將雨之證也。嚴華谷祖張子之説，以爲豕性負塗，雖有白蹢而不見。今見豕白蹢，群然涉水，是久雨而停潦多，故豕蹢濯其塗而見白。停潦尚多，雨歇未久，而月離于畢，天又將雨矣。其説甚工；然非以爲將雨之候也。

文王之什

假哉天命，有商孫子

晦庵《詩傳》曰：文王不已其敬，如此是以大命集焉。以「有商孫子」觀之，則可見矣。愚按《文王》詩惟晦庵傳最爲理精語潔，獨此二句之説，於上下文語脉微有未順。蓋「穆穆文王，於緝熙敬止」此二句一意，言文王之德也。「假哉天命，有商孫子」此二句一意，言天命初本商之有也。下文再言「商之孫子，其麗不億，上帝既命，侯于周服」，此四句一意，言商之孫子雖多，今天既命恩德，殷之後反皆臣于周也。一章八句，語脉相生，而其間條流次第絲豪不紊。今若曰文王之敬如此，而大命集焉，是上之第二句與中之第一句跨涉而取義也。又曰以商之孫子觀之，可見是中之第二句與下之四句亦跨涉取義也。且云觀之，則可見又似添語補足，而本文未必有此意也。更在學者詳之。若華谷以「有商孫子」，臣有商家之孫子，則鑿耳。

永言配命

《傳》云：配，合也。命，天理也。使其所行無不合於天理。嚴云：配命謂王者與天爲配。天之賦予萬物謂之命，王者宰制天下亦謂之命。按嚴説於經文爲近。

上天之載

新定邵氏《禮記解》曰：載字訓詁不同，説《詩》者曰載，事也。釋《中庸》者音栽，謂天之造生萬物也。俱所未安。載猶地載神氣之載，言上天所載之道，無聲無臭也。

明明在下，赫赫在上

《毛傳》謂文王之德明明於下，故赫赫然著見於天。晦庵《傳》謂明明德之著，赫赫命之著。愚按此詩至中間方説文王耳。嚴氏云：首章專述天命喪殷之事，故首二句且先泛言天人相與可畏之理。味其次序，當從嚴説。

造舟爲梁

造，七報反。言造詣以舟代梁之地也。晦庵以造訓作。徐氏元有此音，謂作舟爲梁也。文王之親迎，其造詣已成之舟，其造作新舟，固不可考。毛氏因謂親迎之禮，天子造舟，諸侯維舟，大夫方舟，士特舟。則曲説也。舟所以濟險，無時不設，豈特爲親迎設也。地險不同，舟隨宜而爲之制，豈爲尊卑而立等差也。親迎而涉津渡，特偶然耳。豈必一一親迎于津渡，而立爲舟梁之定制也。

陶復陶穴

古謂陶爲窑，復爲重複之窑穴，爲陶其壤而穴之，言土室也。蓋謂古公亶父居於窑竈土室之中如此。愚按：窑竈者，陶瓦之地，非人生所居之地也。王雪山曰：陶，今之土墼也，以陶爲蓋於其上，謂之復。以陶爲基於其下，謂之穴。此言以土墼爲居也。戴岷隱曰：先陶于復穴，將以營室家。此言以未有室家而陶瓦也。二者視古説不同，而稍近人情，覺岷隱之説爲尤近。

榛楛濟濟

《國語》引此詩，止言盛世氣象。

求福不回

古説回者，邪也。愚謂回非邪也，回乃入於邪之所自始也。人生平居【九】，何嘗不正不宜？一旦禍福在前，計較之心一萌，即爲回轉。若自謂枉尺直尋，以苟濟目前者，不知

【九】人生平居　「平」原作「乎」，據文淵閣四庫本改。

正直之探，一有回轉，即入於邪，不可復返。自昔喪名敗節之士如此類多矣，學者讀「求福不回」之詩，可以銘心而誓之終身也。

生民之什

履帝武敏歆

鄭氏謂姜嫄履巨人跡，歆動而生后稷。近世大儒如晦庵、東萊皆從之。惟歐陽公嘗斥其誕，至華谷復力主歐陽之説。然知諸儒之説姜嫄正因履巨迹，而生子而驚異之也【十】。是以棄之隘巷，棄之平林，棄之冰，是以名之曰棄，是以曰上帝豈不寧乎？豈不康我之禋祀乎？何乃居然而生子也。則其訓釋於上下經文皆協。今華谷力排履武之説，止以不難產爲神異，而亦襲用諸儒之語曰：上帝豈不寧乎？豈不康我之禋祀乎？使之安然而生子也。則其説不通矣。蓋不難產正可言獲神之祐，豈反以此疑天之不康禋祀耶？不難產，正人情之所喜，豈反以爲怪而棄其子耶？難產者偶然，不難產者皆是也，豈獨后稷而異之耶？且無災無害，特詩人形容后稷始生之一事。此詩豈專爲不難產而作耶？

有相之道

鄭曰：若有神助，此語未爲怪也，諸家乃多不從之。不知詩人形容鋪張設爲之辭，如降神降種之類多矣。此乃詩人之體，雖今時亦然。今恐其涉怪，止以去草爲相助。此乃

【十】生子　「生」原作「主」，據文淵閣四庫本改。

農人之常耳，豈所以誇后稷。

實發實秀

發者，苗之長盛；　秀者，苗之吐華。

即有邰家室

古註謂邰爲稷之母家。先儒疑邰必自有其君，或絶亡，或他徙。李迂仲曰：此皆臆説，無所考據，今據此詩，后稷封於邰，其事甚明。若以邰爲稷之母家，則未之敢信。愚按李之説是矣。然意先儒之爲此説者，以詩有即之語，即者，就也，故以爲就封於母家。不知即乃遽然驟得之義，稷乃始封故云爾。

以祈黄耇

晦庵以爲祝壽，的矣。諸家尚因繼序以爲乞言，俗見傳染之難回如此。

令終

言善終如始者是，言考終命者非。

公尸

天子必取孫列之諸侯、入爲卿大夫者爲尸，故云公尸。見孔氏《禮記》疏。

假樂

諸家以六句爲章，岷隱、華谷四句爲章，文義甚順。

泂酌

晦庵云行潦尚可餴饎,「豈弟君子」,豈不爲民之父母乎?此起興也,《詩》之本旨也。凡謂薄物可以格神,由厚德可以厚民者,本繼《序》之説也。

《卷阿》豈弟君子

晦庵諸家皆以君子爲指王。嚴氏破其説,謂若以指王,則於「來游來歌」説不通。然晦庵意召公從成王游歌而叙其事,則亦未嘗不通也。此詩第五章「有馮有翼」,方引入用賢之意。第七章「藹藹王多吉士」,方明叙用賢之事。古人作文次叙,不可誣也。

戎雖小子

晦庵以戎爲指同列。雪山以小子爲名少年。合二説方備。

蕩之什

鬼方

古説鬼方,遠夷也。不知何方。雪山謂楚俗多鬼,指楚也。愚按《易》言「高宗伐鬼方」,《詩》言「高宗伐荆楚」,則鬼方即荆楚可知矣。

維德之隅

毛曰:隅,廉也。蓋矜持修飭,即此德之方正形見者。自鄭氏取譬於宫室,有由外知内之説，諸家始多費辭。晦庵止云隅，廉角也。視毛説尤精明。

寧爲荼毒

諸説皆云：安爲荼毒。惟《詩緝》云：民苦於虐政，欲其亂亡，故寧爲荼毒而不之邺。愚按：經文自明白，因訓寧爲安而多事。今《詩緝》得之。

征以中垢

此句本難曉，《詩緝》云：良人本爲善，彼不順者，攻以内行污垢之事。於文義亦通。

靡有孑遺

諸家皆泥《説文》，以孑爲無右臂之皃，恐不若徑以孑訓獨。蓋經文但云無復孑然而獨遺者耳。

無不能止

此句極難曉。毛曰：言無止不能也。李曰：未嘗以不能之故而不敬也。戴曰：靡有不能而止者。朱曰：無有自言不能，而遂止不爲也。嚴曰：言毋謂不能而止不能也。然於本文終未曉然。或疑此章歷言群臣盡力救旱，故於章末結之云，靡人之不周盡矣。以其用力言之，無不能止遏其旱勢者，不知上天云何而不感格也，未知然否。

維嶽降神，生甫及申

舊説皆謂姜氏之先主四嶽之祀，故嶽神祐之，既生穆王時之甫侯，又生今日之申伯，以申、甫皆姜姓也。《詩緝》非其説,謂詩不過設爲神異之辭,以形容仲山甫、申伯之生。此詩本爲申伯作,而借山甫以大申伯也。豈有遠取周室始衰之甫侯以匹中興之申伯耶?此説覺於詩意寬平。

往近王舅

近,鄭音記,諸家從之。王雪山獨云:王舅非獨申伯一人,故云「往近王舅」,當是諸舅先有在謝者。今與相近。審如此説,則近當如字讀,不必改音記矣。

昭假于下

朱云:昭假于上天,而監在下。嚴云:有周之德昭明,假至於下。愚按:主天監而言,則周德之昭假在下,似不必增字爲説,本文極明白矣。

衮職有缺

方博士解《王制》「三公一命衮,若有加則賜也。」云衮雖三公可服,非有加則不賜。《詩》言「衮職有缺,惟仲山甫補之」,蓋謂是也。此言衮者,人臣之極常缺之而不服,惟仲山甫加賜而得之,是常時所缺,而今則補之也。此説有據而理通,説《詩》者未有此,故録之。

潰潰回遹,實靖夷我邦

諸家皆謂刺其以小人而任安邦之寄。獨雪山云:靖夷,寂寞也,以爲佳語者非。

周頌

維天之命

「維天之命，於穆不已，於乎不顯」三句言天，「文王之德之純」以下始言文王。《中庸》以「於乎不顯」屬之文王，蓋亦斷章取義。

彼徂矣

詩意似不過謂太王、文王雖已往，而流風善政猶存耳。鄭氏以彼爲指萬民。已覺多事。晦庵又以下句之「岐」字綴「彼徂矣」，共四字爲句，而云「彼徂矣岐」。恐無關大義。但上云「彼作矣」，下云「彼徂矣」，自相對。今以「岐」字綴「徂矣」之下，恐驚俗也。

成王不敢康

古注以成王爲成此王功。蘇氏謂若以成王爲成王誦之成王，則下文云「基命」，成王非基命之君。李氏謂：《書》云「成王畏相」，亦非言周之成王。然《國語》載叔向引此詩云：「道成王之德也。成王能明文昭，能定武烈也。」此在古注未作之先。晦庵力主《國語》之說，歐陽公亦云以爲成王誦，則文理易通。凡二說，在學者詳之。

維天其右之

晦庵云：神坐東向，在饌之右。然諸家皆本古説以爲右助。此亦非大義所係，且合從衆。

雝

《序》以爲禘太祖，於詩文無之，於《禮》、於《論語》則徹祭之樂歌。《詩》中烈考、皇考，或以爲文王，或以爲武王。華谷考以《祭法》，考乃祖父之通稱，右烈考之右。晦庵亦以爲左右之右，云尊也。按古注亦以爲右助之右。未知孰是。若雪山則曰：右，非尊也，蓋先也，左静右動，動者，於用爲先，故漢右丞相先左丞相，然非古義也。

陟降庭止

古以庭訓直。晦庵以爲若見其陟降在庭，義極明白。戴説同。

酌

晦庵與諸家多謂酌即舞勺之勺也。嚴華谷破其説，謂《勺》者，成王之樂。若《酌頌》果爲《勺》舞之《勺》當述成王繼承之事。今此詩言告成《大武》，非舞《勺》之樂章矣。愚甲午歲游學姚江，試「時純熙矣」。至「載用有嗣」五句題，以「載用有嗣」爲成王。主司湛太僕得之【一一】，大喜，以冠諸經。此時愚方弱冠，未考經書，但據《尚書》成王「四征弗庭」與「方行天下」等語，因謂成王初年，天下猶未定，未嘗不繼武王之武以定天下，故創爲此説耳。乃今考閲諸家經解【一二】。如晦庵則曰後人寵受此王者蹻蹻之造，亦惟武王之事是師。如雪山則曰：「遵養時晦」，謂文王也。「我龍受之」，謂武王也。「載用有

【一一】湛太僕得之　「僕」原作「博」，從文淵閣本改。

【一二】乃今考閲諸家經解　「閲」原作「開」，據文津閣本改。

嗣」，謂成王也。當時偶然之鄙説，乃與暗合。竊意此詩正爲成王作也。我亦主成王而言之也。上文「養時晦」、「用大介」皆推其本始以起之也。文王之時如此，武王之時如此，今日所以嗣之者又如此。此其所以爲《酌》，而《序》所謂《酌》，先祖之道者也。華谷謂非成王之《勺》，豈未細考歟？讀者更詳之。

魯頌

季孫行父請命於周，而史克作是頌

愚按行父，文公六年如陳、如晉，至襄公五年卒，其見於經者凡五十四年。使行父壽踰七十計，其在文公時年方弱冠。僖公者，文公之父也。行父安得逮事僖公而爲之請命于周。若史克又後行父十年方見於經，恐亦未必逮事僖公也。且《序》之爲此説者，以魯有《頌》爲僭，而行父，魯名臣也，謂其嘗請命於周，則魯非僭耳。然魯之僭，莫大於郊矣。《明堂位》言成王賜伯禽以天子禮樂，使世世以祀周公。審如此説，亦未必使之郊天，行天子之事也。況《吕覽》明言魯惠公請郊禮於平王，而史角往魯。《吕覽》作於秦，《明堂位》作於漢，是成王賜天子禮樂之事未必有之。故自伯禽至莊公十七世，未聞有郊天者。僖公三十一年始卜郊，而卜不從，繼此若宣、若成、若定欲郊，則牛輒傷，禮之不可僭，神之不歆其祀如此。魯人曾不知媿，反以郊爲盛事而張皇之。序者尚欲避頌之爲僭，何異放飯流歠而問無齒決耶！且《魯頌》非商、周郊廟之頌也。臣子祈其君，而後世序《詩》者加頌之名，以代列國之所謂美耳。郊，僭也，不以爲僭；詩非用之郊者，反以爲僭而請之乎？且此詩作於誰而請之也？謂作於僖公，僖公不應自頌其美，謂作於臣子，臣子不應專達於朝。然則序《詩》者之言，特未可知也。

劉元城嘗言我藝祖不事虚文。至太宗朝方用兵河東，群臣已作詩歌。淮夷，固魯積患也，僖公僅嘗從齊桓公會諸侯于淮，反因此見止於齊，明年乃得歸，可羞之甚者也。魯臣反作詩歌以誇大其功，雖曰祈願之辭，然亦此魯之所以不競歟。

商頌

湯孫

諸儒皆以「湯孫」爲指時王之主祭者，岷隱始謂詩曰「於赫湯孫」，則湯孫不應自誇，遂指爲商世之先王。然下文云「湯孫之將」，則先王豈自奉祭祀耶？樂以悦神，故曰「於赫湯孫，穆穆厥聲」，以侈言其樂之美。如飲食云「苾苾芬芬」，以侈言其飲食之美。凡以悦神，非自誇也。武王之祀山川也，自稱有道曾孫。古人初無後世之嫌，直以契合神心而已。

駿厖

古説駿大也；　厖厚也。是曰爲下國大厚。於文義既不通，於前章「爲下國綴旒」語例亦不叶。董氏謂《齊詩》作「駿駹」，謂馬也。晦庵取其説。蓋上章云「爲下國綴旒」喻也，爲其係屬下國之心也。此章云「爲下國駿厖」，亦喻也。爲其負載下國之任也。若曰馬，非所以爲喻，則旂旒亦何足爲喻，螽斯可以喻后妃，鴻飛可以喻周公，詩人託物取義，固不嫌其微也。

卷五

讀尚書

經解惟《書》最多，至蔡九峰參合諸儒要説，嘗經朱文公訂正，其釋文義既視漢、唐爲精，其發指趣又視諸家爲的。《書經》至是而大明，如揭日月矣。今惟略記一二。

堯典

欽明

按《堯典》始終皆主欽字。

東作

説云：春月歲功方興，所當作起之事。然以南訛西，成朔易類之。疑平秩，主人事而言；東作，主時至氣，應物類興起而言，作，如土膏墳起之類。

朞三百六旬有六日

三百六十日，一歲之常數也。周天三百六十五度四分度之一，天行速，常一日一周而過一度，日行遲，不及一度，積三百六十五日有奇而與天會。視三百六十日多五日有奇，名氣盈。月行尤遲，一日常不及天十三度有奇，行一月始與日會，十二會得全日三百四十八有奇。視三百六十日虧四日有奇，名朔虚。合氣盈、朔虚而生閏。蔡解極精。

舜典

人心惟危一章

此章即堯嘗授舜之辭，舜申之以授禹而加詳焉耳。堯之授舜曰：「允執厥中。」今舜加「危微精一」之語於「允執厥中」之上，蓋所以使之審擇而能執中者也。此訓之之辭也，皆主於堯之「執中」一語而發也。堯之授舜曰：「四海困窮，天禄永終。」今舜加「無稽之言勿聽」以至「敬修其可願」於「天禄永終」之上。又所以防警之使，勿至於困窮而永終者也。此戒之之辭也，皆主於帝堯「永終」數語而發也。「執中」之訓，正説也；「永終」之戒，反説也。正反相因，章旨該貫，蓋舜以始初所得於堯之訓戒，併平日所嘗用力於堯之訓戒而自得之者，盡以授禹，使知所以「執中」而不至於「永終」耳。豈爲言心設哉？

近世喜言心學，捨全章本旨而獨論人心、道心，甚者單摭「道心」二字而直謂「即心是道」，蓋陷於禪學而不自知。其去堯、舜、禹授受天下之本旨遠矣。蔡九峰之作《書傳》，嘗述朱文公之言曰：古之聖人將以天下與人，未嘗不以治之之法而併傳之，可謂深得此章之本旨者。九峰雖亦以是明帝王之心，而心者，治國平天下之本。其説固理之正也。其後進此《書傳》於朝者，乃因以三聖傳心爲説。世之學者遂指此書十六字爲傳心之要，而禪學者借以爲據依矣。

愚按：心不待傳也。流行天地間，貫徹古今而無不同者，理也。理具於吾心而驗於事物。心者，所以統宗此理，而別白其是非，人之賢否，事之得失，天下之治亂，皆於此乎判。此聖人所以致察於「危微精一」之間，而相傳以「執中」之道，使無一事之不合乎理，而皆無過不及之偏者也。禪學源於《莊》、《列》，滑稽戲劇，肆無忌憚之語，懼理之形彼醜謬，而凡聖賢經、傳之言理者，皆害己之具也。故以理爲障，而獨指其心，曰：「不立文字，單傳心印。」此蓋不欲言理，爲此遁辭，付之不可究詰云耳。聖賢之學，由一心而達之天下國家之用，無非至理之流行，明白洞達，人人所同，歷千載、越宇宙有不期而同。何傳之云。縱以舜之授禹有人心道心之説，可曰傳心？若堯之授舜，止云「執中」，未嘗言及於心也。又安得以傳心言哉？俗説浸淫，雖賢者或不能不襲用其語，故僭書其所見如此。

皋陶謨

無教逸欲有邦

漢王嘉奏封事，引《書》云：「無敖逸，欲有國。」劉元城疑敖字，轉寫作教字。

禹貢

海濱廣斥

古說以斥爲斥鹵。蔡解引許慎云：「東方謂之斥，西方謂之鹵。」而云斥鹵，鹹地。愚按：《管子》「斥」者，薪芻所生之地，鹵乃鹹地，於斥不相干。今嘉興府瀕海，人呼産蘆之地爲斥塹。

三江既入

三江之説極衆。程尚書盡闢其説，主蘇氏指豫章江爲南江【一】，以足經文中江、北江之數。愚按豫章江於經未嘗稱江，審如其説，則三江皆在上流，於揚州何豫焉。蔡氏闢其説，而主庾仲初《吴都賦》註【二】，松江下七十里分流東北入海者爲婁江，東南流者爲東江，并松江爲三江。其地名曰三江口，《吴越春秋》所謂范蠡乘舟出三江之口者是也。蔡之説的矣。愚按《越絶書》云：出三江之口，入五湖之中，爲越伐吴之路。五湖既共今之

【一】主蘇氏指豫章江爲南江　「氏」原作「民」，據文津閣、文淵閣本改。

【二】而主庾仲初吴都賦註　「庾」原作「唐」，據文淵閣本改。

太湖，則三江豈外於今之松江？又《秦語》云：越王擒之於三江之浦，《越語》載子胥曰：三江環之，民無所移。及越欲釋具，范蠡諫曰：與我爭三江五湖之利者，非吴耶？則三江與五湖相連又可知矣。然愚嘗泛舟松江至海口，不見《吴都賦》注之婁江、東江也。《吴志》載青龍江、白蜆江，今皆塞，姑録之，以翼蔡氏之説。

涇屬渭汭

古註謂水内爲汭，諸儒皆從之。蔡解獨以涇、渭、汭三者皆水名，而汭入於涇。愚按若如古説，涇入於渭水之内，而「漆、沮既從灃水攸同」，皆主渭言之，文意俱協。若以汭爲一水而入涇，則涇屬渭汭者，是涇既入渭汭又入涇。下文「漆沮之從，灃水之同」孰從孰同耶？兼經云涇屬于渭，而乃云汭入于涇，文恐相反。又下文會于渭汭，若二水則不以會言矣。恐渭汭合依古説也。《職方氏》其川涇汭。易氏《解》云：汭非《禹貢》之汭，《禹貢》言汭皆水内，此川名。

東爲北江

蔡云：北江未詳。愚恐漢江自北而入大江故云耳，非他有北江也。

朔南暨聲教

古註以聲教斷句，諸家皆從之。余友蔣榮甫云：昔徐履赴試，道渴求水，村舍有老士人教四五童蒙，以朔南暨爲句。徐言其誤，老士人者怒曰：「獨朔南暨聲教，而東西無預耶！」東西皆有所止之地，故以海與流沙言，朔南地廣，故以暨言，而下文總以聲教，訖于四海耳。使如衆説，當云聲教暨朔南，何云暨聲教耶？徐用其説，魁南省。

胤征

惟仲康肇位四海

林氏謂羿廢太康而立仲康，而仲康即位之始即能命胤侯徂征，掌六師，以振其兵權，使仲康盡失其權。則羿之篡夏，豈待相而後取耶？愚按《史記》載太康失國，太康崩，弟仲康立。若果廢太康而立其弟，豈待太康之崩耶？近世獨湖孫季和主薛常州士龍之説，謂常州考以地理，羿拒太康，據其都。太康不知所終，仲康乃之洛地自立，今拱州太康縣是也。仲康既在五弟之數，徯于洛汭，不在舊邦？不爲羿所立明矣。是太康失邦，自在河北，仲康别立，自在河南，仲康没而相繼之。羿使其子澆侵相於河南，相遷于帝丘，後竟滅之。相后方身，逃歸有仍，生少康，夏乃中興。此説與經文「距于河，五弟御其母以從」之説合。林説雖免羿假王命攻異己之嫌，又不若薛説之爲辯。

臣扈

蔣榮甫謂其伯父尚書嘗聞前輩言扈者，啓同姓之國，見堯、舜皆與賢，而啓乃繼禹，扈不服，大戰于甘。自是終夏之四百年不臣夏，至湯伐夏，而後扈來臣於商，故作《臣扈》之書。成湯放桀于南巢，巢國不義之，終商六百年不來朝，至武王伐商，而後巢伯來朝於周，故作《旅巢命》之書。是説也，嘗於經筵奏先皇帝理宗云。

仲虺之誥

惟有慚德曰：予恐來世以台爲口實

湯不得已而伐夏，自以爲慚，此心如青天白日，兹慚德也。乃所爲實德歟。

纘禹舊服

古註云：繼禹之功，統其故服。蓋指弼成五服之服，以繼有天下言也。蔡解以爲繼禹舊所服行，恐亦寄搭義理耳。本文未必其然，合從古註。

式商受命，用爽厥師，簡賢附勢，寔繁有徒

吴氏以「用爽厥師，簡賢附勢」，意不貫，疑有脱誤。愚按上言天命湯伐夏，下言與夏桀同惡者不樂之也。若止據兩句，似乎不貫，若合上下文，未嘗不貫，何脱誤之有？

小大戰戰，罔不懼于非辜

愚按《湯誓》言：今汝其曰，夏罪其如台。是湯之衆安於湯之德，謂桀之暴無如我何也。此云「小大戰戰，罔不懼于非辜」。是桀之衆皆疾湯，而湯之衆皆震恐也。二義正相反。蓋《湯誓》者誓衆之辭，當時必衆言猶有未同者，故湯諭之如此。《仲虺》乃寬釋湯慚德之辭，謂夏、商已勢不相容，伐之非湯得已也。義各有在，不當以文害辭。

盤庚

汝何生在上

古註以上爲人上，蓋指在位言也。諸家從之。蔡解以上爲天。愚恐「生在天」三字爲文，意未安。若主民庶言之，以上爲指耿邑，猶可耳。若曰汝今不遷，邑且圮矣，何能生育於其上耶？

説命下

台小子舊學于甘盤，既乃遯于荒野，入宅于河，自河徂亳，暨厥終罔顯

古註謂：高宗自言既學而中廢業，遯居田野、河洲，其父使居民間知民事故也。蘇氏始謂甘盤遯于荒野，而諸家多從之。蔡氏謂：《無逸》言高宗舊勞于外，爰暨小人。《國語》亦言武丁入于河，自河徂亳，與此皆合。若以台小子語脉推之，蘇氏之説非是。此論精矣，世猶有不喜其説者，以「暨厥終罔顯」非所以言高宗也。愚按：蔡云高宗歷叙廢學之因，而嘆其學終於無所顯明。其説亦本古註，初非蔡氏自爲之説，且自言學罔顯，而下文求傅説爾，惟訓于朕志。文義極順，無可疑者。若以爲甘盤遯去而罔顯，則上文既言宅于河，又言自河徂亳，踪跡歷歷甚明，豈得言罔顯耶？且蘇氏雖以遯野爲甘盤，而小蘇氏作《古史》亦以遯野爲高宗也。

高宗肜日

夫既孚命正厥德

高宗肜祭而有雊雉之異，祖己遂訓以天之於民降年永不永，惟其義如何。天既信其命，令賞罰無差，而民猶以爲無如我何，此民之愚也。王之事天正此而已，豐祀何益。此《肜日》一篇之大旨，而古註得之矣。蔡氏疑高宗之祀如漢武五時祀，祈年請命之事，謂孚命者，天以妖孽而譴告之。謂言民者不敢指斥，高宗而托民爲言。恐皆意之耳。此書明言典祀無豐于昵，蔡氏亦明言昵爲禰廟，豈有若漢武五時祀之類哉？近世忽漢、唐古註，而欲自生義理，故或思索之過如此。

微子

我舊云刻子

王充《論衡》作「我舊云孩子」，謂識紂惡於孩子之時。

泰誓

觀政于商

古註與諸家皆謂觀商政之善惡，或以爲觀兵者，非矣。蔡氏以《商書》「萬夫之長，可以觀政」爲據，謂以諸侯之向背觀商政之得失。恐亦不若古注爲徑。

商罪貫盈

貫者，串物之名，即今錢貫之貫。貫盈者，積而至盈也。古注謂惡貫已滿，是矣。蔡解以貫爲通，恐貫通與貫滿各是一義。

百姓有過，在予一人

古注云：民之有過，在我教不至。蔡《解》云：過者，責也。百姓責我不正商罪。此説雖於伐商爲順，而在字無歸着。以語脉當從古注，大意不過自任以天下，於伐商意亦不背。

王乃大巡六師

蔡氏云天子六師，是時武王未備六軍，於《牧誓》叙三卿可見。此曰六師者，史臣之辭也。愚按《牧誓》所叙三卿，乃指友邦冢君之三卿【三】，安得以爲證？若武王止三軍，史臣安得增飾爲六師？而周王于邁六師及之，詩人又何所指而言耶？竊意曆數有歸，

【三】乃指友邦冢君之三卿　「冢」原作「家」，據文津閣、文淵閣本改。

天人胥應，武王既可於伐紂，何獨不可於六師？然世遠莫可考，且依經文讀之。

洪範

王省惟歲止月之從星一章

或云：此四五紀之文，錯簡在八庶徵之後。蓋九疇皆有演辭，而四五紀獨無之。「王省惟歲」以下正叙四五紀之説，而於庶徵無關，移此置彼，文義方順。

二曰富

五福不言貴而言富，蓋三伐之法，貴者，始富，言富則知其貴，所謂「禄以馭其富」也。貧、富、貴、賤離而爲四起，於後世不能制爵禄之失。游氏《禮記》解云。

五曰惡，六曰弱

古註謂惡，醜陋；　謂弱，尫劣。蔡以惡爲剛之過，弱爲柔之過。恐合從古註。

金縢

我之弗辟

古註辟，法也。蔡氏本鄭康成，音辟爲避，謂管叔流言，周公避居東都。及成王迎公西歸，管、蔡懼而反。成王始命公出東征，所以明周公之心善矣。但世遠恐難質言爾。

《書》云「周公居東二年，則罪人斯得」。未見有歸後再出東征之次第。若居東，止是避流言，則罪人斯得。亦不當即繼於居東二年之下。鄭氏於《七月》詩《序》「周公遭變」亦注云，管、蔡流言，辟居東都。《正義》云：周公避居東都。史傳更無其事。愚按管、蔡流言之時，未有東都也。不知鄭氏何據而有此說。若依古注，以辟爲法辟之辟，則《蔡仲之命》云：乃致辟管叔于商，正與此辟字同。

康誥

周公初基乃洪大誥治

諸家皆以爲成王命康叔，以篇首有周公之語也。然成王而謂叔爲小子封，謂乃祖文王爲文考。且稱其父爲寡兄。皆不通。今蔡氏以篇首爲《洛誥》錯簡，「王若曰」以下爲武王命叔，文意方白。非卓識不及此。又謂《梓材》非命康叔之書，蓋錯簡，亦良是。蓋惟篇首「王曰封」數語爲命康叔，今王惟曰「至子子孫孫永保民」，皆臣告君之辭甚明。

酒誥

爾大克羞耇惟君

古說養老，君之事。蔡云惟君未詳，且合從古說。

召誥

王敬作所不可不敬德

古註云：敬爲所不可不敬之德。蔡云：所，處所也，猶所其無逸之所，王能以敬爲所，則無往而不居敬矣。古説作一句讀，所作虚字説。蔡説作兩句讀，所作實字説，然古註不費力。

洛誥

朕復子明辟

古説成王幼，周公代爲君辟，至是復還於王。蔡氏以《康誥》篇首周公「作新大邑於東國洛」一章爲《洛誥》之篇首，而以此章爲公遣使告於成王，復，乃復命之復。明辟乃稱成王之辭，成王未嘗一日不居君位，何待於復。王莽居攝，潛移漢鼎，皆儒者誤言復辟，有以啓之。愚謂此説不獨考正文義，其有功於天下後世名義大矣。

命公後

舊説以《洛誥》命公後之語，爲公欲明農，而成王爲公立後於魯以留公。蔡氏謂成王回鎬京而留周公於洛。若封魯則已久，方周公東征之初已有魯，見《費誓》矣。舊説《多士》本《書序》以爲成周既成，遷頑民。蔡氏謂其遷已久，此乃周公治洛而告諭之辭。愚按：成周即今洛陽，是爲洛邑之下都，保釐大臣如君陳、畢公皆居之。《畢命》之書曰：「今予祗命公以周公之事。」又曰「周公克慎厥始」。《君陳》「克和厥中，惟公克成厥終」，則周公治洛無疑。凡皆合從蔡説，蓋朱文公師友之考訂者精矣。

無逸

君子所其無逸

近世諸儒皆以「所」爲「處所」，謂君子以無逸爲所，説理雖精。愚恐讀得太重，於本文似立説生意。蓋《無逸》之書最爲明白，終篇無一語埋意用字，如後世苦於作文者之爲，此語若曰君子所能無逸者，以先知稼穡之艱難乃逸，則知小人之依。故雖身居安逸，而此心終不敢自逸耳。「所」字疑只是虚字，平平説過，如「繼自今嗣王，則其無淫于觀」及「時人否則，有愆」，先儒多以「則」字訓法則之「則」，疑亦皆虚字。平心讀之，自見其無他也。又書中誕字、肆字、惟字多是古語助辭，今誕必訓大，惟必訓思，多有不通，而自爲之説以形容之。惟肆字訓故字處多協。

惠鮮鰥寡

古註云：加惠鮮之鰥寡之人，是鮮訓少，鮮爲鮮民之鮮，合作上聲，是鮮與鰥寡三字相連，恐於文未順。諸家泛言惠及鰥寡，皆置鮮字於不説，惟蔡氏云惠鮮者，鰥寡之人，垂首而喪氣，賫子賙給之，使之有生意。是鮮爲鮮活之鮮，合作平聲，是鮮與惠二字相連，於文方順。然蔡説微近於巧。愚按《詩》云「鮮我方將」，鮮亦上聲，訓善。今仍以惠鮮二字相連，不必改爲鮮活之鮮，文義自協。

君奭

故殷禮陟配天

古説升配天，蔡説以陟爲升遐，恐未安。升遐，主人而言；升配，主禮而言。

則商實百姓

古以商實百姓爲句，云使商家百姓豐實。蔡氏以商實絶句，云：國有人則實，而以百姓屬之下文，「王人罔不秉德」通爲一句，遂指百官爲著姓，王人爲微臣。愚按：王人本言王者，王人求多聞是也。謂王人雖微，序於諸侯之上者。後世之説，《書》中無此。謂百姓爲百官者，亦後世注《堯典》之説。晦庵已指平章百姓爲畿内之民，而蔡氏用之矣。

顧命

顧命

諸説顧，回首也。回顧而發命。愚恐若言回顧即爲回首而顧，凡單言顧者，正是目在之耳。若顧諟明命、顧畏民碞之「顧」，亦豈回首者哉？成王憑玉几命群臣，群臣在其前，成王無回顧之事。

畢命

旌别淑慝

殷人心不服周，周公征伐定之，又分治成周以慰安之。繼以君陳，更三十六年而畢公繼之，尚以旌别淑慝爲政，是殷民猶未盡服。必俟生長於殷世者老死至盡，而後人心定耳。東坡於《多方》之解謂殷湯以下七王之德深矣，其論極正。我朝兵不血刃，以無心得天下而一切以恩撫之。嗚呼，聖哉！藝祖待八國降王以禮，而武王親斬紂，使藝祖爲周，意殷民未必若是之久擾也。

君牙

夏暑雨，小民惟曰怨咨一章

古説多謂民情難得，使人主思其艱而圖其易，務邺民情耳。蔡氏以怨寒暑爲小民自傷其生，以圖其易，爲衣食之恐。局於一端而爲君之大德，亦非以衣食與人也。在學者詳之，疑合從古説爲平易。

秦誓

番番良士一章

蔡氏云：良士謂蹇叔，勇士謂三帥，諞言謂杞子。先儒皆謂穆公悔用孟明。詳其誓意，蓋深悔用杞子之言。愚按：於良士云，我尚有；於勇夫云，我尚不欲；於諞言云，我皇多有。蔡釋云我皇暇多有之哉！以上文二尚字觀之，語脉專歸重於諞言，則蔡氏之説精矣。蓋穆公殽之師，實杞子啓之也。然殽之始禍雖在杞子，而成之者實在孟明。孟明違父誤君，再敗秦師，焚舟之役亦終無寸功。自此秦、晉連兵數十年，不止殽師之一役，其罪又重於杞子，亦不當以三帥並言。蔡氏特以釋誓文之意，論者不可以是薄孟明之罪。

其心好之，不啻如自其口出

蔡氏云：心之所好甚於口之所言。愚意若以上文若己有之之例，似不過謂好人之彦聖，如出於我耳，宜從古說爲平。

卷六

讀周易

《易》，聖人之書也。所以明斯道之變易無往不在也。王弼間以老、莊虚無之説參之，誤矣。我朝理學大明，伊川程先生始作《易傳》，以明聖人之道。謂《易》有聖人之道四焉：以言者尚其辭；以動者尚其變；以制器者尚其象；以卜筮者尚其占。吉凶消長之理、進退存亡之道備於辭。推辭考卦，可以知變，而象與占在其中。故其爲傳，專主於辭，發理精明，如揭日月矣。時則有若康節邵先生才奇學博，探賾造化，又别求易於辭之外，謂今之易後天之易也，而有先天之易焉，用以推占事物，無不可以前知。自是二説並興，言理學者，宗伊川，言數學者，宗康節。同名爲易而莫能相一。至晦庵朱先生作《易本義》，作《易啓蒙》，乃兼二説，窮極古始，謂《易》本爲卜筮而作，謂康節《先天圖》得作《易》之原，謂伊川言理甚備，於象數猶有闕。學之未至於此者，遂亦翕然向往之，揣摩圖象，日演日高，以先天爲先，以後天爲次，而《易經》之上，晚添祖父矣。

愚按：《易》誠爲卜筮而作也。考之經傳無有不合者也。爻者，誠爲卦之占；吉凶悔吝者，誠爲占之辭。考之本文，亦無有不合者也。且其義精辭覈，多足以發伊川之所未及。《易》至晦庵，信乎其復舊而明且備也。然吉者必其合乎理，凶悔吝者必其違乎理，因理爲訓，使各知所趍避。自文王、孔子已然，不特伊川也。伊川奮自千餘載之後，《易》之以卜者，今無其法；以制器者，人無其事；以動者尚變，今具存乎卦之爻。遂於四者之中專主於辭以明理，亦豈非時之宜，而《易》之要也哉？

若康節所謂先天之説，則《易》之書本無有也。雖據其援易爲證者凡二章，亦未見其確然有合者也。其一章援《易》有太極，是生兩儀，兩儀生四象，四象生八卦，曰此先天之卦畫，於是盡改《易》中伏羲始作八卦之説，與文王演《易》重爲六十四卦之説。而以六十四卦皆爲伏羲先天之卦畫，其法自一畫而二，二而四，四而八，八而十六，十六而三十二，三十二而六十四。然生兩、生四、生八，《易》有之矣，生十六、生三十二，《易》此章有之否耶？其一章援《易》言天地定位，山澤通氣，風雷相薄，水火不相射，曰此先天之卦位也。於是盡變《易》中「離南坎北」之説，與凡震東方卦，兑西方卦之説，而以乾南坤北爲伏羲先天之卦位。其説以離爲東，以坎爲西，以兑、巽爲東南、西南，以震、艮爲東北、西北。然天地定位，安知非指天位乎上？地位乎下？而言南方炎爲火，北方寒爲水，亦未見離與坎之果屬東與西，而可移離坎之位以位乾坤也。《易》之此章果有此位置之意否耶？

且《易》之此二章果誰爲之也？謂出於孔子，孔子無先天之説也。謂出於伏羲，伏羲未有易之書也。何從而知此二章爲先天者耶？圖方畫於康節，何以明其爲伏羲者耶？然聞先天爲演數設也。夫《易》於理與數固無所不包。伊川、康節皆本朝大儒。晦庵集諸儒之大成，其同其異豈後學所能知？顧伊川與康節生同時，居同洛，相與二十年，天下事無不言。伊川獨不與言《易》之數。康節每欲以數學傳伊川，而伊川終不欲。康節既殁，數學無傳。今所存之空圖，殆不能調絃者之琴譜。晦庵雖爲之訓釋，他日晦庵答王子合書，亦自有康節説伏羲八卦，近於附會穿鑿之疑。則學者亦當兩酌其説而審所當務矣。

伊川言理，而理者，人心之所同。今讀其傳，犂然即與妙合。康節言數，而數者康節之所獨。今得其圖，若何而可推驗。此宜審所當務者也。明理者雖不知數，自能避凶而從吉，學數者儻不明理，必至舍人而言天。此宜審所當務者也。伊川之言理本之文王、孔子，康節之言數，得之李挺之、穆伯長、陳希夷。此宜審所當務者也。窮理而精則可修己治人，有補當世；言數而精不過尋流逐末，流爲技術。此宜審所當務者也。故學必如康節，而後可創言先天之《易》；學必如晦庵，而後可兼釋先天之圖。《易》雖古以卜筮而未嘗聞以推步，漢世納甲、飛伏、卦氣，凡推步之術，無一不倚《易》爲説，而《易》皆實無之。康節大儒，以《易》言數，雖超出漢人之上，然學者亦未易躐等。若以《易》言理，則日用常行，無往非易。此宜審所當務者也。

乾卦

六畫即正經，《彖辭》文王作，《爻辭》周公作，《文言》、《繫辭》孔子作

皆所以解此六畫，餘倣此。

用九，見群龍無首，吉

伊川云：「用九」者，處陽剛之道；「見群龍」謂觀諸陽之義；「無爲首」則吉也。晦庵本歐公説，以用九爲陽爻之占法，云六陽已盛，如群龍之剛猛在首，故見其無首則吉。是欲剛而能柔也。諸家或異或同，皆自用九以下取義。愚按伊川之説蓋本經文，「用九」天德，不可爲首爲言。晦庵之説，蓋主卜筮爲言。然六爻可以言占，若用九於六爻之外，以總明六爻之九，則不屬爻位，不係占卜，恐無「群龍無首」之象，亦未必有所謂吉之占也。臨川鄒氏以「用九，見群龍無首，吉。」總爲上九之爻辭，屬於亢龍有悔之下，云：上九之亢，雖有悔矣，而猶有善用之道焉。自初至五，潛、見飛龍，謂之群龍，皆以無首而吉。至上九，則爲首矣，能「見群龍之無首」，而亦不敢爲首焉，則悔可亡而反吉也。愚按古註云：「九」，天之德也，能用天德，乃見群龍之義。夫以剛健居人之首，物所不與也。故《乾》吉在無首。鄒氏蓋本古註，此説於程《傳》所主經文不可爲首之義既合，於晦庵卜筮取象之義亦合。

重剛

「九三重剛」，以陽爻居陽位也。九四亦曰重剛，晦庵疑「重」字爲衍。鄒氏云：九四非以陽居陽，而在三五重剛之間，故亦曰重剛。愚恐乾之内外卦皆陽剛，而三居内卦之極，四居外卦之始，實處兩陽剛交際之地，故皆爲重剛，而皆不中歟。

坤卦

直方大

伊川以至大至剛，以直爲説。晦庵止云其德内直外方，而又盛大。其説徑淨。節齋蔡氏直者發於内，而無私曲之謂，方者止於外，而有定則之謂。内直外方，其德乃大。於釋字尤切實，亦釋晦庵者也。

黄裳元吉

六五於《坤》爲最吉之爻，伊川言外生意，乃謂婦人居尊位之戒，女媧、則天是也。晦庵非之云：黄，中色；裳，下飾。六五以陰居尊，其象如此。其占爲大吉，於經文爲順矣。鄒氏云：天玄地黄，衣上裳下，君臣之辨也。臣當守中處下，六五居人臣極位，故必黄裳而後元吉。此亦體伊川言外之意，而不外經文。

必有餘慶

慶，當作平聲，與下文殃字協韻。上文乃終有慶，亦與「應地無疆」平聲相協。《睽卦》志行也，往有慶也，亦協韻。《益卦》「其道大光」，「中正有慶」亦協韻。他如《井》、《困》、《豐》、《兑》，凡《易》中「慶」字，無不與平聲協韻者。又如《詩》云「孝孫有慶，萬壽無疆」，「我田既臧，農夫之慶」，「黍稷稻粱，農夫之慶」，「維其有章，是以有慶」，「萬舞洋洋，孝孫有慶」，「則篤其慶，載錫之光」，皆以平聲協韻。《詩》與《易》皆以韻爲句也。韓昌黎銘劉昌裔之墓云：「維德不爽，後人之慶。」爽音霜，慶音羌，亦平聲協韻。今江西人皆呼慶字作羌音，今「慶」與「爽」二字，禮部韻平聲十陽皆有之。

屯卦

利建侯

程謂屯難之世，當建侯以自輔。蔡本朱説，謂建己爲侯，蓋主初九以貴下賤之得民。初九爲卦之主，而建侯者，又初九之爻辭也。然屯難之世，自立爲君，似難形於言。朱之《易本義》惟曰：立君而已。《語録》方有立己之説。而蔡説宗之。鄒氏謂初九能得民，建以爲侯，分民而治，庶幾人得其主而有所統一，則屯難亨矣。龜山亦曰：使人各有主，而天下定。愚按此説於朱説「立君者」可相通，而無自立之嫌。姑録之以俟知者。

求而往

諸説皆謂四以陰輔五之君位,才不足濟屯,故下求正應初九之陽,與之俱往以輔五。節齋蔡氏云:待初之求而後往,似又簡淨。可於正應上無添説。

蒙卦

利用刑人,用説桎梏

程謂去昏蒙之桎梏,固似未安。龜山以説桎梏連下文云:脱桎梏而縱之,往則吝矣。是欲囚之終身乎!蔡節齋云:刑人,治之也。説桎梏,改而止也。覺明切。

需卦

六四,需于血,出自穴。上六,入于穴

龜山曰:血,陰傷也。出自穴,不安其所也。上六處一卦之外,遠於陽,故入于穴,穴,陰所安也。鄒氏曰:穴以況陰之所居,六四不足以遏三陽之進。雖見傷而未甚,故出自穴以避之,三陽既克,六四以進,九五與三陽同類,無所復事矣。故上六因得以自安,是謂入于穴,三陽來則敬之,終吉。愚按二説相備,視諸家似穩。鄒之説實本古註,其説尤明,故摭而録之。

師卦

師或輿尸

諸家皆謂師不可以衆主。晦庵獨本古註，以爲兵敗輿尸而歸。未知孰是。然蔡節齋本出朱説，凡晦庵與伊川不同者，多從朱，獨此依伊川，必嘗審思者也。按六三，「師或輿尸」，猶可言兵敗，若六五「弟子輿尸」，言兵敗，於文義未協，合詳之。

丈人

程云尊嚴之稱，朱云長老之稱，楊云丈者，黍龠尺引之積。愚按王充《論衡》云：「人形以一丈爲正，故名男子爲丈夫，尊翁嫗爲丈人。」此説亦可輔諸説。若《淮南子》謂：「老者杖於人，爲丈人。」恐未然。

比卦

後夫

程謂來比而後，雖夫亦凶。朱謂不必如程説，但指居後者。愚按《象》文曰：「後夫凶，其道窮也。」此只是本文之解，恐朱説爲平易。古註與蔡節齋云：後夫指上六，按六，陰也。陽爲夫，恐非指六。

小畜卦

西郊

程以西爲陰方，雲自西而東，不能成雨。朱以西郊爲文王，自指岐周。蔡節齋朱學也，亦以西爲陰方。而近世徐古爲作《易傳附説》，明言岐周之説爲非，學者恐且合從程説，然在學者更詳之。

牽復

程以九二與九五爲牽，朱以九二與初九爲牽。按下卦《乾》陽爲上卦《巽》柔所畜，而陽有復之義。若以「初九，復自道」與「九三，輿説輻」觀之，則當從朱説。蓋初復之最善者也；二牽挽於初而得復者也；三不中而邇陰，不能復者也。似皆主三陽之進而言之。

履卦

履虎尾

蔡云《兑》有虎象，三爲《兑》終，故曰虎尾。徐云虎屬金之一陰，故有虎象，「不咥人，亨」，主九四言之。此説視諸家爲詳。然晦庵云：以陰攝陽，所以曰「履虎尾」，是虎又指外卦之乾陽，而下卦之兑履之也。若據六三、九四皆言「履虎尾」，則合從晦庵。蓋六三若自爲虎之尾，不應虎自履其尾也。

其旋元吉

旋字上連視履，恐是旋踵之旋。

泰卦

拔茅茹以其彙

「彙」字絶句，與「茹」協韻，而以征吉爲占辭。晦庵本郭璞《易林》之説，辭義甚明。

勿恤其孚

程、朱皆以「孚」爲所期之信。龜山主人臣食禄而言，以「勿恤其孚」爲不阿意，以取信於上。惟徐云：勿憂而孚矣，以下爻「不戒以孚」例之，又覺簡易。

用馮河

蔡云勇者亦用也，與程説不同。

大有卦

初九無交害

程、朱皆謂處卑而未涉乎害。楊龜山出於程，蔡節齋出於朱，乃皆謂因無交而有害。愚按《象》曰「《大有》初九，無交害也」。此即是釋上文初不見有害之意。合從程、朱元說。

謙卦

地中有山

鄒氏云此亦實象，如深谷爲陵，是地中有山而深者，可以獲益，故爲《謙》之象。亦有理。然天在山中，豈必實有其事。此特就卦取象耳。

豫卦

盱豫悔，遲有悔

程曰：盱上視也。三不中正，上視四，不爲所取，故有悔。然四爲豫之主，遲而不前，亦有悔。此説諸家從之。朱以「盱豫」爲句，「悔遲有悔」爲句，蔡節齋從之，未知孰是。

然《象》曰：「盱豫有悔，位不當也。」則「盱豫悔」宜爲句。程之説經之文也。

由豫大有得

程曰：九四爲豫之主，得大行其志，以致天下之豫。朱以占爲大有得。未知孰是。然《象》曰：「由豫大有得，志大行也。」則大有得爲得行其志。程之説，經之文也。又徐云：六三不中正，故有悔。又解之曰：以其遲而有悔盱豫者，介于石之反遲者，見幾而作，不俟終日之反。此説從六二爻起義，説來而合兩悔爲一，亦有理。但不曾及盱之義，併録之以俟知者。

隨卦

大亨，貞，無咎。而天下隨時，隨時之義大矣哉

晦庵云：王肅本作「天下隨之，隨之時義大矣哉」，今當從之。蓋以「隨時」爲誤也。然《象》曰「君子以嚮晦入宴息」，自有「隨時」之義。晦庵解此語，亦曰「隨時休息」。

澤中有雷

晦庵云：震下兑上，乃雷入地中之象。隨時藏伏，故君子亦嚮晦入宴息。不知舊人曾如此看否？愚按龜山曰：雷在澤中，其動息矣。故君子以是嚮晦入宴息，亦此意也。臨川鄒氏曰：澤中有雷，此收聲於兑之時也。覺尤切。

臨卦

九二象曰咸臨吉，無不利，未順命也

程云：至誠相感，非由順上之命也。朱云：未詳。蔡云：二以剛中得時行道，有從道不從君之事。鄒云：九二之應六五，非專以順命爲感，其間容有未順者，而無害其爲咸也。未者，特未定之辭。

觀卦

盥而不薦，有孚顒若

程謂居上者當莊嚴，如始盥求神之初，不可使誠意少散；如既薦之後，則天下孚誠，顒然瞻仰。朱謂聖人出治，天下自化，如盥滌而不待薦亨，有孚已自顒若。視程之説精矣。蔡節齋因其説，併主在下之人言之，謂天下潔手起敬，正如承祭之時，但不薦耳。恐下之人非無因而孚耳。《象》曰：「下觀而化。」愚意此其所以孚者也。又按古註本《論語》「既灌而往，吾不欲觀」之意。故以此盥作灌説，然盥與灌字義各不同，又「既灌而往，吾不欲觀」者，夫子特主魯之失禮而言，所謂有爲而言之者也。若薦者，亦豈皆誠意盡散而可盡少之耶？恐程因古注而不暇改耳。

噬嗑卦

雷電噬嗑

程、朱諸家皆言於卦合云電雷。今云雷電者，字相類而誤。惟鄒氏謂《象》亦云「雷電合而章」，不必以是疑經文。愚按：此卦雖離上震下，然陽氣將震發，乃閃然成火，故雷與電止一氣，而雷爲主。電者，雷之精光，如爆杖火一出，而聲即透，亦主在聲。雷電非其他，判然二象之比。《象》言「雷電合而章」，語意絶好，經文未必誤也。

滅趾

《傳》云滅，傷也。愚恐止是滅没，如過涉滅頂之滅。加校於趾，滅没其趾而不見，與「滅鼻」、「滅耳」同，與傷字蓋異義也。

九四得金矢，六五得黄金

《傳》云金取剛，矢取直，以九四陽德而言也。黄中色，金剛物，以六五居中處剛而言也。諸家皆從其説，惟晦庵主《周禮》獄訟，「入鈞金束矢，而後聽之」之説。以經説經，固尤有據，但恐《周禮》出於王莽之世，未必盡皆周公之真，若先要取其金，而後與之聽訟，雖昏亂之世不爲，況成周之治哉！或者劉歆輩欲假此爲惟貨張本，已而即激天下之亂，不及施行也耶！金矢、黄金皆象也，非真也。合且從程説。

賁卦

六五，賁于丘園，束帛戔戔。吝，終吉

古説以爲聘賢，固於卦外立説。程傳以丘園爲上九，以束帛戔戔爲受其裁制，亦未見其確然有合者。晦庵謂務農尚儉。按龜山已【一】，微有此意。鄒氏則與晦庵暗合。宜詳其説。

剥卦

山附於地，剥

程《傳》云：山高起於地，而反附着於地，圮剥之象也。諸家似疑山附地，有安之象，與剥義正相反，故各又自爲之説。朱云：如山附於地，惟其地厚所以山安其居而不摇。此説可釋厚下安宅，恐亦未及剥之名義。愚意山特出而遠於地者，山之常也。此不以附言也。而曰附於地，此山之變也，如梁山崩之類是也。故經言山附於地，剥，而伊川釋爲圮剥之象也。君子以厚下安宅者，觀圮剥之象，而厚其基本，使不至於剥也。剥之名卦，未嘗與山附於地相反，君子以厚下安宅，亦未嘗與剥之名義相反。

【一】山已 「已」原作「忌」，據文淵閣四庫本改。

復卦

出入無疾

程《傳》云：復生於内，入也；長進於外，出也；微陽生長，無害之者也。蔡節齋曰：出由剥上出，而爲坤也，入由坤下入，而爲復也。鄒氏曰：出入云者昔之出而今入也。其説可以相備。但蔡與鄒皆以無疾爲不求速，與程相反耳。無疾合依程説，若以無疾爲不求速，則下文朋來無咎，豈以無怨咎之者耶？

先王以至日閉關，商旅不行，后不省方

蔡云商旅，至賤也，后，至貴也，上自后，下至商旅，皆以安静爲事。愚按此説諸家未之及也，蓋若不如此兩下總提，則先王與后分爲兩主人矣。

無妄卦

物與無妄

程云：雷行於天下，發生萬物，其所賦與，各正性命，無有差妄，物與無妄也。朱云：震動發生，萬物各正其性命；是物物與之無妄也。二説皆以「與」爲賦與之與。近世有作物與之以無妄者，恐非。蓋天下雷行，物與無妄主造化而言，對時育物主先王而言。不當以中間物與字生物而言也。此句差難曉，故録之。

不耕穫，不菑畬

程謂不耕而穫，不菑而畬爲不首造，其事以首造爲妄。朱云：不耕不穫，不菑不畬，無所爲於首，無所覬於後，未嘗起私意以作爲。以文脉言之，合從朱説。若如程説，各句須添「而」字方通也。

無妄之災，或繫之牛，行人之得，邑人之災

程言有得則有失，朱云行人牽牛以去，而居者反遭詰捕之擾。視程説爲明矣。鄒云：或者繫牛於此，自以爲固矣。繫脱而不知牛之所之，已出意外。牛爲行人所得，而乃責得於邑人，豈邑人之罪哉？此爲無妄之災也。覺於經文尤切。

大畜卦

天在山中

程止言所畜之大，朱云止以象言，不必實有其事。合從其説。他説有謂芥子納須彌者，此異端誕語。有謂草木皆天者，又是生説，皆不必惑。若居四山之中而仰視天，亦可言天在山中。然象意不指此也。

曰閑輿衛

曰，陸音越，諸家從之。鄭作日，程與朱從之，合作日月之日讀。

何天之衢，亨

程以「何」字爲誤加，諸家遂生别説。朱云何其通達之甚也，此説極明白，只依經文讀之。

坎卦

樽酒簋貳

程《傳》曰：一樽之酒，二簋之食，復以瓦缶爲器，質之至也。朱本義乃用晁以道之説，以「樽酒簋」爲句，「貳用缶」爲句，其説曰既，曰樽酒簋貳，又曰用缶，亦不成文理。又曰其實無貳簋之實。陸德明自註斷。愚按：「貳用缶」，恐亦不成文理。徐云：權輿以四簋爲盛，損以二簋爲約。鄒云：樽酒者一樽之酒，簋貳者，以簋食副之。其説尤精。天下義理無窮，未必陸氏可以註斷。《象》曰「樽酒簋貳，剛柔際也」。此本經正文，初未嘗以「樽酒簋」斷句也。合且依此經文，以「樽酒簋貳」爲句。

離卦

離，麗也

古説皆以麗爲附。愚恐亦兼文明之意，如日月麗乎天，百穀草木麗乎土，重明以麗乎正，皆有華麗氣象，不特言附着而已。

明兩作，離

程與諸家皆以「明兩」爲讀。晦庵用「水洊至」句法，以「明兩作」爲讀。愚按「明兩作」之句出《釋文》，兼《解卦》亦云「雷雨作」，句法相似，尤爲切證，合從晦庵。

六五之吉，離，王公也

程以離爲麗，云六五之吉者所麗，得王公之正位也。蔡云：柔居尊位，故爲離之王公。然則不必改離爲麗，文理自通。

獲匪其醜

古註云：除其非類。此語盡之。程云所執者，非其醜類，則無殘暴。是欲增説義理也。然欲言無暴，當曰非執其類可也。今曰所執者，非其醜類，則語意未明，反若禍及無辜，豈得云無殘暴耶？蔡云獲非其類者而已。此語視古註尤明。

咸卦

咸其脢

古註云：脢者，心之上口之下，進不能大感，退亦不爲無志，其志淺末，故無悔而已。

按此説自「咸其拇」次第而上，説已明白。近世程、朱諸家皆云：脢，背肉也，與心相背。然朱與諸家以爲與心相背爲無思無爲之地，無係累故無悔。而程又以爲背其私心。私心二字似又添一層説，於經文非順。竊意當以諸家與古註相參而義備。

遯卦

莫之勝説

説，王肅如字；徐，吐活反。程從王音，云不可勝言，於勢順易。朱與諸家從徐音，作脱字。説恐不若從程也。

大壯卦

六五，喪羊于易

程曰：羊象群陽並進。六五以和易待之，使無所用其剛，是喪之于易也。朱曰：六五以柔居中，不能抵觸，雖失其壯，亦無所悔。易者，忽然不覺其亡也。蔡曰：羊，自謂也。易者，寬閑無拒之謂，爲剛所決，故曰喪羊。愚按：程説以六五能喪，群陽並進之壯。朱、蔡以六五爲群陽並進而自喪其壯。二説未知孰是。然《象》曰：「喪羊于易，位不當也。」言位不當，則居群陽並進之衝，爲其所決者似矣。若能以柔勝剛，宜曰「位當」，豈得言位不當耶？兼《旅卦》「喪牛于易」，與此義例一同。程解亦云：以忽易自失其順，未嘗以爲喪失他人之順。

晉卦

維用伐邑

程《傳》：凡伐邑，皆釋爲自治。晦庵謂伐邑如墮費。墮郈之類，《易》中言伐邑，皆是用之於小。愚按世無稱兵自伐其邑之理，釋爲自治，恐未安。古者諸侯各自爲國，其大夫則有采邑，采邑容有不順者，則伐之，故爲伐邑，鄰國相侵，則爲伐國。古有此事，故有此語，合從朱説。

明夷卦

明夷于飛，垂其翼。君子于行，三日不食，有攸往，主人有言

初九，居陽之始。飛者，去之也。垂其翼，行不敢顯也。三日不食，不暇食也。此古注大意如此。與《象》曰：「義不食也」，意相合。近世以「垂翼」、「不食」皆爲傷困之極。恐初九未至此，亦與「義不食」之意殊矣。大率爻象正是孔子解經之語，不當背之。今以經文之《象》曰爲正。

入于左腹，獲明夷之心，于出門庭

程謂言姦邪得君之深，朱云未詳，疑六四居暗地尚淺，猶可以得意而去。愚按朱説於《象》曰「獲心意也」一語意義相協，當從之。但程説窮極小人之情狀，自足爲世戒，不可不熟玩爾。

上六，不明晦，初登于天，後入于地

愚意明夷之極，是日入于地，故曰不明則晦矣。日之初登于天，後乃入于地，日，大明也，一失其中，則尚如此。人宜何如？其自畏矣。

睽卦

其人天且劓

六三居二陽之間而上應上九，故古注與晦庵諸家皆以「見輿曳」爲二牽於後，以其牛掣爲四阻於前，以其人天且劓，爲上九猜狠而重加之刑。惟程《傳》併天且劓歸之九四，而不及上之正應。按晦庵依古註，恐合從其説。

解卦

解，利西南

古注西南，衆也。程、朱皆以西南爲坤體，廣大安静。然《象》之釋此句元云：「往得衆也。」程、朱之説乃是所以得衆之道，合兼詳之。

無所往，其來復吉。有攸往，夙吉

古注云：無難可解，則來復；有難而往，則以夙爲吉。蓋兩開其端也。程《傳》乃云：其始未暇有爲，既安定則爲可久之治。晦庵非之。蓋或爲或不爲，惟其當而已。合從古注。

六五，君子維有解，吉。有孚于小人

古注云：以君子之道解難，小人猶知服而無怨。程、朱皆以君子之解信驗於小人。然按《象》曰「君子有解，小人退也」。則古註爲平順。蓋《易》之有「象曰」是即所以解《易》者也。

損卦

初九，已事遄往，無咎

古註云：事已則往，不敢宴安，乃獲無咎。程《傳》云：事既已，則速去之，不居其功，乃無咎也。朱《本義》云：上應六四之陰，輟所爲之事，而速往以益之，無咎之道也。按三説雖不同，而皆主於初九自損，以上應六四爲説。諸家乃以已事爲止其事。恐未安，合詳之。

六五，或益之十朋之龜，弗克違，元吉

自右註以至《本義》皆云：獲益而得十朋之龜。若本義則又明以或益之十朋之龜爲句，蓋謂兩龜爲朋也。惟程《傳》以朋爲助，以十爲衆，云：衆助之公，雖龜卜不能違。是「或益之」爲句，「十朋之」爲句，「龜弗克違」又自爲句。未知孰是。然若如《本義》分句，則「弗克違」一句主何而言？似欠歸着。若如程《傳》分句，則「龜弗克違」即《書》云「龜從」之意，主龜而言庶有歸着。在學者詳之，要之程以理言，朱以象言也。

得臣無家

諸家皆謂得臣，無間遠近。惟蔡氏、鄒氏謂得臣之國爾忘家者，姑録之。

益卦

六三，益之，用凶事，無咎

古註以陰居陽而求益，物所不與，救凶則免。愚按文義已順，特語未瑩耳。程《傳》云：三當稟承於上，安得自擅爲益？唯於患難可以應卒。遂以守令救荒凶爲言。晦庵非之，謂六三不當得益，有益之以凶事者，蓋警戒震動，乃所以益之也。蔡氏宗之。然恐警戒未可據言凶事耳。龜山謂：用凶事者亡，所以保其存凶，所以有其吉，故曰固有之也。

亦是一説。要之古註爲易見。

莫益之，偏辭也

程云非有偏己之辭也，恐上添「非有」字，未知如何。朱曰：莫益之者，猶從其求益之，偏辭也。上添求益，亦未知其如何。意若戒之，曰莫益之。凡求益者皆偏辭耳。

夬卦

告自邑

程、朱皆以爲先自治，理固然矣。然恐自乃自從之自，非自己之自。如云告戒自其居邑始，欲人人知謹也。

居德則忌

此句頗難曉。程傳云：居德謂安處其德也。則者，約也。忌者，禁也。約立防禁而無潰散，是以則字爲法則之則。然未能使人曉然也。朱云未詳。龜山云：以德厚自居，則忌之所集。鄒氏曰：澤上於天，勢必將決於下流。君子觀此象，以之施禄則可，以之居德則不可。愚按此二説近之，故録。

九二，惕號莫夜，有戎勿恤

程、朱皆以惕號爲句。愚按《象》曰：「有戎勿恤，得中道也。」則分句合依諸家，「有戎勿恤」爲句，正在本經，非諸家自爲之説也。

獨行遇雨，若濡有愠

遇雨，九三獨應上六也。然若將爲雨所濡，而有愠色，則九三雖與上六應，實與諸陽並進而羞與陰比，所以無咎。則雖應亦不與之應矣。

姤卦

初六，繫于金柅

古註以金柅指九四，謂初六遽遇之，始以一柔而承五剛，散而無主，自縱者也。臣妾之道不可以不貞，故必繫于九四之正應，乃得貞吉。金者至堅之物；柅者，制動之主也。《廣雅》：柅，止也。《説文》作檷，絡絲趺也。按此説以一陰遇五陽，而欲其專於九四正應之陽，其義甚明。金柅，雖古今異俗，不知其何物？而指爲堅物，以此繫於彼，意亦曉然矣。程《傳》不以九四正應取義，但欲戒陰之進，謂柅爲止車之物，止之以金柅而又繫之。又是一義。然恐又繫之之語與經文繫于之意不同耳。

九五，以杞包瓜含章，有隕自天

程《傳》以爲求賢而天降之賢，於爻象未見其的然者。朱《本義》以杞爲五之陽，而包下初生之瓜，以防其潰，含章以俟，可回造化。亦未知其於爻象果何如？緣此爻辭，乃懸空設象，人各以意求之耳。其餘紛紛尤更各出。惟蔡節齋謂五與初無相遇之道，猶以高大之杞包在地之瓜。惟當自蓄其德以待之，其有隕墜，乃出於天，非人所能爲也。雖未必然，於爻義差近，姑録之，以俟知者。

萃卦

萃亨

程、朱皆以亨爲衍字，蓋以《彖》文不及亨字，而下文又有利見大人，亨也。鄒氏曰：萃者，聚也。民富物阜，財力有餘之時也。萃則亨矣。然則依經文於「萃」之下有「亨」字，亦未嘗不可也。

孚乃利用禴

程《傳》發至誠，不事外飾之義甚備。然此句語脉自有兩節。蔡云：未孚而用禴，有簡薄之嫌，必待其交孚而後用。鄒云：用禴在既孚之後。愚按二説於經文爲順。蓋九二剛明之臣應，六五柔順之君當升之時，理當然也。

困卦【二】

初六，臀困于株木

【二】困卦　「困」原作「因」，據諸本改。

程《傳》謂無所芘而不得安其居。朱云臀在株木上，不安可知。視程尤徑。

九二，困于酒食

古註云：以陽居陰，謙以待物，物莫不至，不勝豐衍，故曰困于酒食。是言困于酒食之多也。程《傳》謂酒食所以施惠，二以剛處困，未得施其惠，是言困于酒食之少也。愚按《象》曰：「困于酒食，中有慶也。」是九二乃好爻，初無困吝不足之意，古註之説爲順。若程説則又成一義矣。朱以困于酒食爲厭飫之意，此足以發古註之未及也。

朱紱赤紱

程以朱紱，君之服。九二上承九五之君，故云「朱紱方來」，赤紱，臣之服。九五下應九二之臣，而上下皆爲柔所揜，故曰「困于赤紱」。晦庵非其説。然蔡出於朱，亦祖程説。蓋晦庵亦未有他説以過之，而二爻相形，程説已明也。合且從程。

井卦

木上有水，井

程《傳》謂木承水而上之，乃器汲水而出井之象。晦庵謂其象只取巽入之義，若如汲水器之説，則與後面羸其瓶之義不合。木上有水者，津潤上行，露水直至樹末，此即木上有水之義，却汲上供人食用。愚按此義當從晦庵。蓋古以瓶汲，程《傳》出近世，見近世以木桶汲泉，而云木爾。往歲有沈計議雄飛説井底須置木板以隔泥污，而木板終不朽。今作井者皆然，自謂此可明木上有水爲井之説。愚恐亦據目今所見言之，未必古人皆然，亦未必作《易》者以此取義也。

君子以勞民勸相

程《傳》云：勞徠其民，法井之用也。勸民使相助，法井之施也。愚按：相字合作去聲，其義爲助。若如程《傳》勸之使相助，則是「相」字合作平聲。而其下又添助字，以足其義，而「相」乃歇後字耳，且於「木上有水」之義似無相關。竊意上下之情，本以勢隔，君子觀井之象，勞徠其民而勸勉之，相助之，使得上通，有如汲引，蓋取井之義云爾。

九三，井渫不食，爲我心惻，可用汲。王明，並受其福。《象》曰：「井渫不食，行惻也。求王明，受福也。」

程《傳》云：有才未得用，如井潔不見食。既以不得食爲惻，豈免有求，故求王明而受福。晦庵云：井渫不食而使人心惻，可用汲矣。王明，則汲井以及物，而並受其福也。行惻者，行道之人皆以爲惻。愚按朱説於爲我心惻之義甚明。蓋爲我者，指他人言之也，合從朱説。臨川鄒氏釋行惻之義，亦與朱説暗合。古爲徐氏云：求王明者，豈九三自求上哉？惻之者，爲之求矣。此義亦足以發。

六四，井甃無咎

程、朱皆謂六四以柔居大臣之位，才弱不能濟物，故取修井爲象，是矣。鄒氏曰：甃所以禦惡而潔井。徐氏曰：此在井壁，恐有井谷之處，因勉以共甃無咎。愚按二説可裨程、朱之細，故録之。

上六，井收勿幕

自古註以及程、朱諸家皆以上六處井之極，水已出井，故曰「井收」。收者，汲取也。收亦作去聲。臨川王氏專主收作去聲，云：古者以收名冠，以收髮爲義。「井收」者，井口之臼，亦一井之體收於此也。掘井及泉，渫之使清，甃之使固，自下而上，至於井收，則井之功畢矣。井甃者，所以禦惡於内；井收者，所以禦惡於外。收以禦惡而非杜人之汲也，故禁之使勿幕。按此説異衆，雖未必然，而於事情爲切，故録之以俟後來者詳焉。審如其説，則幕者即以井收而覆井之名，非幕帟之幕。世亦未有以幕施於井者也。

革卦

水火相息

馬云息，滅也。程、朱皆從之。蔡節齋本王弼注，以爲生息之息。不知水火不能相生也。程云：物止而後有生。朱云滅息而後生息。其推演已明。蓋生息又自息滅而始也。此章本旨正爲滅息之息。

鼎卦

正位凝命

伊川以命爲命令之命，晦庵以命爲天命之命，合從晦庵。

震卦

出可以守宗廟，以爲祭主也

程《傳》主長子言之，云：君出而可以守宗廟社稷爲祭主也。臨川鄒氏曰：天子巡狩，親征諸侯，朝覲會同，皆世子主祭。震爲長子，故此卦以君出子在爲言，不雜君父共國時也。愚按此説釋程《傳》之意爲明。晦庵云出謂繼世而主祭也。

六五，震往來，厲。億無喪有事

古註往則無應，來則乘剛，皆危也。處震之時，而得尊位，乃有事之機也。而懼往來，將喪其事，故曰「億無喪有事也」。程云：往來皆危，隨宜應變，在中而已，故當億度無喪失其所有之事。所有之事謂中德。朱云：以六居五而處震時，無時而不危，故無所喪而能有事。愚按：三説相近，至朱而愈精。鄒氏云：剛動二陰之下，欲以威加者也。初九一震；六二喪貝，勢則然也；九四之震，泥矣；五自億度，知其無能爲也。吾之所有事者，可無喪焉，故曰「億無喪有事」。五之柔中，能勝天下之剛，其事在此。《象》曰：「其事在中，大無喪也。」謂之大見其必無喪也。此説似足以輔前説。以「無喪」關二之「喪貝」而言，故録之。

艮卦

艮其背，不獲其身。行其庭，不見其人

兩艮各止其所，諸爻皆無相應。晦庵語云這箇卦各是一箇物，不相秋采，内不見己是内卦，外不見人是外卦，兩卦各自去。愚按《艮卦》本旨恐不過如此。所謂「艮其背，不獲其身」，背後自不見其身也。「行其庭，不見其人」者，相背亦不見人也。静止之義理無窮，固皆在其中矣。

漸卦

山上有木漸

程以山上有木，其高有因爲漸。晦庵謂木漸長則山漸高。似勝有因之説矣。鄒云：山上有木，止於下而漸於上者也。其日夜之所息，雨露之所潤，豈一朝一夕而遽致其高大哉！似於文義尤切。

鴻漸于陸，其羽可用爲儀

程以儀爲儀法。恐儀法非可于鴻而言。朱以儀爲羽旄之飾，或疑亦未當于其飛翔而言。古註云：峨峨清遠，儀可貴也，似得飛翔雲路之意。然朱之説於可用字爲切合，古註與朱説參之，氣象斯可見。

巽卦

九二，巽在牀下，用史巫紛若。吉。無咎

程、朱皆以牀爲人之所安。「巽在牀下」爲過所安，有不安之意。程以史巫爲通其誠意，誠則吉。朱以爲竭誠於祭祀之占。鄒氏云：牀，尊者之所據也。巽在牀下，則其屈已甚。屈於人者，非怯則諂，皆不免有咎。惟用之於史巫則吉而無咎。蓋祝史通人意於鬼神，巫以鬼神之意告于人，皆交於神者。交神，豈容詐哉！是以雖尚口而巽，紛然其多，不過通其誠意，故得無咎。蔡云：史巫皆善口舌，紛若，丁寧煩悉之意，巽過乎實，惟用於史巫則吉。徐古爲云史巫，達其卑下之忱，不厭其切怛之意，其説亦與鄒氏合。此可貫通一爻之意，合從鄒説。

六四，悔亡，田獲三品

程《傳》謂：六四乘承皆剛，宜有悔，而悔亡者，如田獲三品，遍及上下也。晦庵謂此説牽强，且當闕疑。臨川鄒氏曰：惟悔亡，然後田獲三品也。巽若無能爲者，《易》於有悔，六四得巽之正，非巽懦無立者，故悔亡。田以講武，且除苗害，興事之大者。田而有獲，則爲有功，故《象》曰：「田獲三品，有功也。」愚按：此説與《象》辭相應，故録之以俟知者。

先庚三日，後庚三日

蔡氏曰：十干自甲至己爲陽，陽主生，甲於時爲春。自庚至癸爲陰，陰主成。庚於時爲秋，先庚三日，丁也。丁者，丁寧之義。後庚三日，癸也。癸者，揆度之義。鄒氏曰：《蠱卦》先甲、後甲，此創始之事也。《記》曰：日用甲，用日之始也。故甲以創始爲義。《巽卦》先庚、後庚，此變更之事也。洪志曰：斂更於庚，悉新於辛，故庚以變更爲義。愚按：晦庵已發此義，而二家可輔其説，故録之。

涣卦

六三，涣其躬，無悔。六四，涣其群，元吉

程云六三止於其身，可以無悔。朱云六三陰柔而不中，正有私於己之象，能散其私以得無悔。程云六四，天下涣散，而能使群聚，可謂元吉。朱云如程説，是群其涣，非涣其群也。祖老蘇之説，謂群者，聖人所欲，涣以混一天下者也。蓋涣散之時，各相朋黨，惟六四能涣小人之私群。下文「涣有丘」，則混而爲一之義也。愚按：文義皆似朱説爲順。又六三《象》曰：「涣其躬，志在外也。」與朱氏散其私相合，若如程説，則於志在外之語不協矣。

涣。王居無咎

程以九五能涣汗，大號，居王位爲稱而無咎。朱以爲散其積聚。愚按：六三、六四曰：「涣其躬」，「涣其群」，其者，有所指而散之，故朱説爲順。此爻乃涣汗大號之下，獨言王居，不成文，故再提卦名「涣」字曰：「涣，王居」者，言九五，涣之君位也。故《象》曰：「王居無咎，正位也。」似無散積聚之意，且合從程説。

節卦

苦節貞凶

程云固守則凶，朱云雖得正而不免於凶。愚按卦辭云：苦節不可貞，則程説本經意也。

未濟卦

上九有孚于飲酒，無咎。濡其首，有孚失是

程《傳》謂上九剛明之極，居未濟之極，當樂天順命，飲酒自樂，若耽樂過禮，至濡其首，如是則於孚爲有失也。朱《本義》云：剛明居未濟之極，時未可有爲而自信自養以俟命，無咎之道也。若縱而不反，如狐之涉水而濡其首，則過於自信，而失其義矣。臨川鄒氏曰：既濟之極，入於未濟，未濟之極，反於既濟，上九以剛明處之，天下之事可以濟矣。雖飲酒宴樂，信乎其無復灾咎也，故曰「有孚于飲酒，無咎」。若懷其宴安，沈湎無度，則又將入於未濟，而飲酒之樂，信乎其失之也。故曰「濡其首，有孚失是」。《易》六十四卦，以未濟終之，未濟六爻，又以飲酒、濡首終之。此《易》之爲道，懼以終始歟。愚按：此章雖晦庵亦疑其難説，今鄒説於經文似明，須謹録之以俟知者問焉。濡其首，冒上文飲酒。

繫辭上

「天尊地卑」之「變化見矣」

晦庵云：「天尊地卑」一截，是説造化實體；「乾坤定矣」一截，是説《易》書。臨川王氏曰：此言《易》書未作以前之「易」，雖未有乾坤之卦，自天尊地卑，而乾坤已定。此言自然之易。

剛柔相摩以下

晦庵謂此言《易》卦之變化，南軒謂《易》所以斡旋造化之間者，王氏謂言自然之八卦。

乾知大始 云云

王氏謂此言乾坤以造化之用付之六子，而其所自處者，甚易簡也。

易則易知 云云

晦庵謂此言人法乾坤之道。

聖人設卦觀象以下

王氏云：前言《易》書之未作，此言，《易》書之既作也。晦庵云：此言聖人作《易》。

是故君子所居而安 云云

此言君子學《易》。

是故君子居則觀其象 云云

此言君子用《易》。

「象者，言乎象者也」之「各指其所之」

晦庵云：此章釋爻辭之通例。王氏云：此因前之義而言，聖人設《卦》、《繫辭》，學者觀變玩占之要也。

「易與天地準」至「神無方而易無體」

王氏云：前言《易》之書，此言《易》之道。晦庵曰：此章言《易》道之大，聖人用之如此。「仰觀」以下，窮理之事；「與天地相似」以下，盡性之事；「範圍天地」以下，至命之事；「範圍天地之化而不過」，所謂裁成之也。

「一陰一陽之謂道」之「君子之道鮮矣」

愚意此言道原於天而賦於人。

「顯諸仁」之「陰陽不測之謂神」

愚意此言造化，寓之《易》。顯仁藏用，盛德大業，皆指造化而言。造化之生生不窮者，即是《易》，《易》之成象者，即是《乾》，效法於《乾》者，即是《坤》。自此言《易》之下筮妙用處。

「夫《易》廣矣大矣」之「易簡之善配至德」。

此贊易道之廣大至德。晦庵指爲在人之至德，楊氏、鄒氏皆云中庸之至德。惟伊川云：乾坤易簡之功乃至善之德。

「子曰『《易》其至矣乎』」之「道義之門」

鄒氏云：此章言聖人體《易》之道，而與天地相似。《易》與天地同出，而聖人獨得其要，成性存存。南軒云：因其存而存之。晦庵云：成性，本成之性。存存，謂存而又存，不已之意。

「聖人有以見天下之賾」之「盜之招也」

王氏云：此言聖人推其所獨見者，立象生爻，使天下皆有所見，而得以善其言動也。舉「鶴鳴在陰」以下七爻。晦庵曰：此下七爻則其例也。賾，幽深也。諸家皆然，晦庵獨以爲雜亂。蓋以下文云言：天下之至賾而不可惡也，故以爲雜亂。然云聖人有以見天下之至賾，而擬諸其形容，則是幽深之理難見，而聖人獨能見之也。擬諸形容使幽深者可見，而人皆得見之也。若曰雜亂，則人皆得見，何必聖人。凡雜亂者，具有形質，何得擬諸形容。如以惡字非所以言幽深，則凡《易》、《象》所以形容其幽深者，若載鬼一車之類甚多。聖人假象以明理，自不見其可惡耳。合從伊川及諸家之説，以賾爲幽深，且與經文探賾、索隱之意合。

「大衍之數五十」之「可與祐神矣」

晦庵移天一地二五句加其前，而下粘「其知神之所爲乎」合爲一章【三】。云：此章言天地大衍之數，卦用求卦之法。蔡節齋亦移天一地二爲章首，於理甚順。

「子曰『知變化之道者』」之「《易》有聖人之道四焉者，此之謂也」

此章言《易》之神，主蓍、龜而言。所云無思而爲者，亦言蓍、龜無心而能應，或者因以爲人不可有思者，誤也。

「子曰『夫《易》何爲者也』」之「定之以吉凶，所以斷也」

此章言《易》之用，亦主蓍龜而言。

「《易》曰：『自天祐之』」之「無不利也」

此釋《大有》上九之爻，古以屬之前章，《本義》屬之後章，云：恐是錯簡。王氏曰：疑在下，繫諸爻之後。

【三】而下粘其知神之所爲乎合爲一章「知神之」三字原脱，據《周易·系辭上》補。

「子曰『書不盡言』」之「鼓之舞之以盡神」

此言聖人作《易》。

「乾坤其《易》之藴耶」之「或幾乎息矣」

晦庵言是陰陽卦畫。王氏云：此言自有天地，已有《易》。《易》與天地相無窮。

「是故形而上者謂之道」之「事業」

王云此言聖人用《易》致治。

「是故夫象聖人有以見天下之賾」之「存乎德行」

晦庵此言卦爻所以變通者，在人；人之所以能神而明之者，在德。

繫辭下

「八卦成列」之「禁民爲非曰義」

晦庵曰：此章言聖人制器尚象之事。王氏曰：言聖人居大寶之位，然後能用《易》以致利於天下。

蓋取諸《益》

晦庵云：蓋字乃模樣，是恁地。又云：亦曰其大意云：讀《漢書》所謂獲一角獸蓋麟云，皆疑辭也。王氏曰：取諸益之類，當時未有是卦，蓋八卦成，列象在其中矣。且以益言之，雖未有《益卦》而已有《巽》與《震》矣。合《震》、《巽》則爲《益》，蓋取云者，夫子知前聖之心而言之也。愚恐夫子言於已有六十四卦之後，若曰古人制某器合於今日某卦之理，蓋取者，推其理云耳。

「是故《易》者，象也」之「立心勿恒凶」

此章言爻象之動而舉爻以明。

「子曰『乾坤其《易》之門耶』」之「以明失得之報」

晦庵曰：《繫辭》自此以下皆難説，《本義》亦略矣。愚按：自此以下張南軒、蔡節齋之解多分曉，王氏之解亦足以輔之。然終當以晦庵缺疑之義爲主。難質言也。

開而當名辨物，正言斷辭則備矣

此晦庵疑其有誤者也。南軒曰：「行健」爲《乾》之類，當其名也。名既當，則剛柔之物辨矣。言天下至賾之類，正其言也。言既正，則辭之所指者可斷矣。蔡曰：開爲事物萬殊，開而當名也。乾馬坤牛之類，辨物也；利貞之類，正言也；吉凶之類，斷辭也。《易》書備於此也。王曰：聖人作《易》，所以開明未悟者，名舉其當，言舉其正，所以開明之也。未形之物不可辨，必以名之已立者辨之，是謂當名；未然之辭不可斷，必以言之已驗者斷之，是謂正言。愚按：南軒以兩項各相因，蔡説以當名、辨物、正言、斷辭作四項。王作兩項，未知孰是。姑以晦庵所未解而録之。

因貳以濟民行，以明失得之報

此亦晦庵所不解者也。蔡曰：因民疑貳未決而易入之時，以濟其善行，明著其失得之報，失得謂吉凶也。王曰：吉凶者，失得之象，民行之所以不能自濟者，以其不知吉凶之所在，而疑貳之心交戰也。聖人作《易》，使知所爲之失者，其報必凶，所爲之得者，其報必吉，懲其失而矯之者，雖凶亦吉，恃其得而忽之者，雖吉亦凶，以此濟民行也。

「《易》之興也」之「巽以行權」

晦庵曰：此章三陳九卦，以明憂患之道。

「《易》之爲書也不可遠」之「道不虛行」

王言此章言《易》書所以載道，非其人則不自行也。

其出入以度，外内使知懼

晦庵曰：此句未詳，疑有脱誤。蔡曰：出謂爻自内而往，入謂爻自外而來，「以度」謂出入皆有節度。「外内使知懼」如《夬》之變《乾》，出外而知懼也；如《剥》之變《復》，入内而知懼也。王曰：下卦爲内，上卦爲外，自内之外爲出，自外之内爲入。卦示人以出入之道，使人知所懼也。

不可爲典要，既有典常

晦庵曰：上文既云不可爲典要，下文又云既有典常，都不可曉。愚恐上文言《易》道之變遷，故曰「不可爲典要」，下文言人能率其卦爻之辭，而揆度其事情，所向之方，則既有典常矣。上主在《易》，而言未定者也；下主在人，而言得占而已定者也。未知然否。

「《易》之爲書也，原始要終」之「其剛勝耶」

此章言六爻之不同。

若夫雜物撰德，辨是與非，則其中爻不備。噫，亦要存亡吉凶，則居可知矣

晦庵云：曉不得説一箇「噫」字，都不成文章。蔡曰：雜物撰德，雜陰陽二物以爲德也。辨是與非，辨其德之是非也。得位則吉，失位則凶。要之以此則可知其是與非也。王曰：合於理者爲是，是之應爲存，爲吉。乖於理者爲非，非之應爲亡，爲凶，不必至於存亡吉凶而後知辨是與非。則居可知矣，居可知者，若曰可坐而知也。聖人所以歎之曰「噫」

「《易》之書也，廣大悉備」之「吉凶生焉」

此言六爻之道。

「《易》之興也，其當殷之末」之「《易》之道也」

言文王繫《易》，多述憂危之事。

「夫《乾》，天下之至健也」之「其辭屈」

此章皆從《乾》、《坤》簡易發意。王氏逐節解之。

能説諸心，能研諸侯之慮

朱曰「侯之」二字衍文。蔡本徑去「侯之」二字，而以「説諸心，研諸慮」並言。愚按：王弼《略例》亦曰「説諸心，研諸慮」，則「侯之」二字爲衍文明矣。但當仍古本而讀者，自以義理省此二字而讀之可也。古本元有此二字而去之，不可也。

説卦

「昔者聖人之作《易》也」之「至於命」

此章言蓍卦爻義。

幽贊於神明而生蓍

晦庵解：能贊化育天下和平而蓍生。蔡氏：曰神明，蓋渾然未形者，聖人幽而贊之，則知有粲然之理，故大衍之蓍所由以生。王氏曰：蓍，神物也。天地生其形，聖人生其法，方其蓍法之未生，則蓍之爲物特庶草之一耳。豈知其爲神明也哉？天地神明不能與人接。聖人幽有以贊之，而傳其命，於是起大衍之數。愚按：晦庵説極簡明，但此章正言聖人用蓍，恐未必説到蓍未生前，聖人贊化而致蓍生之事，故又録蔡、王二説以參之。

倚數

晦庵以爲揲蓍時依倚在這裏。蔡云：依也，數依乎天地。王云：數無常用，人倚之而有所託焉。愚按若如蔡説，既參之兩之而又倚之，恐於天地上意重。合從晦庵。

和順於道德，而理於義，窮理盡性以至於命

晦庵謂此聖人作《易》之極，功止就《易》上説。凡就人上説者，借之也。諸家多同，蓋經旨如此。

「聖人之作《易》也，將以順性命之理」之「六位而成章」

此章言《易》之六爻，蓋兼三才，而皆所以順性命之理。

「天地定位，山澤通氣，雷風相薄，水火不相射」之「兑説也」

「天地定位」者，天尊而上，地卑而下，其位一定而不可易。《易》取其象，於卦爲《乾》、《坤》。凡二者爲天地之氣之統宗。譬之父母，雖若無所施爲，實主宰乎一家而居其尊者也。「山澤通氣」者，山澤一高一下，水味灌輸而其氣實相通，通之爲言貫也。《易》取其象，於卦爲《艮》、《兑》。「雷風相薄」者，雷風一迅一烈，氣勢翕合，而其形實相薄，薄之爲言逼也。《易》取其象，於卦爲《震》、《巽》。「水火不相射」者，水火一寒一熱，宜若相息滅而下然上沸，以成既濟之功，乃不相射，不相射者，言不如射者之相射音石害也。《易》取其象，於卦爲《坎》、《離》。凡六者，皆天地之氣之爲，譬如六子，迭相運用而悉出於父母者也。聖人設此章以釋八卦之義，似不過如此而已。

歷漢、唐以至本朝伊、洛諸儒，未有外此而他爲之説者。惟邵康節得陳希夷數學，創爲先天之圖，移《易》卦之《離》南《坎》北爲《乾》南《坤》北，曰：此取《易》之天地定位也。然《易》曰：離也者，明也，南方之卦也。坎者，水也，正北方之卦也。則《離》南《坎》北，經有明文矣。天地定位於經，未嘗明言其爲南北也。何以知其此爲先天之卦位？言徒以卦言位，或彼或此，猶固未可知。今以事理之實可見者考之，則風一從南，即盎然以温；風一從北，即冷然以寒。南方屬夏，其熱如此，北方屬冬，其凍如此。《離》南《坎》北，信乎其如今《易經》之言矣。康節移之以位《乾》、《坤》，將何所驗以爲信耶？

康節既移《乾》、《坤》於南北，又移《艮》以居西北，移《兑》以居東南，曰：此取《易》之「山澤通氣」也。然《易》曰：《艮》，東北之卦也。又曰：《兑》，正秋也。則《艮》居東北，《兑》居正西，經有明文矣。若「山澤通氣」，特言其通氣而已，於經未嘗明言《艮》爲西北，《兑》爲東南也。康節何所考而指此爲先天之卦位？若以事理之實而考之，山必資乎澤，澤必出於山，其氣相通，無往不然，豈必卦位與之相對，而後氣可相通耶？

康節既移東北之《艮》於西北，遂移《震》於東北，而移《巽》於西南，曰：取《易》之「雷風相薄」也。然《易》曰：《震》，東方也。又曰：《巽》，東南也。則《震》居東方，《巽》居東南，經有明文矣。若「雷風相薄」特言其相薄而已，於經未嘗明言《震》爲東北，《巽》爲西南也。康節何所考而指此爲先天之卦位？若以事理之實考之，《震》惟居正東，《巽》惟居東南，逼近而合，故言相薄，若遠而相對，安得相薄？而東北爲寅時方正月，又豈雷發之時耶？

康節既移《離》、《坎》之位以位《乾》、《坤》，乃移《離》於正東，移《坎》於正西，曰：取《易》之「水火不相射」也。然南方爲《離》，北方爲《坎》，經文萬世不磨，若「水火不相射」特言其性相反，而用則相資耳。於經未嘗明言《離》爲東方之卦，《坎》爲西方之卦也。康節又何所考而指此爲先天之卦位【四】？說者雖指火爲日，遂以《離》爲日，指水爲月，遂以《坎》爲西。然按《說卦》先言《離》爲火，然後言《離》爲日。獨言《坎》爲水，而未嘗言《坎》爲月。蓋日乃太陽之精，非特可以《離》言。月乃太陰之精，非特可以《坎》言。月雖陰，而其出必於東，日雖陽，而其没必於西。周流運轉，晝夜不停，非若水、火之定於一方者比也。又可借日、月以代水、火爲言耶！

《易》畫於伏羲，演於文王，繫於孔子，傳之天下萬世，惟此一《易》而已，未聞有先天、後天之分也。雖曰未有天地已有此理，然而作《易》始於伏羲，不言先天。康節特托《易》以言數，諸儒未有以此而言《易》者也。晦庵以理學集諸儒之大成，原聖人因卜筮而作《易》，始兼以康節之説而詳之。若據門人所録語類，乃因康節之先天，而反有疑於文王、孔子之《易》，及有疑於伊川之《易傳》，且有疑於《易經》此章八卦之位。然按晦庵先生《答王子合書》，明言康節言伏羲卦位，近於穿鑿附會，且當闕之，以此槩彼門人所録其一時之言耶？抑録之者未必盡當時之真耶？蓋《易》所言者道，而康節所言先天者數也。

【四】康節又何所考　「考」原作「者」，據明本、文津閣本改。

康節雖賢，不先於文王、孔子也。康節欲傳伊川以數學，伊川堅不從，則不可以其數學而反疑伊川之《易》學，又可知也。學者且當以晦庵親答王子合之言爲正，毋以門人記録晦庵之言爲疑。

《語録》云：文王八卦不可曉處多，文王八卦有些京房卦氣，不取卦畫只取卦名，或者謂此因康節先天而不能無疑於文王者也。又曰潛龍勿用何謂也？以下大槩各就他要説處便説，或者謂此因康節先天而不能無疑於孔子者也。又曰：程子之意八卦上疊成六十四卦，與邵子説誠異。蓋康節此意不曾説與程子，程子亦不及問之。或者謂此因康節先天而不能無疑於伊川者也。又曰：《易》言齊乎《巽》不可曉，曰《坤》在西南不誠，東北方無地。曰《乾》西北，亦不可曉，如何陰陽來此相薄。曰西方肅殺之氣，如何言萬物之所説。或者謂此因康節先天而不能無疑於《易》係所言之八卦也。凡皆門人之所録，非出於晦庵之成書，未知然否。

「乾爲馬」之「兑爲羊」

南軒、節齋説甚詳明。晦庵云：此章廣八卦之象，其間多不可曉者，求之於經，亦不盡合。愚恐此是古者占卜之雜象，如今卦影。然每卦各有不一之象，占得某象者，即知爲某卦，故於每卦總言之，未知然否。

序卦

此言《易》之序，不待注釋，本文已明。

雜卦

王氏曰：《序卦》先後有倫，《雜卦》則揉雜衆卦，以暢無窮之用。愚按：《序卦》之後有《雜卦》，猶《既濟》之後有《未濟》，所以昭《易》之無窮歟。

卷七

讀春秋一

孔子曰：吾志在《春秋》。孟子曰：《春秋》，天子之事。孔子作《春秋》而亂臣賊子懼。蓋方是時，王綱解紐，篡奪相尋。孔子不得其位以行其權，於是約史記而修《春秋》。隨事直書，亂臣賊子無所逃其罪，而一王之法以明。所謂撥亂世而反之正，此其爲志，此真爲天子之事。故《春秋》無出於夫子之所自道，及《孟子》所以論《春秋》者矣。

自褒貶、凡例之説興，讀《春秋》者往往穿鑿聖經以求合其所謂「凡例」，又變移凡例以遷就其所謂褒貶。如國各有稱號，書之所以別也。今必曰以某事也，故國以罪之。及有不合，則又遁其辭。人必有姓氏，書之所以別也，今必曰以某事也，故名以誅之。及有不合，則又遁其辭。事必有月日，至必有地所，此記事之常，否則闕文也。今必曰以某事也，故致以危之，故不月以外之，故不日以略之，及有不合，則又爲之遁其辭。是則非以義理求聖經，反以聖經釋凡例也。聖人豈先有「凡例」而後作經乎？何乃一一以經而求合「凡例」耶？《春秋》正次王，王次春，以天子上承天而下統諸侯。弑君弑父者書，殺世子殺大夫者書，以其邑叛、以其邑來奔者書，明白洞達，一一皆天子之事而天之爲也。今必謂其陰寓褒貶，使人測度，而自知如優戲之所謂隱者，已大不可，況又於褒貶生「凡例」耶？理無定形，隨萬變而不齊，後世法吏深刻，始於勑律之外立所謂「例」，士君子尚羞用之，果誰爲《春秋》先立例，而聖人必以是書之，而後世以是求之耶？以例求《春秋》動皆逆詐億不信之心。愚故私摭先儒凡外褒貶、「凡例」而説《春秋》者，集録之使子孫考焉。非敢爲他人發也。

褒貶

夾漈鄭氏漁仲曰：以《春秋》爲褒貶者，亂《春秋》者也。晦庵先生曰：《春秋》大旨誅亂臣，討賊子，内中國，外夷狄，貴王賤霸而已。聖人光明正大，不應以一二字加褒貶於人，不過直書其事，善者惡者了然自見。又曰：目前「朝報」尚不知朝廷之意，況千百載之下而欲逆推千百載上聖人之意。

凡例

徂徠石氏曰：稱人者，貶也。而人不必皆貶，微者亦稱人。稱爵者，褒也，而爵未必純褒，譏者亦稱爵。繼故不書即位，而桓、宣則書即位。妾母不稱夫人，而成風則稱夫人。失地之君名，而衛侯奔楚則不名。未踰年之君稱子，而鄭伯伐許則不稱子。會盟先主會者，而瓦屋之盟則先宋。征伐首主兵者，而鬴之師則後齊。母弟一也，而或稱之以見其惡，或没之以著其罪。天王一也，或稱天以著其失，或去天以示其非。

愚按：晦庵先生嘗云：聖人欲率天下以尊齊、晉，且謂楚在春秋時非桓、文遏之，則周室爲其所并。此蓋尚論其世者也。聖人能與世推移，世變無窮，聖人之救其變者亦無窮。春秋之世，王室微，諸侯强，其始故抑諸侯以尊王室，及諸侯又微，而夷狄强，則又抑夷狄而扶諸侯尊王室。固所以尊王也，扶諸侯亦所以爲尊王地也。聖人隨時救世之心如此。而世儒乃動以五帝三王之事律之，此議論所以繁多；聖人書法甚簡，隨字可以生説，此議論所以愈見其繁多。宜褒貶、凡例之説得以肆行其間也。今惟以春秋之世而求聖人之心，則思過半矣。孔子曰：「其事則齊桓、晉文，其義則某竊取之。」

隱公

名息，惠公之子，母聲子。謚法：不尸其位曰隱。

始隱

伊川先生曰：平王東遷，在位五十一年，卒不能復興先王之業，王道絶矣。王者之迹熄而《詩》亡，《詩》亡然後《春秋》作。適當隱公之初。泰山孫氏復曰：平王迨隱而死。

夫生猶可待也，死何所爲。《春秋》始隱者，天下無復有王也。木訥趙氏鵬飛曰：非始乎隱也，始乎平王之末也。凡諸儒欲以一事而當春秋之始者，皆妄也。徂徠石氏介曰：《春秋》以無王而作，孰謂隱爲賢，且讓而始之哉！愚意《春秋》特因魯史而修之，非爲魯作也，爲天下萬世之王道作也。故謹録諸儒之說如后，凡他有所指者不復録。

元年

元年者，魯隱公之始年也。夾漈謂諸侯舊用天子之年，至平王失政，諸侯並稱元年。陳止齋傅良亦同其說，謂古諸侯止稱世。愚意諸侯所謂奉天子正朔者，謂以子、丑、寅爲歲首，講朝聘耳，未必使諸侯皆以天子之元年爲元年。蓋封建之法肇自黄帝，諸侯之世守其國，固有出於三代興王之前者。有王者興，特以禮相與，諸侯各自有其國，各自即位，則亦各自有始年，安得一律以天子之年爲年？其曰：古諸侯以世計者，恐世遠難考，姑舉其世次歟。或謂書元爲《春秋》大法者，亦未必然。自唐、虞三代皆以始即位爲元年矣。

春王正月

自杜氏注《左氏傳》有周正月今十一月之語。先儒遂多指《春秋》之春爲冬，建子之月。至文定公胡康侯講《春秋》，始謂前乎周以丑爲正，書元祀十有二月，知月不易也。後乎周以亥爲正，書元年冬十月，知時不易也。建子之月非春明矣。聖人語顔回以爲邦，則曰「行夏之時」，作《春秋》以經世，則曰「春王正月」，蓋以夏時冠月，垂法萬世，以周正紀事，示無其位，不敢自專也。然文定以春爲夏正之春，建寅而非建子可也。以月爲周之月，則時與月異，又存疑而未決也。故晦庵先生以爲若如胡氏學，則月與時事常差兩月。恐聖人作經又不若是之紛更也。此事晦庵考之詳矣。尚未嘗質言之，豈後學敢知？近世惟岷隱戴氏溪在東宫講《春秋》，常以夏正爲説，於時事亦未見其甚背。竊意三代雖有改正朔之事，而天時恐無可改遷之理。今所抄集姑依戴氏，在來者擇焉。

不書即位

《左氏》謂隱攝。《公羊》謂隱爲桓立。《穀梁》謂隱讓。然謂其讓爲成先君之邪，則似求之過也。或謂其稟命爲正，而正者不必書。或謂不稟命而即位，聖人故絀奪之而不書。皆無所考。戴岷隱以經之所無而付之不言。惟劉恕謂惠公愛少子，立爲太子，國人不與，而立隱。隱曰：吾將讓焉。太子桓公。徯望十年不獲，而羽父弑隱，於是桓曰：隱，攝也。吾取之《左氏》，信桓之欺。故曰攝。《公》、《穀》信隱之詐，故曰讓。俱失之。

三月，公及邾儀父盟于蔑

邾者，魯附庸之國。儀父，其字。《左氏》曰名克。書月不書日者，先儒以爲遠也。盟非美事，而春秋亂世相與結好之常。聖人不過因事而書。諸家或以爲褒或以爲貶，皆不可知。然既盟而又伐之，則非耳。

夏五月，鄭伯克段于鄢 於晚反。

鄭伯，莊公也。段，其母弟。莊公迫於母命，封於京而反，莊公以兵勝之。克者，戰勝之名也。《穀梁》曰「賤段而甚鄭也」，謂不書弟而書克也。胡安定曰：「兄不兄弟不弟，交譏之也。」《左氏》曰：「如二君，故曰克。」胡文定曰：克者，力勝之辭。愚意大指不過如此。或文致鄭伯以滔天之罪者，似恐求之過。蓋鄭伯不幸處母子兄弟之變，而不學無識，不善處之，其初黽勉以從其母，其後妨其母不敢遽制其弟，後遂至難制而伐之耳。《左氏》罪鄭伯失教，段果可教者否耶？鄭莊之大惡在伐周，未必在克段也。

秋七月，天王使宰咺來歸惠公仲子之賵 咺吁阮反，賵芳鳳反。

仲子者，魯惠公再娶之夫人也。伊川謂不曰夫人曰惠公仲子者，妾稱也。《穀梁》謂：禮，賵人之妾，不可。凡皆正論也。木訥謂魯以夫人赴，故王來賵云。

九月，及宋人盟于宿

内稱及，外稱人，皆微者也。或曰不書公，諱與大夫盟也。岷隱曰：宿者，國名，意其爲宿而盟也。

冬十有二月，祭伯來 祭側界反。

《左氏》曰：「非王命也。」祭伯，畿内諸侯，爲周大夫。

公子益師卒

益師者，孝公之子，貴戚之卿卒，故書。

二年，春，公會戎于潛

說者多謂譏公不當與戎會，是責人於難也。岷隱謂周衰，戎狄雜居中夏，魯有疆埸之交，不得不會之也。愚謂亦公不能自强也。

夏五月，莒人入向

莒與向皆小國。《左氏》謂莒娶於向，向姜不安於莒而歸，故莒人入向，以姜氏還。《公羊》謂入者得其國而不居。按《左氏》據史爲傳，當是事實。《公羊》則據文立論耳。然言入則以兵可知。宣四年公伐莒取向，則向後爲莒所并，可知。

無駭帥師入極

無駭者展無駭也。極，小國也。木訥曰：莒入向，向近魯。魯人疑莒爲東鄙之侵，故以此示威。其後因紀子帛爲密之盟，遂與莒結浮來之好。愚按入向、入極二事聯書，木訥之説似得之。

秋八月庚辰，公及戎盟于唐

說者亦多以此貶公，惟木訥曰：以文王之聖而事昆夷，以太王之賢而事獯鬻，隱公何疵焉？唐之盟非得已也。愚謂不得已而與盟，可也，終不能自强，則非矣。

九月，紀裂繻來逆女。冬十月，伯姬歸于紀

此紀求昏於魯也。說者皆謂譏不親迎，伊川曰：諸侯親迎，迎於所館。豈有委宗廟社稷遠適他國以逆婦者乎？戴岷隱亦謂文王親迎，時爲世子。韓侯親迎，亦因入覲。然則凡皆因事實書，非有譏貶也。

紀子帛，莒子盟于密

《左氏》謂子帛者，紀裂繻之字。《公》、《穀》二傳皆以帛作伯。《左氏》見國史，當從《左氏》。木訥曰：莒自入向有窺魯之心。紀子帛往來莒、魯之間，於是道與莒子盟于密，爲魯謀也。卒之八年，爲浮來之盟，莒、魯交好，子帛之功也。愚按紀新昏於魯，爲魯謀有之也。

十有二月乙卯，夫人子氏薨

《公羊》謂隱公之母，《穀梁》謂隱公之妻，伊川、安定、劉氏《權衡》皆以爲妻。蓋隱公自有妾、母，明年書君氏卒，此言夫人薨，則其妻明也。或又以爲桓公之母仲子，蓋以子氏而言之。後書考仲子之宫故也。然元年已書「來歸惠公仲子之賵」，則仲子之卒在前，此言夫人薨，則其妻可知。

鄭人伐衛

初，鄭伯克段于鄢，段之子公孫滑奔衛，衛爲伐鄭，取廩延，至是鄭遂伐衛。木訥曰：管、蔡之亂，周公誅其父而録其子。今鄭莊克其弟而不字其子，又加兵於衛。

三年春王二月己巳，日有食之

伊川曰：月，王月也，事在二月，則書王二月。木訥曰：《春秋》書日食災變，凡以垂人君畏天之戒。

三月庚戌，天王崩

平王也，立五十一年崩，父爲申侯引犬戎殺之，不討父讎而反屯戍申侯，以報私恩，周之所以不復西也。胡曰：崩者，上墜之形。木訥曰：書崩不書葬者，周赴而魯不會葬。

夏四月辛卯，君氏卒

《左氏》謂君氏者，隱公母聲子也。爲公故曰君氏，若曰君母氏云爾。《公》、《穀》皆作尹氏，諸家多從《公》、《穀》。然以君爲尹，不免改經文，恐且當從《左氏》。

秋，武氏子來求賻 音附。

諸家多謂譏周王失道。《穀梁》曰：歸生者曰「賻」，歸之者正也，求之者非正也。周雖不求，魯不可以不歸。魯雖不歸，周不可以求之。「求之」爲言，得不得未可知之辭也，交譏之。木訥曰：諸侯有貢，天子無求，禮也。平王崩，魯不會葬。至來求賻，而卒不會焉。則賻之得否，又未可知也。魯在春秋未爲强暴之國，以魯觀之，諸侯又可知矣。書生之論，乃以不書天王，爲天王諱惡，至桓十五年天王求車【一】，又曰書天王以示貶。噫！周之微甚矣。不容負天下之罪如此，此豈仁人之言哉？凡書求賻、求車、求金皆誅諸侯不貢，而天下無王也。尚何責天王哉？先師宗諭王貫道嘗言：周凡三求，求賻以平王

【一】至桓十五年天王求車　「桓」原作「允」，爲作者避欽宗諱改。下文徑改不注。

崩，求車以桓王將崩，求金以襄王崩，皆以喪事之有闕，賻、賵之不供也。魯不盡臣子之職，致周王下求，謂魯秉周禮可乎？武氏世卿也，武氏子未爲命卿也。

八月庚辰，宋公和卒

穆公也，説者多以書卒爲略，外諸侯，甚者至以爲諸侯專恣。聖人於其死，奉天討而貶黜之，特書曰卒。惟木訥謂：外諸侯書卒，從赴也。赴曰卒，謙也。魯史因其赴而書，孔子因魯史而書。説者以爲夫子黜外而尊内，非也。

冬十有二月，齊侯、鄭伯盟于石門

石門，齊地也。齊僖與鄭莊相盟結也。木訥曰：春秋之初，宋、鄭爲仇，而宋與衛爲西黨，鄭與齊爲東黨，魯則徘徊於二黨之間。初嘗比於宋，及六年艾之盟，則從齊而附鄭，書此者爲艾之盟張本。

癸未，葬宋穆公

初，宋宣公舍其子與夷而立穆公，穆公亦舍其子馮而立與夷，其後馮遂弑與夷。《左氏》美宣公知人。《公羊》則謂宋之禍，宣公之爲也。木訥曰：分義天下之大閑也【二】，故非朱、均，雖堯、舜不苟遜，益非不賢，而禹傳啓，杜亂原也。隱公欲遜允而亂，吴王將遜札而亂，宋宣、穆再遜而再亂，篡奪二世，迄襄公始定。襄公不悛，又欲遜目夷，幸目夷不受，否者又亂。愚按《公羊》木訥之説爲萬世垂戒也。而《左氏》之説亦不可全廢也。蓋宣公

【二】分義天下之大閑也 「閑」原作「閉」，據明本改。

遜穆公，穆公終以遜宣公之子，是穆公不可謂非賢，宣公不可謂不知賢，其後馮之弑逆，罪在馮耳。雖《春秋》責賢者備，豈可盡没其賢而反加以始禍之惡名哉？且謂宣、穆再遜而再亂，亦未當其實。宣之遜穆，初未嘗亂，穆遜殤公而馮始爲亂耳。

四年春王二月，莒人伐杞，取牟婁

杞【三】，夏之後，在周爲三恪。牟婁，杞邑。木訥曰：莒，蕞爾東夷，自入春秋，首加兵於向，今又扼杞之弱，稱兵而攘其封邑。至桓十二年，公會杞、莒于曲池，而後釋今日之憾。莒之横甚矣，然至昭五年，莒牟夷卒，以牟婁來奔。岷隱曰：以不義得之，以不義失之，徒爲叛人之資爾。

戊申，衛州吁弑其君完。夏，公及宋公遇于清。宋公、陳侯、蔡人、衛人伐鄭。秋，翬帥師會宋公、陳侯、蔡人、衛人伐鄭。九月，衛人殺州吁于濮。冬十有二月，衛人立晉。

州吁者，衛莊公嬖人之子，有寵而好兵，公弗禁。石碏諫，公弗聽。至是弑桓公自立，欲求寵於諸侯，以鄭欲納公子馮於宋，遂告宋伐鄭。魯及宋遇于清，爲衛謀也。宋與陳、蔡、衛伐鄭。翬又率之伐鄭，皆爲衛也。先書宋與翬，而後衛。説者謂罪其黨惡率兵也。翬即公子翬，其後弑隱公者也。州吁如陳，衛以石碏之謀，始克殺之於濮。説者謂稱人，衆詞也。稱于濮，譏失賊也。州吁殺而衛人立晉。説者謂書立譏不當立也。晉即淫亂之宣公。愚按隱四年全記州吁之亂，故併叙於此。凡謂譏者，亦書法之當，然而其惡自見，

【三】杞　「杞」原作「祀」，據明本改。

非特設辭以譏之也。

五年春，公矢魚于棠

《公》、《穀》皆作觀魚，矢，亦陳而觀之也。《穀梁》曰：魚，卑者之事也。伊川曰：諸侯非王事民事不遠出。

夏四月，葬衛桓公

《左氏》曰：衛亂，是以緩。蓋諸侯五月而葬，此十四月。

秋，衛師入郕 音成。

《左氏》曰：衛之亂，郕侵衛。今故衛入郕。木訥曰：郕被鄰國之兵自衛始。至隱十年，齊、鄭連兵入郕，莊八年，公又及齊師圍郕，而郕降於齊。文十二年郕伯東奔齊，此不復見於經。計失地而奔，國遂滅矣。愚謂衛入郕，固非，郕小國也，先侵衛，挑釁尤非。

九月，考仲子之宫，初獻六羽

仲子者，惠公元妃孟子。禮，諸侯無再娶，則仲子不得爲夫人，故别立宫。考者，宫始成而祀也。書初獻六羽者，先儒言魯僭天子禮，樂用八佾，此别立宫，初殺其數，不言六佾者，婦人但用羽，不用干。

邾人、鄭人伐宋

宋取邾田，鄭與宋惡，故邾人請鄭伐之，而邾爲兵主。

螟

蟲食苗心曰螟，災，故書。

冬十有二月辛巳，公子彄卒 彄苦侯反。

臧僖伯也。魯孝公之子，隱公之叔父，嘗諫觀魚，貴戚之賢者也。公不能聽其言，而葬之加一等。

宋人伐鄭，圍長葛

木訥曰：四年宋兩伐鄭，五年邾請鄭伐宋，勝負已相當。今宋又伐鄭，圍其邑，憾何時釋耶？

六年春，鄭人來渝平

《左氏》作渝平，渝，變也。渝前日之平，猶絶交也。《公》、《穀》皆作輸平。《公羊》曰：輸平，猶墮成也，敗其成也。《穀梁》曰：輸者，墮也，不果成也。是《公》、《穀》雖作輸，義亦與《左氏》之渝一也。然諸儒多從《公》、《穀》作輸，而不從其訓。曰：輸，納也。輸誠於我以求平也。蓋以經考之，前年公子翬伐鄭，是嘗有憾而未嘗有平。初無平之可渝，言渝平者，非也。鄭與齊黨，魯與宋黨，今宋伐鄭，圍長葛，懼魯從宋，而鄭益殆。偶鄭嘗伐宋，宋求救於魯，使者失詞，魯怒不出兵。鄭乘此隙致平於魯，以離宋之黨，故今年春鄭來輸平，今年夏公即與齊盟，已而公與齊、鄭又會于中丘，以謀伐宋。是前乎此魯與宋，後乎此魯背宋而與齊、鄭，皆鄭輸平所致。言輸平者，是也。

木訥則曰：輸平者，致平之意而已。蓋許八年所歸之祊田也，輸之意若曰魯能不從宋而反兵救我，當以祊田饋魯也。然鄭徒言之，而祊未入魯。故魯雖不從宋，亦未救鄭，有所要也。愚按此論尤精，但輸平在六年，歸祊在八年，謂輸平爲預許祊，乃意之之辭。但鄭急於求魯，而魯緩於許鄭，至歸祊，而後魯、鄭合，則明甚。

夏五月辛酉，公會齊侯，盟于艾

《左氏》曰：始平于齊也。木訥曰：艾之盟，鄭故也。自石門之盟而知齊、鄭爲與國，宋伐鄭，齊將救鄭，則地隔於魯，不求魯，無以救鄭。春，鄭來輸平，鄭使反命而齊即爲艾之盟，爲鄭求魯也。魯終未救鄭者，祊未入也。

秋七月

無事亦書首月，備四時也。木訥曰：或不書者，傳授脱之。

冬，宋人取長葛

長葛，鄭邑。去年冬圍之，今年冬取之，直書而宋之罪自見。然亦以鄭求魯，而魯不救，故卒爲所取。

七年春，王三月，叔姬歸于紀

杜預曰：叔姬，伯姬之娣，待年於父母國，至是始歸。木訥曰：其後紀之滅，宗廟在鄰，歸奉其祀，不以存亡虧婦道，叔姬之賢也。故此首録之。愚按莊二十九年書叔姬卒，八月己亥書葬叔姬，聖人拳拳於其終始如此。

滕侯卒

《左氏》曰：不書名，未同盟也。陸氏《纂例》曰：春秋諸侯卒不同盟者五十二人，不書名者九人，餘皆書名。然則《凡例》之説，其可信也哉。伊川曰：卒不名，史缺也。

夏，城中丘

《左氏》曰：「書，不時也。」高氏閌《集注》曰：鄭既輸平，魯未之許，故城中丘以備之。十年，而會齊、鄭於此。蓋中丘近宋。

齊侯使其弟年來聘

木訥曰：齊侯前年爲艾之盟，爲鄭求魯也。宋取鄭長葛，而魯不救，故齊復使弟年來聘，卜進退焉。年歸反命而鄭賂卒不至。是年秋公故爲宋伐邾以動鄭，鄭知魯兵不空出，明年春遂以祊來歸。年之來，豈爲聘問哉？爲鄭求魯爾。又曰：稱弟，親之也。弟之書於經十有二，不奔則叛，不叛則殺，惟齊之弟年不叛不奔，而年之子無知亦弑僖公而亂齊，寵而私之，果有益乎？

秋，公伐邾

木訥曰：邾嘗從宋伐鄭，鄭輸平於魯以離宋，而鄭賂不至。魯故爲宋伐邾以要之。

既得鄭賂，即從鄭伐宋。今日爲宋伐郲，明日爲鄭伐宋，特以賂故，而郲橫罹其毒。故終隱之世，郲不復通於魯。

冬，天王使凡伯來聘

木訥曰：《春秋》書天王下聘者凡八，責諸侯不朝而坐受天子之聘也。隱在位十一年而天王聘魯者二，亦何有一介之使如京師以答天王之勤哉？愚按：諸家多責天王反聘諸侯爲非禮，然是時王室微弱，諸侯强大，孔子作《春秋》正以扶王室，豈有反責天王之理？天王亦豈得已而下聘哉？若木訥之説，亮人情矣。

戎伐凡伯于楚丘以歸

《左氏》曰：「初，戎朝于周，發幣于公卿，凡伯不賓。」然則凡伯亦有以致之矣。木訥曰：古者王臣涖事，事畢，衛以出竟。單襄公適陳以聘楚，候不在疆，宰不致膳，單子知陳之將亡。今凡伯來聘，而魯不加衛，過衛而衛不加禮，戎得伐之以歸。所謂司寇詰姦之法安在乎？《穀梁》曰：「國曰『伐』，此一人亦曰『伐』，大天子之命也。」胡安定曰：楚丘，衛地，書于楚丘者，衛不能救。書以歸者，凡伯辱命。愚謂凡皆直書而意自明。

八年春，宋公、衛侯遇于垂

《左氏》曰：「齊侯將平宋、衛」，宋以幣請衛先相見，故遇于大丘。注大丘即垂，地有兩名，在衛。任氏曰：齊侯將平宋、衛於鄭，衛侯既不敢違齊侯之命，又不能釋鄭國之怨，有異志焉，故先遇於垂。

三月，鄭伯使宛來歸祊。庚寅，我入祊　宛，於阮反。祊，必彭反。

宛，鄭大夫也。祊，鄭從天子祀泰山時湯沐之邑也。祊，《公》、《穀》皆作邴。木訥曰：魯初睦於宋，宋伐鄭，齊恐魯助宋，故爲鄭求魯，魯不應之，反爲宋伐邾，故鄭使宛歸魯祊。魯得祊，始奉社稷以從鄭。岷隱曰：祊者，鄭湯沐之邑。許田者，魯朝宿之邑。周衰，不巡狩，朝宿、湯沐邑皆無用。祊近於魯，許田鄰於鄭，鄭伯利在得許田，未敢直取之於魯，故先使人歸祊，爲異日取許田之地。魯隱不悟其計，受而有之。故《春秋》書曰：「我入祊」，大抵鄭詐而魯愚。自鄭人輸平之後，魯多墮鄭計而不自知。

愚按：若如木訥，是魯要鄭而得祊也。若如岷隱，是鄭詐魯而歸祊也。二説不同而皆精於考究。竊意二説皆是也。木訥主前此而言也，以魯不救鄭也。岷隱主後此而言也【四】，以鄭假許田也。要之魯、鄭皆懷利以相接者也。

夏六月己亥，蔡侯考父卒。辛亥，宿男卒

書卒，從赴也。不名者史失之也。吕氏云。

秋七月庚午，宋公、齊侯、衛侯盟于瓦屋

瓦屋，周地。齊侯爲鄭平宋、衛，故盟諸侯。參盟始此。有參盟則有盟主，而伯之漸萌矣。

【四】岷隱主後此而言也　「此」原作「北」，據明本、文津閣本改。

八月，葬蔡宣公

杜預隱二年注云：魯使大夫會葬，故書。

九月辛卯，公及莒人盟于浮來

浮來，《公》、《穀》皆作包來，紀邑也。初，紀子帛爲魯故，嘗盟莒于密。《左氏》故以此盟爲成紀之好。木訥曰：前曰莒嘗窺魯，子帛盟之，莒卒不敢加於魯。今魯既受鄭賂，將空國以赴鄭之求，恐莒人之議其後，故成紀好而盟之。此盟公在焉，而莒以微者涖，執牛耳，豈莒人敢抗公哉？公自辱也。愚按：魯大莒小，隱公屈己而甘心與其微者盟，必有以也。此論得之。

螟

災，故書。

冬十有二月，無駭卒

無駭，即違其君而帥師入極者也。公孫之子，未賜族，卒書名。或曰貶，故去其族。然按《左傳》，無駭卒後，羽父始爲請謚與族。是凡例褒貶之説，蓋意之也。

九年春，天王使南季來聘

南季，周大夫南氏，季，字也。諸儒多謂諸侯一不朝則貶其爵，再不朝則削其地。今刑則不舉而反遣聘，王之不王如此，禮樂征伐安得不自諸侯出乎？然不思時至春秋，周之衰果何如哉？此何異祖父衰病垂絶，不責不孝子孫之不養，而反責祖父之祈哀耶？木訥曰：諸侯之抗，周室之微極矣。聖人著天王再遣使之節，所以誅魯不再朝之罪也。愚謂隨事實書，而魯之罪自見。諸儒反以罪周者，過耳。夫《春秋》固尊王之書也。

三月癸酉，大雨、震電【五】，庚辰，大雨雪

《左氏》曰：大雨雷震，書始也。大雨雪，書時失也。於雷震言始，於雪言時失，夫三月而有大雪，又見於大雷之後，八日之間，陰陽錯繆如此，書之記異也。《穀梁》曰：震，雷也，電，霆也。夾漈曰：霆，曜光也。胡安定曰：震，霹靂也，電者，陰擊陽爲雷之光也。

挾卒 挾音協。

挾，魯大夫也。未賜族，止書名。《公》、《穀》皆作俠。《穀》又以爲所俠，注云：所其氏也。

夏，城郎

木訥曰：郎逼宋，魯將北會齊、鄭伐宋，恐宋擣虚，故城以備之。不暇顧天時民力。

秋七月

書，備時。

冬，公會齊侯于防

《左氏》曰「謀伐宋也」。防，《公羊》作邴。

【五】震電　「震」原作「雷」，據《春秋》經文改。

十年春王二月，公會齊侯、鄭伯于中丘。夏，翬帥師會齊人、鄭人伐宋。六月壬戌，公敗宋師于菅。辛未，取郜，辛巳，取防部，古報反。

會中丘，謀伐宋也。翬先合諸侯以攻之，公即乘虚以襲之，不淹旬而取二邑。既取祊於未伐宋之前，又取郜、防於既伐宋之後。鄭、宋兩失其邑，魯隱兩獲其利矣。然何以逃君子之譏？木訥曰：隱公其先蓋賢君也。得位之初，慨然視千乘如鴻毛，將舉而遜其弟。締交四鄰，息民和衆。自鄭莊以利導之，割祊來歸，即君臣掃境以從鄭伐宋，擒縱擊搏，惟鄭所使，由祊田之賂也。視祊爲利，則視千乘之魯果能脱然歸其弟乎？宜菟裘之老不見信於允，而公子翬得以行其譖也。利之溺人如此。

秋，宋人、衛人入鄭。宋人、蔡人、衛人伐戴，鄭伯伐取之

戴，《公》、《穀》並作載。《左氏》稱宋、衛既入鄭，而以伐戴召蔡人。蔡人怒，故不和而敗。鄭伯圍戴，克之，取三師焉。伊川曰：戴，鄭所與也，故三國伐之。鄭、戴合攻，故盡取三國之衆。諸家多從其説。安定曰：鄭伯無仁心。乘戴之弊而伐取之。與前説不同，未知孰是。惟劉氏則斷謂三國之師衆矣，鄭何以能悉取之？且三國伐戴爾，不入戴也，何以能取三師？假曰三國已居戴，鄭來圍戴，則各自去，何爲共守此地而爲其所取耶？或又云：鄭伯伐三師取戴而歸，復爲附庸，非滅也。戴，今之外黄，居鄭北鄙。

冬十月壬午，齊人、鄭人入郕

木訥曰：郕當齊、宋之境上，計郕必附于宋而不事齊，故齊脅鄭伐之。《左氏》以爲討違王命，於經無所考，不足據。

十一年春，滕侯、薛侯來朝

泰山孫氏曰：滕、薛陋弱，不能與魯抗也。木訥曰：非天子不旅見諸侯。今滕、薛旅至魯庭，魯侯亦旅見之。聖人書曰「滕侯、薛侯來朝」，而魯侯之罪著矣。

夏五月，公會鄭伯于時來。秋七月壬午，公及齊侯、鄭伯入許

時來，《公》、《穀》作祈黎，《左氏傳》又作郲【六】，會時來謀入許也。木訥曰時來之會，鄭志也。至入許，則以魯主兵，蓋成鄭志者，魯也。岷隱曰：鄭處許叔于許西偏，後十五年許復國，故書入不書滅。

冬十有一月壬辰，公薨

翬請公誅桓公，公弗許，翬懼，反使賊弒公而立桓。杜預曰：弒而書「薨」，史策所諱。隱與桓皆惠公之庶子也，隱長當立，而欲遜桓，欲遜即予之矣，而至十一年不予，方欲窮兵貪地。古謂不斷者，來讒賊之口。若隱公者，亦可戒也。

隱公，春秋之初也。春秋之初未有伯也，而伯之漸已萌。蓋是時惟齊爲大國，惟魯爲望國。齊以黨鄭伐宋而求魯，魯以受鄭祊田，忘鄭狐壤見止之讎而從齊。故前乎此惟兩君相會，至此而諸侯參會矣。前乎此惟敵國相攻，至此而連諸侯伐宋矣。自參盟而有主

【六】左氏傳又作郲　「氏」原作「於」，據文津閣本改。

盟，自連諸侯而摟諸侯以伐諸侯，故曰伯之漸已萌也。向使齊不私於宋，而務使宋、鄭相安；魯不貪鄭之賂，而不遽從齊，則天下其庶矣乎！然則伯之萌齊釐之爲，而魯隱助之也。其初盟郲而後伐郲，初盟宋而後伐宋，皆利於鄭之入祊而反覆若此。尚何以名秉禮之國而遏多事之萌耶？

桓公

名軌，《史記》亦名允。惠公子、隱公弟，母仲子【七】。謚法：辟土服遠曰桓。

元年春王正月，公即位

杜氏曰：桓公篡立而用常禮，欲自同於遭喪繼位者。岷隱曰：桓公志在得國，諱其故而偃然行即位之禮。《春秋》即其實而書之。

三月，公會鄭伯于垂。鄭伯以璧假許田。夏四月丁未，公及鄭伯盟于越

木訥曰：桓公賊隱而立，懷危懼心。故鄭欲會而允無不從，鄭欲田而允不敢拒。伊川曰：公欲結鄭好以自堅，故既予許田，又爲盟。胡氏曰：垂之會，鄭欲得田，鄭志也，故稱會越之盟。魯欲結好，魯志也，故稱及。木訥又曰：謂假田，因入祊則有之，謂易祊則非也。鄭有宋兵，不得已而歸魯以祊，既得魯援，則勢不可以責償，故以璧假爲名而實責償祊也。胡氏曰：既歸祊矣，又加璧者，祊薄於許也。先師嘗言許田，魯朝宿之邑，近許

【七】母仲子　「母」原作「丑」，據文津閣本、文淵閣本改。

而鄰於鄭，有營、洛、汝、潁浸灌之利。鄭莊久欲得之，故以祊歸之，取宋之郜防以予之，得許而讓。凡皆以投隱公之欲而異許田之得也。隱公雖受祊取防郜而辭許，鄭無得而强之，隱没而桓以篡立，急於結援自固，故許田卒爲鄭所得。

秋，大水

志災也。大者，非常之辭，《春秋》書大水凡九，魯居其八，其一言宋。

冬十月

書以備四時。

二年春王正月戊申，宋督弑其君與夷及其大夫孔父

《左氏》謂華督將弑殤公，先宣言謂十年十一戰，皆孔父之爲，先殺之。《公》、《穀》皆謂孔父賢而不名。木訥則謂孔父孔子六世祖，故不名。胡氏曰：孔父事殤公，無能改於其德，然終能死於其難，亦可謂賢。父者，正其名也。劉侍讀謂賢而名之者，名其君於前，不得不名其臣於後。

滕子來朝

滕侯爵而稱子，或以爲貶，或以爲謙。岷隱曰：小國爵尊而貢重者，多自貶以從其卑。《春秋》從而書之，不没其實也。愚按：自貶之説，晦庵主之，以子産之爭爲證。

三月，公會齊侯、陳侯、鄭伯于稷，以成宋亂。夏四月，取郜大鼎于宋，戊申，納于太廟

伊川曰：宋弑其君而四國共成之，天下大惡也。岷隱曰：書成亂於前，書取鼎於後，不待貶絶而惡自見。先師謂郜鼎，郜以祭其祖之器也，宋不可取之郜，魯不可取之宋。《左氏》曰：齊、陳、鄭皆有賂，督遂相宋公。

秋七月，杞侯來朝

岷隱曰：杞公爵，弱而以侯禮至。杞，《公》、《穀》皆作紀。

蔡侯、鄭伯會于鄧

《左氏》曰「始懼楚也」。木訥曰：鄧在南陽，逼於楚。鄧侯曼姓，實女於楚。今蔡、鄭必有畏於楚，而託於鄧也。然鄧且不能自保，庸能芘蔡、鄭乎？卒之蔡、鄭常當其衝，無歲無楚師。岷隱曰：楚滅鄧，復滅蔡，鄭亦幾亡。然鄭伯牽羊以逆，而鄭復存，子産執玉帛以抗楚，楚亦不能加，小國能自强也。

九月入杞

《左氏》謂杞朝魯不敬，此討不敬也。木訥曰：朝未旋踵，兵已入境。難哉！小之事大也。

公及戎盟于唐。冬，公至自唐

《左氏》曰「修舊好也」。然隱嘗與戎盟，戎伐凡伯矣。今桓公再與戎盟，戎何信之有，而可云修舊好耶？

三年春正月

自桓三年至九年皆不書王。説者謂桓簒弑無王。

公會齊侯于嬴 音盈。

《左氏》曰「成昏于齊也」。木訥曰：允之娶齊，急於得齊以固齊援也。

夏，齊侯、衛侯胥命于蒲

春秋二百四十二年，書胥命者此而已。或以爲褒則舉之三王之上，謂不盟不誓，結言而退，爲近乎古。或以爲貶則擠之匹夫之下，謂不盟不會，草次以見，爲近於鄙。又有求於褒貶之外者，謂齊方伯，謂衛連帥，兩不相下而胥命。或又以爲交相推長而胥命。然此時齊猶未伯，衛又非能連帥之職者。木訥謂隱八年，齊欲平宋、鄭，故先與宋、衛盟，而鄭不從。十年，齊從鄭伐宋，而衛亦從宋入鄭，齊、衛不過各附其所與，實未嘗有怨。至桓二年，宋遭華督之禍，而衛其所附齊、鄭，會于稷以成宋之亂，而宋已附于齊。是時衛既願和於齊，齊亦欲成好於衛，無仇可解，何俟乎盟？故以交相見而書之曰胥命爾。

六月，公會杞侯于郕

郕，魯地。《公羊》作盛。杞侯《公》、《穀》作紀伯。岷隱曰：魯嘗入杞，杞來求成，故會于郕。甚哉！杞之可念也。桓公之時，杞侯來朝，歸而見入。《左氏》曰「杞不敬也」。僖公之時，杞子來朝，歸而見入。《左氏》曰「杞不共也」。杞小，來朝，豈不敬、共？良由微弱不能備禮，故身雖行禮，而不免見伐於人，尤可念也。

秋七月壬辰朔，日有食之，既

杜氏曰：曆家謂日光以望時遥奪月光，故月食。日月同會，月奄日，故日食。然聖人不言月食，日闕所不見。《公羊》曰「既，盡也」。伊川曰：食盡爲大異。

公子翬如齊逆女。九月，齊侯送姜氏于讙，公會齊侯于讙，夫人姜氏至自齊。冬，齊侯使其弟年來聘

會于嬴，求婚于齊，不當親而親，非禮也。公子翬如齊以逆女，當親而不親，非禮也。齊侯送姜氏于讙，越竟送女，非禮也。公會齊侯于讙，夫人姜氏至自齊，是齊侯送姜氏，公受之于讙，亦非禮也。使其弟年來聘，致夫人也，由齊侯寵愛之太過，亦非禮也。卒之二國之亂，皆基於此，故《春秋》備書其事。

有年

《穀梁》曰：五穀皆熟，爲有年。《公羊》曰：以喜書也。或曰記異。愚恐求之過也，謂桓不當有年，爲異而書，則螽與大水、無冰皆當爲桓之常，又何爲書。《春秋》豈專記人之凶荒，而不幸人之豐熟哉？各書其實爾。

四年春正月，公狩于郎

《穀梁》曰「遠也」。張氏曰：魯之大野，乃田狩之地，而遠涉郎，見桓公心不在民，而志於行樂。木訥曰：郎，今之單父魯臺也，地近宋。昭公九年築郎囿，其後遂爲田獵苑囿之地，蓋基於今日之狩。

天王使宰渠伯糾來聘

《左氏》注謂宰官渠氏，伯糾名也。《公》、《穀》謂伯糾，字也。木訥謂太宰字而不名，渠，伯糾是也。劉氏、胡氏、張氏皆曰伯，爵也；糾，名也。宰天下者不名。今名，貶也。未知孰是。木訥又謂王臣下聘者八，聘允者獨三，允之罪尤著，而周之聘尤亟。以是知周之自取微弱也。杜預曰：不書秋冬，史闕文。

五年春正月甲戌，己丑，陳侯鮑卒

《左氏》曰「陳亂，再赴也」。陸淳曰：「甲戌」下脱文。木訥曰：先儒疑「甲戌」下有「陳佗殺太子免」一事，蓋明年直書殺陳佗，若無張本。

夏，齊侯、鄭伯如紀

《左氏》曰：「欲以襲之，紀人知之。」紀以微國，一旦二大國之君無故來朝，能無疑乎？疑而備之，齊侯不得志而歸。聖人書之，爲紀侯大去其國張本。

天王使仍叔之子來聘

仍叔，周大夫也。仍叔之子，父老子代從政也。不官，未命者也。實書而世官，若任子弟，與輕王命皆可意見。仍叔，《穀梁》作任叔。木訥謂：來聘，徵兵也。鄭伯不庭，王將伐之，徵兵諸侯。鄭芘於齊，魯蒙齊之芘，故魯不從，而仍叔之子爲虛行。愚按事勢則有之，然亦意之爾。

葬陳桓公

使會葬，故書。

城祝丘

書，不時也。《集注》曰：莊十四年，姜氏合齊侯于祝丘。是齊、魯兩境上之邑也。時齊將襲紀，魯嘗謀紀之難，畏齊之來討，城此以備之也。

秋，蔡人、衛人、陳人從王伐鄭

鄭伯不朝，天子率諸侯親征，從之者三弱國而已。又不能無畏齊比鄭之心，故不能躬擐甲冑，而以微者行。胡氏謂戰于繻葛而不書「戰」，王卒大敗而不書「敗」，又以存天下之防也。

大雩

旱祭也。書，記災也。天子雩帝，用盛樂，謂之大雩。魯僭用天子禮樂，故大雩。《春秋》書大雩者二十一。侍讀劉敞曰：説者皆曰成王康周公，故賜魯以天子禮樂。吾未知其然。昔者魯惠公使宰讓請郊廟之禮於天子，天子使史角往，惠公止之。其後在魯實始爲墨翟之學。由是觀之，使成王之世而魯已郊矣。則惠公奚請？惠公之請也，殆由平王以下乎。

螽

書，災也。夾漈曰：古曰螽，今曰蝗。

冬，州公如曹

張曰：州，河内地邑名也。戴曰：州公，畿内諸侯，嘗爲三公。伊川曰：不能保其國，如曹，遂不復歸。又曰畿内諸侯，不能自存。此春秋大事，故書。

六年春正月，寔來

寔，州公名；來者，自曹來。魯承上文故簡，或曰闕文。

夏四月，公會紀侯于成

謀齊難也。齊欲圖紀。紀，魯甥也，以魯婚於齊，故求魯而公會之。成，《穀梁》作郕。

秋八月壬午，大閱

《左氏》曰「簡車馬也」。注謂備鄭。戴氏曰：仲冬教兵，名曰大閱。大閱非諸侯所得爲也，況以秋八月行之。

蔡人殺陳佗

伊川曰：陳佗弒世子而竊位，故書曰陳佗。陳厲公，蔡出也，故蔡桓公殺陳佗而立之。佗，天下之惡人，皆得而誅之，蔡侯殺之，實以私也。書曰「蔡人」，見殺賊者衆人之公也。

九月丁卯，子同生

同，莊公也。伊川曰：冢嫡生，故書。岷隱曰：春秋十二公，惟莊公爲嫡長，以太子生之禮舉之，故得書於《春秋》。

冬，紀侯來朝

《左氏》曰「請王命以求成於齊」。公告不能。

七年春二月己亥，焚咸丘

岷隱曰：焚林而田也。古者昆虫未蟄，不以火田。仲春之月，蟄虫已啓，萬物孳生，豈容以火田耶？劉氏曰：咸丘，邑也。火田而咸丘焚也。杜氏以爲火田，非也。禮有火田，豈得譏其盡物哉？今云「焚咸丘」豈止火田而已乎？《公》、《穀》皆謂火攻。謂咸丘爲邾之邑。劉氏辨之曰：若誠火攻，當曰「伐咸丘，焚之」。今止曰「焚咸丘」，無兵意。木訥亦曰：豈有邾邑而不書邾咸丘耶？然則因火田而焚咸丘者近之。《集注》曰：咸丘，魯之近齊者。孟子以咸丘蒙所問爲齊東野人之語。先師謂咸丘，即鉅野，郎之近地。

夏，穀伯綏來朝，鄧侯吾離來朝

葉石林曰：穀伯、鄧侯，失地之君也。諸侯失地以奔來者。書以奔，以朝來者，書以朝。木訥曰：穀、鄧皆在南陽，逼於楚，距京師八百里，京師至魯又六百里，合千四百里之遥，其間越蔡、越許、越陳、越曹、越宿及郳，而朝於魯，蓋爲楚所逼，失地而奔，越大小七國而不見容者，懼楚也。至魯，遠於楚而容之，故朝於魯。以朝禮見，故書朝，以失地，故書名，終春秋不復見於經，意其滅於此也。

八年春正月己卯，烝

《穀梁》曰：烝，冬事也。春興之，志不時也。陸氏《纂例》曰：趙子曰：周雖以建子爲正，至於祭祀則用夏時，本月以行四時之祭。胡氏曰：夏數得天，百王所同。其在商、周革命改正，示不相沿。至於敬授民時，巡狩承享，猶自夏焉。愚意天時無可改易之理。聖人無謂冬爲春之事，商之建丑以異於夏，周之建子以異於商，皆以革命，欲整一人心，故以此月爲歲首，受朝饗耳。其建丑之爲十二月，建子之爲十一月，固自若也。建丑、建子之爲冬，建寅而後爲春，固自若也。聖人作《春秋》書春正月、夏四月、秋七月、冬十月，正以順天時，正人事，所謂行夏之時，見之行事者也。周實未嘗改天時，孔子亦初非改周制也。

自漢儒有三正之説，杜氏有周正月今十一月之説。諸儒遂以春秋之春爲今日之冬，每於繫時繫月之事，隨事生説，以爲非時而譏之。今以夏時參之，未見其有非時者。若此所書「正月，烝」，正以烝乃冬祭，春正月行之，非禮耳。《春秋》非夏正而何哉？杜氏得《汲冢書》，亦皆夏正。

天王使家父來聘

岷隱曰：桓公即位八年矣，天子之使三至于魯，周之無政，魯之不臣，不亦甚乎！木訥則謂家父此來，謀紀之婚也。愚謂王室弱，諸侯强，禮之倒置固甚矣。然其來聘，亦必各以其事。魯强無求於周，而周弱反有求於魯，此其所以下聘之頻歟。或譏天子反下諂不臣之諸侯，然周之君臣亦何故無爲而行此。此亦當論其世，諒其情也。

夏五月丁丑，烝

《公羊》曰「亟也」，《穀梁》曰：「烝，冬事也。春夏興之，黷禮也。」岷隱曰：春正月，烝。已非時，況五月而又烝乎？

秋，伐邾

泰山孫氏曰：不出主名，微者也。東萊吕氏曰：微者也，其事不可得而詳也。天子在上，諸侯擅相侵伐，君子以爲無王，此《春秋》所以作也。岷隱戴氏曰，隱公嘗親伐邾，今雖大夫亦不行，益卑邾矣。其後僖公卑邾而不設備，是以有升陘之敗。愚按：吕之説，正論也，總論也。而戴之説亦其一事之戒。

冬十月，雨雪

岷隱曰：孟冬之月，陰氣始凝驟，有雨雪，陰氣盛也。愚按：諸家多以冬十月爲今之八月，雨雪非時。今岷隱以夏正冬十月言之，理亦未嘗不明。噫，果八月也。聖人恐未必誣天而書秋爲冬也。

祭公來，遂逆王后于紀

劉氏《權衡》曰：天子娶后，當使同姓諸侯主其辭命。祭公逆后于紀，使我主其禮也。岷隱曰：祭公至魯遂往逆后，此天王之命，非祭公自爲之。紀，魯甥也。咨謀於魯而行。木訥曰：齊將滅紀，紀託於魯，魯勢不能芘紀，於是爲之謀，俾納女於王，託王爲重焉。蓋自五年齊欲襲紀，紀懼求魯。六年會于成，秋又來朝。今春家父來聘，則謀婚也。今祭公來，因不反命而遂逆王后。齊侯繼此不復犯紀。僖公没，襄公始滅紀，納女，亦延紀數年。愚按：劉以禮言，戴以情言，趙以事勢言，可以參考，過於諸家之專主譏詆者。

九年春，紀季姜歸于京師

此祭公所逆王后也。岷隱曰：方其逆也，稱曰王后，自王命言之也。及其歸也，謂之季姜，由父母家言之也。

夏四月。秋七月

書以備四時。

冬，曹伯使其世子射姑來朝

杜氏注：曹伯有疾，故使其子來攝。胡氏曰：曹何急於朝魯，而使世子攝哉？木訥曰：使不幸，未還而曹伯卒，則國非其國也。

十年春王正月，曹伯終生卒。夏五月，葬曹桓公

泰山孫氏曰：此年復書王者，王無十年不書也。夾漈鄭氏曰：桓公立五十五年卒，而莊公射姑立，五月而葬，得葬也。

秋，公會衛侯于桃丘，弗遇

衛自宣公即位，未嘗與魯通，至是爲會，期而終背，公更與齊、鄭，故弗遇。桃丘，衛地。

愚意郎之戰兆此。

冬十有二月丙午，齊侯、衛侯、鄭伯來戰于郎

鄭忽有功於齊，而魯爲班後鄭，鄭怒，請師于齊，齊以衛師助之。安定曰：言來戰者，不予三國加兵於我也。戴曰：主兵者鄭也而首齊。齊以鄭故，忘婚姻之好，合師來伐也。

十有一年春正月，齊人、衛人、鄭人盟于惡曹

三國既來戰，又爲此盟以謀魯。木訥曰：其後齊僖、鄭莊、衛宣皆至死不復通於魯，則斯盟固矣。

夏五月癸未，鄭伯寤生卒。七月，葬鄭莊公。九月，宋人執鄭祭仲、突歸于鄭。鄭忽出奔衛

鄭莊公立四十二年卒。初，娶鄧曼，生世子忽。又納宋雍氏女，生庶子突。莊公卒，忽嗣立，是爲昭公。宋莊誘鄭權臣祭仲，執之使廢嫡立庶，於是突入而忽出奔。伊川曰：

忽，國氏正也，不能有其位，故不爵。突不稱公子，不可以有國也。愚按：鄭莊伐王，大逆不道，身死國亂者二十五年。

柔會宋公、陳侯、蔡叔盟于折

柔大夫之未命者【八】。蔡叔，蔡侯弟也。岷隱曰：桓公方與齊、衛、鄭爲仇，遂求宋、陳、蔡爲好，而使大夫盟其君，可乎？木訥曰：内大夫專伐自無駭始【九】，内大夫專盟自柔始。

公會宋公于夫鍾。冬十有二月，公會宋于闞 夫音扶。

木訥曰：突以不義而篡其兄，宋以不義而責其賂。魯允屢爲會，欲平之，而宋不從。宋莊固小人，允亦不自量矣。允嘗賂鄭許田以求定位，又嘗受篡逆之賂器於宋，安能使宋不求賂於鄭耶？石氏曰：此年至明年，公凡五會宋，欲平宋、鄭，而宋卒不從，故明年與鄭盟武父，而冬與鄭伐宋。愚謂鄭忽嘗求齊伐魯，今突入鄭而忽出奔，故魯桓舉拳黨鄭者，欲固突而拒忽爾。夫鍾，郕城，《公羊》作夫童。

十有二年春正月

書春正月，以存四時之始。

夏六月壬寅，公會杞侯，莒子，盟于曲池

隱公四年，莒伐杞，取牟婁，自是遂不平。莒、杞皆魯東鄰，故爲盟以平之。曲池，魯

【八】柔大夫之未命者　「夫」原作「未」，據明本、文津閣本改。

【九】内大夫專伐自無駭始　「大」原作「木」，據明本、文津閣本改。

地。《公羊》作毆蛇。杞,《公》、《穀》皆作紀。

秋七月丁亥,公會宋公、燕人,盟于穀丘

宋既執鄭祭仲,使立突,責鄭賂不已。魯又爲此盟,欲平之。燕,南燕。穀丘,左氏於《傳》又作句瀆之丘,乃鄭所取,故戴之國會于此。蓋侯鄭而鄭不果來也。先師嘗言宋、鄭無可平之理。魯桓非能平之人。

八月壬辰,陳侯躍卒

躍,厲公也,蓋佗之子,立七年卒。初,桓公死,子免不得立,而弟佗簒之。今厲公死,子完又不得立,而弟林伐之。

公會宋公于虛。冬十有一月,公會宋公于龜。丙戌,公會鄭伯,盟于武父

于穀丘、于虛、于龜,公皆就宋地會之,宋猶不從,故與鄭盟,謀伐之。

丙戌,衛侯晉卒

再書丙戌,杜曰:「國史成文也。」孫泰山、胡安定皆曰「羨文也」。鄭夾漈曰:丙戌,一日也,不應再書。丙戌非後申則前子。衛侯晉者,衛宣公也。立十九年卒,晉殺伋壽而立朔,國人出朔而立黔牟。

十有二月,及鄭師伐宋。丁未,戰于宋

魯五爲會,欲爲鄭平宋,而宋不從。魯、鄭所以不平,而連師伐之,戰于宋者。魯、鄭深入伐之，而宋應之，故戰耳。諸家以既書伐，又書戰，言褒貶者不一。愚恐聖人亦書其實爾。

十有三年春二月，公會紀侯、鄭伯。己巳，及齊侯、宋公、衛侯、燕人戰，齊師、宋師、衛師、燕師敗績

《左氏》以爲鄭與宋戰。《公羊》以爲宋與魯戰。《穀梁》以爲紀與齊戰。胡公安國以爲齊合三國以攻紀，魯、鄭援紀而與之戰。劉侍讀以爲前年我師及鄭伐宋，故宋今歲來報怨。蓋以經文先止書會鄭、紀，次書及之戰者四國，而不書戰之地，故諸説各得爲之辭。孫泰山、胡安定則皆謂齊以郎之戰未得志于魯，今因宋、鄭之仇，故帥衛、燕與宋來伐魯，魯親紀而比鄭，故會紀侯、鄭伯以敗四國之師。不書地，戰于魯也。此説視衆説尤明白。

愚按：此役用師者凡七國，魯、紀、鄭爲一黨，而魯爲之首。若紀，則懼齊欲滅紀者也。若鄭，則怨宋責賂於鄭者也。魯，則紀其自出，鄭其所黨，故書曰「公會紀、鄭」，此魯爲首也。齊、宋、衛、燕爲一黨，而齊爲之首。若齊、衛於魯，則有戰于郎之怨。若宋，於魯則有戰于宋之怨。若燕，則比宋興兵。謂魯穀丘之盟爲不信，而齊則欲滅紀，又德鄭忽而助忽攻突，且怒魯之屢盟以平突，是齊於魯、紀、鄭皆有憾，故書齊爲主兵，此齊爲首也。

三月，葬衛宣公

衛惠公先從齊伐魯，而後葬宣公。

夏，大水

書災。

秋七月。冬十月

書備四時。

十有四年春正月，公會鄭伯于曹

岷隱曰：魯隱與宋爲怨，故一意與鄭爲好。木訥曰：鄭突之立雖以宋，宋責賂不已而憾之，所與者魯而已。前年因魯敗宋，德魯益深，故今春會公，夏又來聘，同惡相濟，舍魯無可求援也。會于曹，杜氏謂曹預會。《集注》謂鄭伯欲結曹好，故公往會之也。

無冰

諸家皆以周之正月爲今之十一月。十一月無冰，爲災，故書。然使果十一月無冰，則尚有十二月尤寒，冰之有無方於此決，未可遽以十一月無冰爲災，而先書之也。蓋至十二月無冰，及春正月東風解凍，終於無冰，則無冰決矣，始以災而書爾。杜氏曰無冰，書時失也。岷隱曰：《詩》曰「二之日，鑿冰冲冲，三之日，納于凌陰」。二之日，今十二月，三之日今正月也。十二月取冰，正月藏之。今桓公春書無冰，無藏冰也。去年十二月時燠無冰，今年之春無冰可出。《春秋》於是時而書之，以此考之，則春秋之正月殆即今之正月歟。

夏五

《穀梁》謂夏五，傳疑也。胡氏謂疑而不益見聖人之謹也。孫泰山、胡安定皆曰：聖人專筆削，豈不能刊正？後人傳之脱漏耳。胡又曰：或言夏，鄭伯使其弟語來盟，其五之一字爲羨，亦通。愚按：合從傳寫脱漏之説。

鄭伯使其弟語來盟

木訥曰：鄭突之立，内恃祭仲而已，國人不與也。外恃魯而已，鄰國不與也。使其弟來盟，或者諸大夫不心乎突也。語，《穀梁》作禦。

秋八月壬申，御廩災。乙亥，嘗

御廩，藏粢盛者也。嘗，秋祭也。御廩災，三日而嘗。《左氏》謂書不害也。《公羊》乃謂遇災不如勿嘗。劉氏辨曰：見災而懼可矣，豈可廢宗廟之祭？《穀梁》又謂以災餘者，祭爲不共。夾漈辨之曰：廟祀必十日，戒享越三日而嘗，則粢盛已出廩。乙亥嘗，非災之餘也。嘗當事不書，爲御廩災而嘗，故書。諸家乃以八月爲六月，謂夏不當行秋嘗而譏之。不知嘗以秋八月，此正可爲《春秋》用夏正之驗，何紛紛爲？

冬十有二月，齊侯禄父卒

禄父，僖公也，立三十三年，入春秋者二十五年。子襄公諸兒嗣立。按僖公倡參會，爲胥命，黨鄭以叛王，陵紀以讎王，稔宋、鄭之爭，囂然有圖大之心，而才不及，適爲擾而已。

宋人以齊人、蔡人、衛人、陳人伐鄭

《左氏》曰宋以諸侯伐鄭，報送之戰也。木訥曰：勢不敵者資於人，宋於鄭非不敵也。乃連五國之兵以伐之，且出忽立突者誰歟。己立之而己疾之，不仁哉！宋莊也。

十有五年春二月，天王使家父來求車

《左氏》曰：非禮也。諸侯不貢車服。泰山孫氏曰：諸侯貢賦不入，周室財用不足也。愚謂天子錫諸侯以車，今至無車，而反求之諸侯，可悲矣。

三月乙未，天王崩

桓王也。入春秋三年而立，立二十三年崩。嘗因鄭莊無禮而伐之，繻葛一敗，周益以衰，既崩而喪禮不備，七年乃葬，可悲矣。太子佗立，是爲莊王。

夏四月己巳，葬齊僖公

自十二月卒，至今五月而葬。

五月，鄭伯突出奔蔡

祭仲專，突使其壻雍糾殺之，泄。突乃出奔，書「伯」，後得鄭也。書名，《公羊》謂奪正也。愚謂突、忽並爭，不書名何以別【一〇】。

鄭世子忽復歸于鄭

【一〇】「王陵紀以雔」至「愚謂突忽並爭不書」 此段文字原脱，據明本補。

書世子，書復歸，正也。然始見逐，終見殺。故不成其爲君。

許叔入于許

隱十一年，鄭分許，使許叔處東偏。今鄭莊没而鄭亂，故許叔得入許。蓋許之失國者十有五年。

公會齊侯于艾

《左氏》曰：「謀定許也。」先師嘗言：初，與鄭入許者，齊、魯，以許與鄭者，亦齊、魯。今謀定許者，又齊、魯，齊、魯二君非能。蓋前人之愆，魯本與突，許實怨鄭，定許所以撓忽也。木訥曰：自郎之戰，齊不通魯。齊僖卒，魯會葬，襄公立，會于艾，齊復通。彭生之禍始此。艾，《穀梁》作蒿，《公羊》作鄗。

邾人、牟人、葛人來朝

皆附庸也。旅朝，諸侯事天子之禮，魯不當受旅朝。

秋九月，鄭伯突入于櫟 音歷。

夾漈曰：櫟，鄭别都。《左氏》載突因櫟人殺檀伯，遂居櫟，二年而昭公弒，又一年而子亹殺，至莊十四年使人説傅瑕殺子儀而自櫟入鄭，是爲厲公。

冬十有一月，公會宋公、衛侯、陳侯于袲，伐鄭 袲，昌氏反。

袲，宋地。《公羊》作侈。《左氏》曰「將納突，弗克而還」。

十有六年春正月，公會宋公、蔡侯、衛侯于曹。夏四月，公會宋公、衛侯、陳侯、蔡侯伐鄭。秋七月，公至自伐鄭。

去年冬伐鄭納突，未克。今再納突也，納突非正也。伊川謂突善結諸侯，故皆爲之致力。王氏曰：突之未出也，宋欲有所責，故嘗伐之，突之既出也，宋懼無所得，又欲納之。始，鄭不和，魯嘗以鄭伐宋，及突既出，魯又與宋伐鄭，反覆皆私也。《左氏》曰書至「自伐鄭」，行飲至之禮也。伊川謂以見勤勞於鄭突。

冬，城向 失亮反。

《左氏》曰「書，時也」。謂城以冬也。自漢儒言三正，而《公羊》、杜預謂周之冬，今之秋。諸家遂一變其説，反以爲譏非時，不知周之改正不過以建子之月行朝饗之禮，以示不沿商耳，天之四時，豈可改也哉！天豈以周建子而改冬爲春也哉！向，木訥謂隱二年莒所入之向也。計其後爲莒所滅，地在魯、莒境上，故城之。魯、莒之爭自城向始。

十有一月，衛侯朔出奔齊

朔立四年左右，公子惡其嘗讒伋、壽殺之，故逐之而立黔牟。立八年而齊襄納朔，衛凡亂十有五年乃定。《公羊》謂朔得罪於天子。張氏疑公子因而逐之。

十有七年春正月丙辰，公會齊侯，紀侯盟于黄

黄，齊地。盟者，爲紀平齊也。齊之圖紀於是十有二年矣。魯爲紀納后於王，故紀雖從魯、鄭敗齊，而齊僖不敢報怨，齊僖猶畏義也。僖公卒而襄公立，春與魯盟于黄，夏與魯戰于奚。齊且無魯，豈爲魯存紀？故紀卒爲齊所滅。

二月丙午，公會邾儀父，盟于趡翠軌反。

趡，魯地。《左氏》曰「尋蔑之盟也」。岷隱曰：隱公初與邾盟于蔑，其後躬自伐邾。桓公今與邾盟于趡，未數月即與宋、衛伐邾。木訥曰：儀父必有不心服乎桓者。故秋有及宋、衛之伐。愚按：邾本魯附庸，魯不能撫服之，故終春秋邾列於諸侯，與魯迭勝負。

五月丙午，及齊師戰于奚

不書夏，闕文也。《穀梁》有夏字。奚，魯地。《穀梁》作郎。《左氏》謂：戰者，疆事也。

六月丁丑，蔡侯封人卒。秋八月，蔡季自陳歸于蔡

夾漈曰：蔡桓侯立二十年卒，無嗣，國人召其弟于陳而立之，是爲哀侯獻舞。杜預曰：獻舞即蔡季也。惟何休稱蔡侯欲立獻舞而疾季，季避之陳。蔡侯卒，季歸奔喪，無爭心。好事者遂比之季札，形容備至，謂字之者，賢之也。是季與獻舞爲二人。胡安定曰：蔡季者，蔡桓侯之弟，弟季當立，歸者，善辭也。時多弑奪，明季無惡。字者，諸侯之弟例書字。然則季即獻舞，而安定之説爲平。

癸巳，葬蔡桓侯

《春秋》葬而書侯者，惟蔡桓，故多異説。或曰獨請謚於天子，故以本爵也。或曰葬，皆稱公，此獨稱侯，文之誤也。惟安定曰：爵稱侯，正也。

及宋人衛人伐邾

《左氏》曰「宋志也」。注曰：邾、宋爭彊，魯從宋志，背趡之盟。

冬十月朔，日有食之

不日，缺文。

十有八年春王正月，公會齊侯于濼，公與夫人姜氏遂如齊。夏四月丙子，公薨于齊。丁酉，公之喪至自齊。秋七月、冬十有二月己丑，葬我君桓公濼，盧篤反，又音洛。

《左氏》載公將與姜氏如齊，申繻諫，不聽，如齊。齊侯通焉。公謫之以告。齊侯誘殺公。春秋此年始終惟詳書此事，戚之也。辭雖婉，而跡自著。姜氏蓋預弑。

《傳》稱桓公預弑隱公而立，其既立也，成宋之簒亂而納郜鼎，因杞之來朝而入杞國，天王之來聘者再，而未嘗遣一介之使如京。大雩、大閱僭也，焚咸丘、伐邾，不仁也。不及隱公之賢多矣。三年娶于齊，十年因爲班後鄭，鄭忽有功于齊，請齊伐魯，與齊戰于郎，婚姻之誼幾絶。自齊禧公卒而襄公立，十五年魯復會齊于艾，十七年雖有奚之戰，十八年再會于濼。姜氏與齊襄有禽獸之行，桓公竟見殺于齊。此桓公始終之大槩也。其間會宋公、陳、蔡以圖糾合乎其大，盟杞侯、莒子以圖糾合乎其小。右不正之鄭突，平宋、鄭之交兵，六求宋而不得一轉，而與宋仇，雖志在諸侯而發不以正，徒擾擾爾。

卷八

讀春秋二

莊公

名同，桓公子，母文姜。謚法：勝敵克亂曰莊。

元年春王正月

先儒多謂君弑，子不書即位。愚恐國亂不行即位之禮耳。父見殺於齊，母預殺而留齊未返，即位何忍？故《左氏》曰：「不書即位，文姜出故也。」

三月，夫人孫于齊　孫亦作遜。

奔也，諱之曰孫。孫，遁也。以預弑君，故奔。《左氏》謂不稱姜氏，絶之也。然明年仍書姜氏，此恐承上文省之耳。

夏，單伯送王姬。秋，築王姬之館于外　單音善。

單伯，周大夫也。王將嫁女于齊，命魯爲主。然君方見弑於齊，故築館于外。《穀梁》曰：仇讎之人非所以接昏姻也。衰麻之服，非所以接弁冕也。孫氏曰：不若辭而勿主。單伯，《公》、《穀》皆以爲魯大夫。送，《公》、《穀》皆作「逆」。諸家多從之。岷隱曰：魯無單伯，其爲周之卿明矣。然諸家既多從《公》、《穀》，似難質言也。

冬十月乙亥，陳侯林卒

莊公也，立七年，嘗兩會諸侯，伐鄭納突，既卒而宣公杵臼立。

王使榮叔來錫桓公命

《穀梁》曰：禮有受命，無來錫命。止齋曰：桓篡立，終其身不請命，而追錫命，故王不書天。孫氏曰：不書天者，脱之。愚謂孫説是也，豈有貶天王之理？

王姬歸于齊

魯主之，故書。

齊師遷紀、郱、鄑、郚 郱，普丁反；鄑，子斯反；郚音吾。

杜氏注：齊欲滅紀，故徙其三邑之民而取其地。

二年春王二月，葬陳莊公

會之，故書。

夏，公子慶父帥師伐於餘丘

慶父，莊公庶兄也，莊公時年十五。於餘丘，邾邑也。胡氏曰：莊公幼年即位，慶父首主兵，卒致子般之禍。許氏曰：堂堂之讎國弗圖，而伐於餘丘。木訥曰：孟氏之孽，基於此。

秋七月，齊王姬卒

《公羊》曰：曷爲録？我主之也。《檀弓》曰：莊公爲之大功，此則知有齊而不知有父矣。

冬十有二月，夫人姜氏會齊侯于禚 諸若切。

《左氏》曰：「書，姦也。」禚，齊地。《公羊》作部。

乙酉，宋公馮卒 馮，皮冰反。

莊公也立十九年卒，而閔公捷立，馮得位於弑君之華督，黨鄭突以傾忽，責突賂而伐鄭，魯桓凡六請平而不許。蓋亂而貪者也。

三年春王正月，溺會齊師伐衛

溺，魯公子。衛侯朔在齊，會齊伐衛，謀納朔也。朔不正之種，得罪於王，豈宜納之？

《穀梁》曰：惡其會仇讎，伐同姓。

夏四月，葬宋莊公

五月乃葬，子捷繼立而葬之也。

五月，葬桓王

《左氏》曰：「緩也」，蓋七年矣，周之事勢可想。

秋，紀季以酅入于齊 酅，户圭反。

季，紀侯弟也。酅，紀邑也。自齊遷其三邑，紀已不可爲國。紀侯將去其國，先使弟季以酅入齊爲附庸，以存宗祀，知必不得免，擇禍而取其輕，寧身無國，無寧前人無祀也。《春秋》蓋悲其意而書之。

冬，公次于滑

公將救紀，而鄭辭難，故次于滑而止。滑，鄭地。《公》、《穀》作郎。

四年春王二月，夫人姜氏享齊侯于祝丘

杜氏曰：享，食也。兩君相見之禮，非夫人所用。或曰享必于廟。此亦爲之名耳。岷隱曰：甚矣，文姜之惡也。始焉孫于齊，猶有所愧；中焉會齊侯，已無所懼；今焉享齊侯于祝丘，其無忌憚甚矣。祝丘，魯地。

三月，紀伯姬卒

泰山孫氏曰：紀伯姬，隱二年紀裂繻所逆内女也。書其卒，爲紀侯大去其國，而齊侯葬紀伯姬起。

夏，齊侯、陳侯、鄭伯遇于垂。紀侯大去其國

岷隱曰：齊欲滅紀，幾二十年，至是與陳侯、鄭伯遇于垂，意將以入紀也。紀侯度不能自全，故一旦大去其國。大去者，棄其國之所有，盡室而逃焉。按《左氏》謂紀侯不能下齊，分國與季使入齊，而後大去其國。故先儒多謂存祀，故不書滅。《公羊》乃謂此爲齊能復九世之讎。昔哀公亨乎周，紀侯譖之也。然譖非手刃之也，何名讎？況九世乎，齊侯未嘗有是心。《春秋》未嘗有是言。凡言《春秋》復九世之讎者，誤也。《傳》有之：「敵惠敵怨，不在後嗣。」齊襄公殺魯桓公，桓、襄死而莊公與齊桓盟。《春秋》已不非之，易世故也。況九世而言語無迹，不可名讎者乎。誤漢武之虚耗天下者，此語也。

六月乙丑，齊侯葬紀伯姬

陸氏《微旨》曰：齊人并人之國而禮葬其妻，是豺狼之行，而爲婦人之仁也。

秋七月。冬，公及齊人狩于禚 諸若反。

王氏曰：始與讎接也。禚，《公》、《穀》並作郜。

五年春王正月。夏，夫人姜氏如齊師

岷隱曰：齊侯出師在外，姜氏往會之。故書曰「如齊師」。婦人在兵間，施面目於三軍中，豈容以人道責哉？木訥曰：前日會于禚，享于祝丘，猶曰託享會之禮也。今三軍之衆而掩然無忸怩之心，無恥極矣！

秋，郳犂來來朝

郳，微國，或曰附庸。犂來，其名。書朝，能以朝禮見也。其後卒能從齊桓尊周室，王命爲小邾子。郳，《公羊》作倪，犂《公》、《穀》皆作黎。

冬，公會齊人、宋人、陳人、蔡人伐衛

伐衛所立之黔牟，以納惠公朔也。天子惡朔，不使朔後衛。明年春，王人子突救衛，則諸侯之納逆矣。

六年春王正月，王人子突救衛。夏六月，衛侯朔入于衛。秋，公至自伐衛

安定曰：諸侯伐衛以納朔，天子不克救，朔卒爲諸侯所納，天子威命盡矣。先師謂猶愈乎不救。書王人子突之救，以王法尚行於此也。勢既已去，烏能必勝哉？正月，《公羊》作三月。

螟

書災。

冬，齊人來歸衛俘

齊人主兵伐衛，故分俘獲於諸侯。俘，《三傳》皆作寶。諸儒多從之，胡氏援「俘厥寶玉」爲説，合以經文爲正。然皆不過以俘獲爲賂也。

七年春，夫人姜氏會齊侯于防

《左氏》曰「齊志也」。蓋齊入魯之地，齊襄之惡尤甚矣。

夏四月辛卯夜，恒星不見，夜中星隕如雨

恒星，常見之星。恒星不見，《左氏》謂夜明也。星隕如雨，奔流如雨之多也。岷隱曰：天者積氣所爲，日月星辰麗焉，故常與是氣流轉於其間。今星隕之多如雨，則氣之消散可知。《春秋》書此，比他異尤重。恒，《穀梁》作昔。隕，《公羊》作賁。

秋，大水，無麥苗

岷隱曰：大水者，陰氣盛也。木訥曰：無麥苗，説者以麥、苗爲二物。麥且未艾，安得復有苗？愚謂木訥以麥苗爲一物，是也。謂麥且未艾，則非也。若春秋之秋果爲今之五六月，則麥已熟於四月，其刈之久矣。固不應與稻禾之苗同時爲二物。然五六月之間，苗方向茂，又豈可謂麥且未刈，安得復有苗耶？愚按經文本明白，天時無可改之理。周雖建子，無改夏爲秋之事。《春秋》之所謂秋，即今日之秋，麥種於秋，始種爲苗，秋有大水，故無麥苗耳。苗，凡植物始生曰苗。藥亦曰藥苗，麥苗即麥之苗也。

冬，夫人姜氏會齊侯于穀

岷隱曰：春會于防，猶魯地也。冬會于穀，則齊地也。一歲再會，稔惡已極，無知之禍，行且及矣。

八年春王正月，師次于郎，以俟陳人、蔡人。甲午，治兵。夏，師及齊師圍郕，郕降于齊師。秋，師還

吕氏曰：師次于郎，以俟陳人、蔡人。陳人、蔡人卒不至，故甲午復治兵，至夏而後，師及齊師圍郕也。木訥曰：魯之與郕，未嘗有一日之憾，莊公無故出師而次于郎，此何名哉？故陳、蔡有所不從，故郕雖不支，寧降於齊而不降於魯。夫郕，介齊、魯之間，魯疑與齊伐郕，郕將服齊而不服我，故先遠求陳、蔡，及二國不至，不得已而求齊，齊至則郕固非我有矣。岷隱曰：兩國之師圍郕，郕降齊而不降魯，魯人之愧不亦甚乎？齊師方鋭，魯師已老，遷延日久，不還何待？崔氏曰：歷三時而師還。《春秋》所以始終其事而見其惡。《傳》謂師還而君子善之者，誤矣。治，《公羊》作祠；郕，作成。

冬十有一月癸未，齊無知弑其君諸兒

無知者，僖公母弟年之子，有寵於僖公，禮秩如適，襄公絀之。連稱、管至父戍葵丘，請代，弗許，遂因之作亂。

九年春，齊人殺無知

初，無知虐雍廩，至是遂殺無知。書齊人者，先儒謂討賊之辭，夫人而得討也。

公及齊大夫盟于蔇 其器反。

謀納公子糾也。蔇，《公》、《穀》皆作暨。

夏，公伐齊，納子糾。齊小白入于齊

魯方納子糾，小白自莒已先入。

秋七月丁酉，葬齊襄公

九月方葬，齊亂故也。

八月庚申，及齊師戰于乾時，我師敗績 乾音干。

乾時，齊地。小白已入，公不知退以自取敗。《公羊》反謂伐齊爲復讎。木訥曰：爲齊主昏矣，從齊伐衛矣，受齊送俘矣，及齊圍郕矣，豈今一旦背好而復讎。且莊公所納者，正讎之子，而名復讎可乎？愚意惜不能以此師復讎，而以納糾爾。吕氏曰：書我師敗績，則「凡例」謂内不書敗者，謬矣。

九月，齊人取子糾殺之

岷隱曰：言魯人拱手就命，齊人取之猶一夫耳。木訥謂：縱之可也，殺之已甚。桓公但欲絶亂原而不顧。

冬，浚洙

洙，魯城北水，浚之深，備齊。

十年春王正月，公敗齊師于長勺 上酌反。

説者謂報乾時之役也。然長勺，魯地也，齊兵先涉吾地，魯潛知逆而敗之耳。據《傳》皆曹劌之爲，然惜其不用於齊襄之世，以復父之讎也。

二月，公侵宋

長勺之勝，蓋亦偶然。莊公遂因之侵宋。

三月，宋人遷宿

宿，微國。木訥曰：宿，宋之附庸，介於魯、宋。魯侵宋，宋疑宿之微爲魯所逼，遂遷其國，使内近於宋。

夏六月，齊師、宋師次于郎，公敗宋師于乘丘 乘，繩證反。

魯方敗齊，侵宋，故齊、宋次師于魯之郎。次者，齊方謀伯，念不得魯，無以合諸侯，故宿師于郎，將次絀魯爾。魯用公子偃之謀，乘宋師不整，先敗之蹙，亦還。

秋九月，荆敗蔡師于華，以蔡侯獻舞歸

荆，楚也。吞噬中國始此。於《傳》則息嬀過蔡，蔡侯曰「吾姨也」，止而見之，不賓。息怒，請於楚而伐之。舞，《穀梁》作武。

冬十月，齊師滅譚，譚子奔莒

桓公之出也，過譚，譚不禮；歸也，諸侯皆賀，譚又不至。故首伐之。然伐其失事大之禮可也，滅之何耶？岷隱曰：齊桓反國，以無禮滅譚。晉文反國，以無禮侵曹伐衛。伯者用心類如此，況望其以公滅私乎？

十有一年春王正月。夏五月戊寅，公敗宋師于鄑

鄑，魯地也。宋報乘丘之役來侵。魯乘其未陳，再敗之。

秋，宋大水

杜曰：公使弔之，故書。魯雖再敗宋，而猶不幸其災也。

冬，王姬歸于齊

歸齊桓公也。書，我主之也。二王姬皆莊王女，其一既歸齊襄，其一又歸齊桓，姊妹爲婦姑，非順也。

十有二年春王三月，紀叔姬歸于酅音攜。

紀侯既大去其國，而紀季先以酅入齊，宗廟在酅，故叔姬歸奉其祀。岷隱曰：紀侯去其國，至今七八年，叔姬之隨其去，與其所寓，皆不可知。惟書其歸，又書其卒，又書其葬，勤勤懇懇，若有哀於叔姬者。君子是以知叔姬之賢也。

夏四月。秋八月甲午，宋萬弑其君捷及其大夫仇牧

萬者，南宫長萬，多力之士也。乘丘之敗，嘗獲於魯。閔公不復敬之，及是與閔公搏，遂弑之。仇牧聞而往，萬又批殺之。《左氏》譏仇牧不知警。《公羊》賢其不畏强禦。《穀梁》嘉其衛君，諸家或以書宋萬爲國氏，或以書及爲壯其節，又或以爲累。議論紛紛。愚謂聖人不過書其實，何有義例？若書萬而不書宋，則爲何國之事？既弑其君，又殺其大夫，不書及則將何以爲文？弑逆如此，尚待義例而後見其罪也哉！捷，《公羊》作接。

冬十月，宋萬出奔陳

安定曰：八月弑君，十月出奔，臣子不討賊可知。按《傳》，桓公立，請萬於陳，醢之。

十有三年春，齊侯、宋人、陳人、蔡人、邾人會于北杏 户孟反。

北杏之會，齊桓圖霸之始也。《左氏》以爲平宋亂，或者因之以起事歟。衣裳之會十有一，北杏實爲之首，故書爵，列於諸侯之上。自周東遷，諸侯紛紛若鬪獸。今而後知尊周室，以信義相維矣。孔子曰：「九合諸侯，一匡天下【一】，民到于今受其賜。」朱文公曰：楚在春秋非桓公遏之，周室必爲其所并。

夏六月，齊人滅遂

北杏之會，遂人不至，齊遂滅而戍之。蓋借以恐動諸侯。然滅之，何甚也？此其所以爲霸歟！

秋七月。冬，公會齊侯，盟于柯

安定曰：公不及北杏之會。齊既滅遂，公懼其見討，故爲此盟。岷隱曰：齊桓圖霸，其先結宋，其次結魯，宋、魯從而小國皆從之矣，故爲此盟。説者或以爲譏魯忘父之讎，再通于齊。武夷胡氏辨之曰：「敵惠敵怨，不在後嗣。」今易世矣。桓公始合諸侯，安中國，攘夷狄，尊天子。若修怨怒鄰，而危其宗社，可謂孝乎？故柯之盟，公與齊侯皆書爵，以爲釋憾而平可也。

《公羊》載曹子于盟齊，爲歸汶陽之田。謂齊桓信於諸侯，自柯之盟始。木訥趙氏辨之曰：經不書歸田，況汶陽之田至鞌之戰而後能取，此無足據者。蓋蘇氏亦嘗謂此春秋

【一】一匡天下 「匡」原作「正」，爲作者避太祖諱改。

之後好事者之説也。然公伐齊，納公子糾，正齊桓所讎，魯又敗齊于長勺，郎之次，齊又不得志而還，齊宜怨魯者。今釋前憾而爲是盟，宜諸侯之心服。謂齊桓信於諸侯目柯之盟始，其説是也，其事非也。

十有四年春，齊人、陳人、曹人伐宋。夏，單伯會伐宋

《左氏》曰：宋背北杏之盟也，齊請師于周，故單伯會之，取成于宋而還。木訥曰：宋背北杏之盟，齊若釋而不伐宋，則諸侯攜矣。岷隱曰：會以結之，伐以威之，而後宋之從齊益固。挾天子以令諸侯，則桓公之本謀也。單伯，周大夫，或曰魯大夫。未知孰是。然《左氏》見國史，若魯大夫也，恐不應春伐宋而夏方會伐。胡氏曰：稱人者，將卑師少也。齊自管仲得政，滅譚之後二十年間未嘗遣大夫爲主將，亦未嘗動大衆出侵伐。蓋以節制用兵，而賦於民薄矣，故能南摧强楚，西抑秦、晉，莫能與之爭也。或以爲貶齊稱人，誤矣。

秋七月，荆入蔡

《左氏》載蔡嘗請楚滅息，楚子以息嬀歸，生堵敖及成王，而猶未言楚，故伐蔡以悦之。泰山孫氏曰：荆入蔡，齊桓猶未能救中國也。木訥曰：先治内而後治外，霸之序也。齊桓圖霸三年，得魯而失宋，諸侯蓋未協也。而荆又入蔡，齊桓蓋患之而未有以制也。其後凡十二年，諸侯協從，中國無釁，而後伐之，亦足見楚之强，不可俄而服。而齊桓之持重有謀，不爲不審之計，以敗中國也。或者於此責桓公不能服楚，蓋書生之論，非燭理者也。

冬，單伯會齊侯、宋公、衛侯、鄭伯于鄄音絹。

《左氏》曰：蓋衛朔自違王命入國，不通諸侯者九年。鄭突自遇垂以來不通諸侯者十一年，今亦不敢不至矣。宋服故也。

十有五年春，齊侯、宋公、陳侯、衛侯、鄭伯會于鄄音絹。

《左氏》曰：齊始霸也。木訥曰：未也，踰年再會于鄄，懼諸侯之離也。霸當在十六年幽之盟爾。

夏，夫人姜氏如齊

石氏曰：襄公既死，又如齊，失禮甚矣。許氏曰：禮防一弛，復起越竟之恣，而遂成如莒之姦。張氏曰：文姜播惡於齊襄之時，齊桓圖伯絶之，義也，以欲求魯定霸而不之拒。

秋，宋人、齊人、邾人伐郳。鄭人侵宋

郳，宋之附庸而叛宋，故齊爲宋伐郳。宋主兵，故序宋在齊上。鄭以宋舊怨間之，故反侵宋，是背齊盟也。故明年宋、齊、衛伐鄭，鄭突處櫟者二十年，一旦得鄭，遽興修怨之師，猶未知世有伯主也。郳，《公羊》作兒。

冬十月

書以備四時。

十有六年春王正月。夏，宋人、齊人、衛人伐鄭

鄭嘗侵宋，故齊率諸侯爲宋伐之，而宋主兵。許氏曰：中國諸侯宋爲大，既爲之服郳，又爲之報鄭。宋自是與齊爲一，宋親而中國諸侯定矣。

秋，荆伐鄭

鄭伯突自櫟入而緩告于楚，楚故伐之。木訥曰：楚將憑陵中國，蔡、鄭當其衝，首罹其害。自鄭從幽之盟，楚不敢窺鄭者十有餘年，齊桓霸之力也。

冬十有二月，會齊侯、宋公、陳侯、衛侯、鄭伯、許男、滑伯、滕子，同盟于幽

齊始霸也。前此未有書同盟者，至此始書同盟。《公羊》曰：「同欲也。」《穀梁》曰：「同尊周也。」止齋曰：舉天下而聽於一邦也。春秋諸侯紛爭，至此始合一，生民之幸，孔子稱某功者也。説者乃謂天子巡狩，諸侯因同盟於方岳之下。今書同盟爲僭，其亦不量春秋之時之苦，而忍於毁者矣。又或謂書「會」而不書「公會」，爲魯諱也。魯遺大夫也，魯背盟也。按《公羊》本書「公會」。崔氏、張氏謂當從《公羊》。

郳子克卒

杜注曰：克，儀父名。稱子者，齊桓請王命，爲諸侯。

十有七年春，齊人執鄭詹

鄭既侵宋，又不朝齊。詹爲執政，故見執。管仲嘗言：叔詹爲政，鄭之良也。諸儒皆謂齊之執詹，非霸討也。然《公》、《穀》皆曰詹，鄭之佞人也。《穀》又曰：以其逃來而志之也。按下文詹自齊逃魯，則《公》、《穀》之説有證。

夏，齊人殲于遂

《左氏》曰：齊滅遂而戍之。「遂因氏、頜氏、工婁氏、須遂氏饗齊戍，醉而殺之」。張氏曰：聖人伸遂人以死復讎之志，而著桓公不仁，至於自殲其衆也。殲，盡也。《公羊》作瀸。

秋，鄭詹自齊逃來

木訥曰：詹不逃歸鄭而逃來，則知其爲鄭之罪人也審矣。惡於鄭，執於齊，逃而奔魯，而魯受之。任氏謂魯不當受。何休謂魯信其計，取齊淫女，丹楹刻桷，卒爲後患。然未見所據。

冬，多麋

麋，鹿之大者。安定曰：麋，魯常有，但以多爲異耳。

十有八年春王三月，日有食之

泰山孫氏曰：不言朔，不言日，日、朔俱失之也。

夏，公追戎于濟西

杜氏注：戎來侵，魯公逐之於濟水之西。岷隱曰：自是而後魯伐戎，戎終不能爲魯患，豺狼之性，畏威則遁，豈盟誓可結哉！

秋，有蜮音或。

《左氏》曰：「爲災也。」張氏曰：蜮，名短狐，含沙以射水中人影，中輒病，或至死。江淮以南水濱有之，魯所無也。愚意此其所以書「有」也。

冬十月

書，以備四時之終。

十有九年春王正月。夏四月。秋，公子結媵陳人之婦于鄄，遂及齊侯、宋公盟鄄音絹。

媵，送女也。鄄，衛地也。以魯女媵陳侯之婦也。結出竟，遭齊，宋謀伐魯，遂便宜而與爲盟。然二國有謀，非媵臣所能釋。故書「媵」，爲遂事起也。書遂事，又爲今冬齊、宋、陳伐我起也。「于鄄」，頗難曉。伊川曰：鄄之巨室嫁女於陳人，結以其庶女媵之。未知然否。

夫人姜氏如莒

杜氏注：非父母國而往，書姦。

冬，齊人、宋人、陳人伐我西鄙

襄陵許氏曰：公之事齊，後於諸侯，又受鄭詹未討。齊、宋在郪，將以陳人伐我，而結知之，故權國重而與之盟，示先下之以禮。齊、宋以公子之盟未足以結成也，故卒來伐而取服焉。愚按：此説寬平而近事情。諸家多謂齊、宋怒結抗君而來伐。若止怒結之抗，不受其預盟足矣，伐我者必其素謀爾。

二十年春王二月，夫人姜氏如莒

姜氏至是亦老矣，連年如莒，何甚也？

夏，齊大災

天火曰災，大災者，宗廟、廐、庫皆盡之辭也。《公羊注》以爲疫。

秋七月冬，齊人伐戎

襄陵許氏曰：戎自春秋之初即見。荆乃後起，故攘中國之患，宜莫先戎。齊桓既霸七年，諸侯略定，自是始伐戎。愚謂荆大戎小，量力亦當自戎始也。張氏又曰：戎在徐州之域，最近齊、魯，故先治之。

二十有一年春王正月。夏五月辛酉，鄭伯突卒

鄭夾漈曰：厲公也，立四年奔，而昭公忽入立，立二年遇弑，而子亹立，立一年，齊人殺之，而子儀立，立十四年，傅瑕殺之而納厲公。厲公復入，七年卒，而文公捷立。張氏曰：突，鄭莊公之孽子，莊公既卒，即奪忽之位而篡之。中間雖爲祭仲所逐，旋入于櫟，卒取鄭國。《春秋》不復書忽、亹、儀之在位。

秋七月戊戌，夫人姜氏薨

文姜之惡，極矣！《春秋》終始以夫人之禮書之。然則孰謂《春秋》奪人之爵，或至貶及天王哉！亦實書其事而善惡自見耳。

冬十有二月，葬鄭厲公

八月乃葬，緩也。

二十有二年春王正月，肆大眚

崔氏曰：《書》稱「眚災肆赦」，又稱「宥過無大」，則肆大眚之義可知矣。岷隱曰：春秋二百四十年，獨莊公書「肆大眚」。蓋《春秋》予之。木訥曰：罪有過，有故、過者當宥。十二公獨此一書，則他公未嘗宥過，而過與故盡殺之。莊公鞫其過者，而肆之也。是亦《春秋》美事，聖人安得而不書？夾漈曰：眚，災也。大眚者，大災也。凶荒札瘥之謂，乃釋繫囚，存長幼，恤貧窮，使之復其居，不常令也。《春秋》「肆大眚」者一而已，奈何欲治之君而屢赦？愚謂夾漈之説是也。肆大眚也，非大肆眚也。凡謂公大奸巨惡俱赦之，而廢天討者，誤矣。眚，《公羊》作省。

癸丑，葬我小君文姜

書文姜之葬如此。然則孰謂不書葬者爲貶哉？常山劉氏曰：婦人從夫者也，不尸善名，不當别謚，如宋共姜者，爲得禮。如文姜，私謚也。

陳人殺其公子禦寇

何休曰：書者，殺其君之子重也。禦，《公》、《穀》皆作御。

夏五月

春秋未有以五月首時者，先儒以爲下脱文，或五字誤。

秋七月丙申，及齊高傒盟于防。冬，公如齊納幣

木訥曰：盟于防，謀昏也。父仇不報，母喪未除，而求昏於齊，非孝也。納采不以大夫而親行，非禮也。張氏曰：莊公生，至是三十六年，制於文姜，必齊女而後娶，至於失時，今喪未畢，即納幣求昏。

二十有三年春，公至自齊

如齊納幣而歸也。

祭叔來聘

岷隱曰：祭叔，畿内之大夫也。親來聘魯，祭叔之私交也，非有王命，故不稱使。

夏，公如齊觀社，公至自齊

張氏謂：齊自襄公二十四年，因社蒐軍，使客觀之，故今公往觀之。伊川曰：昏議尚疑，故以觀社爲名再往請議。《穀梁》以爲尸女，注尸，主也。主爲女往爾。愚意公欲求昏，每事媚齊而親之也。

荆人來聘

荆入春秋，三以兵加中國，今來聘，稱人。説者以爲進之也。木訥曰：説者以爲進之，聖人豈樂其僭聘問之禮哉？憂之益甚也。若直書荆來聘，則若舉國皆來，於文不順，故書人字以成文耳。不然二十八年荆伐鄭，何以復書荆？僖十八年邢人、狄人伐衛，書人，亦豈進之而書人耶？是年楚成王即位。

公及齊侯遇于穀，蕭叔朝公

張氏曰：爲昏姻而齊難之，數爲之會，然後與之，蓋遇者禮之簡，公亦自知數會之煩擾，而簡其禮以遇于穀，亦爲姻好也。木訥曰：莊公既求昏於齊，則六禮之行，有大夫存焉。而公皆親之往返如織，非禮甚矣。蕭，蕞爾附庸，因公在穀而逆朝之，蓋亦失禮之招也。

秋，丹桓宫楹

楹，柱也。《穀梁》曰：天子、諸侯黝堊，丹楹，非禮也。或曰將以誇示齊女也。

冬十有一月，曹伯射姑卒

莊公立三十一年卒，而僖公赤立。

十有二月甲寅，公會齊侯，盟于扈

伊川謂要姻好也。張氏謂至此又盟，以結其信而後許之也。岷隱謂：莊之媚齊，不遺餘力，一年之間親如齊者，再遇齊者一，盟齊者一，其切於昏姻之好若此。

二十有四年春王三月，刻桓宫桷

桷，椽也。諸侯之桷，斲之礱之，刻桷，非禮也。義與丹楹同。

葬曹莊公

五月而葬。

夏，公如齊逆女

張氏曰：諸侯無越竟逆女之禮。

秋，公至自齊。八月丁丑，夫人姜氏入。戊寅，大夫宗婦覿用幣

夫人，哀姜也。安定曰婦人從夫者也。公親迎于齊，夫人不從公而至，失婦道也。大夫宗婦者，同宗大夫之婦，非謂大夫與宗婦也。覿者，見夫人也。用幣者，女贄不過榛、栗、棗、脩，今婦人而用男子之贄，莊公以誇侈失禮也。岷隱曰：莊公生於桓六年，至是年三十有七矣，求昏於齊，如恐失之，親如齊納幣，再歲而後逆，親如齊逆女，既歸而後至，又使其大夫之妻執幣、帛以行私覿之禮，違越禮制以爲媚悦，無所不至，甚矣！莊公之庸繆也。向也桓公娶于齊，致文姜之淫亂，桓公不免其身。今也莊公娶于齊，致哀姜之逆亂，魯又幾亡其國。《春秋》備書于册，辭煩而不殺，爲萬世永戒也。

大水

岷隱曰：莊公即位三十餘年，書大水者三，於群公爲最甚。大水，陰氣之盛也。

冬，戎侵曹，曹羈出奔陳，赤歸于曹

杜注：羈，曹世子也。赤，曹僖公也。羈之立踰年矣，戎人侵曹，羈倉卒無備，懼而出奔。赤遂以歸于曹，故説者以爲戎納曹。

郭公

杜注：闕誤也。岷隱謂：説者以爲「郭亡」，有二證：齊桓公嘗問管仲，郭何故亡，一也；《春秋》嘗書梁亡，此正其類，二也。

二十有五年春，陳侯使女叔來聘 女音汝。

《左氏》曰：「始結陳好也。」注曰：季友相魯，原仲相陳，二人舊有好，故女叔來聘。冬，季友報聘。女叔，陳卿，女氏，叔字。

夏五月癸丑，衛侯朔卒

惠公也，立三年，爲二公子逐之，而立黔牟。黔牟立八年，諸侯納惠公，公復立二十年卒。明年懿公赤立。

六月辛未朔，日有食之，鼓用牲于社

岷隱曰：日食奏鼓，以充陽也。用牲于社，則非禮矣。崔氏曰：社，隱也，而用牲焉，是求於陰，非勝陰之道矣。張氏曰：莊公於充陽之本藐然矣，雖鼓何益乎？安定曰：日食三十六，書鼓用幣者三。

伯姬歸于杞

伯姬，莊公女也。《集注》曰：若時君之女，則加子字以别之。此桓公末歲所生女，公之姊也。

秋，大水。鼓，用牲于社、于門

《傳》曰：非禮也。凡天災有幣無牲，非日月之眚，不鼓。木訥曰：古者救日月，無救水之禮。張氏曰：大水九，此特書鼓，用牲。

冬，公子友如陳

季友，莊公母弟，如陳，報女叔之聘也。内大夫出聘，自友始。

二十有六年春，公伐戎。夏，公至自伐戎

襄陵許氏曰：隱、桓以來，世有戎盟。至於莊公，戎始變渝，是以有濟西之役。於此伐戎，義已勝矣。木訥趙氏曰：戎爲魯患舊矣，而今日之兵實爲曹伐之。何以知其然，前年冬，戎侵曹，曹羈出奔陳，及陳女叔來聘，言必有及於羈也。故冬，公子友如陳報聘，而春遂伐戎，爲曹可知矣。愚按許正説也。趙雖臆度，然以經之次第考之，勢或然也。

曹殺其大夫

岷隱曰：曹自莊公既没，羈出而赤歸，曹之大夫必有不與赤同心者，故至是而殺之。孫泰山曰：不書名氏者，脱之。木訥曰：公纔至自伐戎，而曹遂殺其大夫，是魯爲曹伐戎，戎有辭於曹，曹殺其大夫以悦戎也。愚謂果如其説，是魯爲曹羈伐戎，曹大夫之不與赤者，預聞其謀，故赤殺之耳。

秋，公會宋人、齊人伐徐

胡氏曰：伯禽嘗征徐戎，徐爲魯患舊矣。是年春，公伐戎，秋又伐徐，必徐與戎表裏爲魯患也。木訥曰：徐偃王僭稱王，穆王滅之，别封其系以祀伯翳，其地今之臨淮是也。蓋介於魯、宋之間，爲二國患，故今宋主兵而公會之。

冬十有二月癸亥朔，日有食之

記災。

二十有七年春，公會杞伯姬于洮 他刀反。

岷隱曰：夫人會諸侯，古無是事也。文姜數會齊侯，不以爲異。杞伯姬踵而行之，莊公亦安而受之。先儒謂伯姬，莊公女，恐非也。崔氏曰：伯姬，公之姊妹。

夏六月，公會齊侯、宋公、陳侯、鄭伯，同盟于幽

左氏曰「陳、鄭服也」，注曰：陳亂，而齊納敬仲。鄭文公又獲成于楚，二國皆貳於齊，今始服也。木訥曰：同盟于幽，至是十年矣。桓公懼諸侯久不合則離，於是復講同盟之禮焉。然前日同盟者九國，今四國不至，用是知諸侯不可不屢合也。

秋，公子友如陳葬原仲

原仲，陳大夫也。季友越國而送外大夫葬，非禮也。胡氏以爲私行。

冬，杞伯姬來

孫氏曰：歸寧，常事不書。此直曰「來」，無事而來也。胡氏曰：春會于洮矣，冬又來，故知其不當來也。劉氏曰：伯姬之來已亟，非禮也。

莒慶來逆叔姬

慶，莒大夫也。劉氏曰：莒慶非有君命，叔姬非適諸侯。范甯曰：「大夫越竟逆女，非禮也。」

杞伯來朝

張氏曰：杞侯也，國小力弱，降爵自儕於小國，自侯而伯，自伯而子，蓋浸以微弱也。

公會齊侯于城濮

岷隱曰：城濮，衛地也。幽之盟，衛侯不至。會于城濮，謀伐衛也。

二十有八年春王三月甲寅，齊人伐衛，衛人及齊人戰，衛人敗績

幽之盟，衛不至，故伐之。衛人不服罪，故戰。力不敵，故敗。

夏四月丁未，邾子瑣卒

瑣者，邾子克之子也。

秋，荆伐鄭，公會齊人，宋人救鄭

按《左傳》，楚令尹子元因文王夫人之言，無故以六百乘伐鄭，鄭示以閒暇。諸侯救鄭，楚師夜遁。書「救」者，善之也。楚與中國爭鄭，自此始。

冬，築郿

郿，魯下邑。築者，新創，大曰城，小曰築。郿，《公》、《穀》作微。

大無麥禾

説者皆謂麥熟於夏，禾熟於秋，而書無於冬者，歲杪計食，不足方書，蓋以麥、禾爲二物，而曲加之辭耳。麥者，稻粱之助，若果二物並書，不應麥先於禾也。若麥與禾並無，當曰年饑，不應舉二物而書也。竊意麥禾猶麥苗，麥苗者，麥之苗，則麥禾者，即麥之禾也。麥種於秋，故無麥苗書於秋，麥茂於冬，故無麥禾書於冬耳。

臧孫辰告糴于齊

臧孫辰，魯大夫臧文仲也。《左氏》謂：饑而告糴，禮也。《公羊》謂不稱使，私行也。《穀梁》謂責其無九年之蓄，則不量時之高論也。

二十有九年春，新延廄

延廄，馬閑也。《穀梁》以爲法廄。木訥以爲古無此名也。木訥謂或以延爲廣。然既曰新之，又曰廣之，非文也。或曰天子廄，未知果然否。豈延者固魯廄之名耶？新者，有故而新之也。説者多謂用民力於麥禾大無之後，故書之。恐亦因經文而意之爾。

夏，鄭人侵許

許氏曰：許以近楚，自齊之霸，未會諸侯，故鄭侵之。蓋自是後，許從中國矣。木訥曰：許介楚、鄭之間，鄭逼於楚，每以許爲藩蔽，鄭不達權，虐許不已。許一入楚，則楚之入鄭如襲無人之墟矣。今楚方仇鄭，而鄭侵許。其後八年之間，楚伐鄭者三，失許援也。

秋有蜚 扶味反。

劉氏曰：蜚，狀若牛而白首，一目而蛇尾，行水則竭，行草則死，見則國大疫。《公羊注》曰：臭惡之虫，南越盛暑所生，非中國之所有，書「有」者，記異也。

冬十有二月，紀叔姬卒

蘇氏曰：紀雖滅而叔姬守義於酅，故繫之紀，賢而録其卒、葬。

城諸及防

諸、防皆魯邑。及者，先諸後防。

三十年春王正月。夏，次于成。秋七月，齊人降鄣 音章。

《辨疑》趙子曰：魯蓋欲會齊圍鄣，至成待命，聞鄣已降，故不行。然疑事無質，但當存而勿解。岷隱曰：《穀梁》謂欲救鄣而不能。夫魯之事齊，不遺餘力，齊欲降鄣，魯欲效其力者，安敢言救？不然，次師爲齊聲援爾。次，《公》、《穀》並作「師次」。鄣，小國。

八月癸亥，葬紀叔姬

以賢録也。

九月庚午朔，日有食之，鼓，用牲于社

孫氏曰：救日食，鼓，禮也。用牲，非禮也。

冬，公及齊侯遇于魯濟，齊人伐山戎

濟，水名也。歷齊、魯界，在齊界爲齊濟，在魯界爲魯濟，蓋魯地也。遇于魯濟，《左氏》謂謀山戎也，以其病燕故也。木訥曰：山戎去中國遠，在舜之營州，古孤竹國之地，東距遼，北距燕。夾漈曰：北燕之不通於上國，山戎蔽之也。桓公爲之伐，而燕始達。許氏曰：齊桓伐郳、伐鄭、伐徐皆以宋主兵。先與公會城濮，而後伐衛；又與公遇于魯濟，而後伐山戎。其用兵資武於宋桓，而取策於魯莊。其治國，一則仲父，二則仲父，遂能力正天下，澤濟生民。

三十有一年春，築臺于郎

何氏《注》：天子有靈臺，以候天地。諸侯有時臺，以候四時。登高遠望，人情所樂，動而無益於民者，雖樂弗爲。劉氏《傳》：去國而築臺，是樂而已矣。

夏四月，薛伯卒

張氏曰：薛始稱伯，降班以告終也。

築臺于薛

杜氏注：薛，魯地。

六月，齊侯來獻戎捷

《公羊》曰「威我也」。岷隱曰：非威我也。魯濟之謀，莊公與焉。捷獲而過我，因歸功於魯云爾。敵愾獻功，諸侯事天子之禮也。齊與魯皆失之。

秋，築臺于秦

孫氏曰：一歲而三築臺，妨農莫甚。愚謂荒於政而惟事遊觀矣。

冬，不雨

崔氏曰：志災也。

三十有二年春，城小穀

范甯曰：小穀，魯地。《春秋發微》曰：曲阜西北有小穀城。孫泰山之説同。胡氏曰：孫，魯人也，考此詳矣。惟《左氏》以爲齊地，魯爲管仲而城之，杜預指爲穀城，木訥辨之曰：昭十一年，楚申無宇言齊桓公城穀而寘管仲，故《左氏》因莊公偶有城小穀之事而附之。然此城小穀，安得改爲穀城？且魯何與於管仲而爲管仲城邑耶？孫氏曰：去年三築臺，冬不雨，今春又城小穀，荐饑而輕用民力，此其所以書也。

夏，宋公、齊侯遇于梁丘

《左氏》曰：齊侯爲楚伐鄭之故，請會于諸侯。宋公請先見於齊侯，故遇于梁丘。張氏謂齊侯不以霸自居，以梁丘近宋而先之也。木訥曰：春秋之世諸侯强大者齊、晉、宋也。晉怙其强，終齊桓之霸未嘗一同其會盟。宋於晉亞也，故桓公賴宋爲多，北杏之會，宋人一叛，則諸侯首鼠。齊兵再伐而後得之，既得之，則再會于鄄，以堅其心，又爲之伐鄭，以悦其意。自非大盟會、大征伐，齊不敢先之，必推之以爲主，所以爲諸侯之倡，而就霸功也。幽之再盟，於是又五年矣。齊侯懼諸侯之離，故遠遇宋公於梁丘。梁丘，宋地，去齊八百里，齊侯不遠八百里而遇之者，蓋求宋以卜諸侯之從違。宋無貳心則不必會諸侯也。梁丘，杜云在高平昌邑。《穀梁傳》以爲在曹、邾之間，此以爲宋地。

秋七月癸巳，公子牙卒

牙，慶父同母弟僖叔也。公疾，問後於牙，對曰慶父材。問季友，對曰以死奉般。季友，莊公同母弟，而般，莊公子也。於是季友以君命使鍼季酖牙，曰：「飲此則有後於魯國，不然死且無後。」飲之而卒，立其後爲叔孫氏。張氏曰：叔牙黨慶父而萌簒弑之心，故季友正其罪，以君命討而誅之，又以親親之義，不彰其惡。唐陸氏謂：恩義俱立，權而得中，故夫子書其自卒，示無譏也。

八月癸亥，公薨于路寢

《穀梁》曰正也。

冬十月己未，子般卒 般音班。

般，莊公子。季友所奉而立者，慶父初欲簒之，不果，般嘗鞭圉人犖，故慶父使犖賊般。季友奔陳，立閔公。般見殺而書「卒」，説者以爲諱也。己未，《公》、《穀》作乙未。

公子慶父如齊

慶父自莊公即位，已專兵柄，今弑般而如齊。杜注以爲求援。諸儒以爲公然而行，無敢討之也。後再入，又弑閔公。

狄伐邢

狄，北狄。邢，周公之胤。許氏曰：《春秋》戎先見，荆次之，狄又次之。而荆暴於戎，狄又暴於荆。當惠王世，戎、狄、荆楚交伐諸夏。使無齊桓攘服定之，豈復有中國哉？

閔公

名啟方，莊公之子，母叔姜。謚法：在國遭難曰閔。

元年春王正月

《左氏》曰：「不書即位，亂故也。」蓋莊公卒，子般弑閔公，生方八年，弑君之慶父立之。岷隱亦謂魯國有亂，閔公尚幼，不行即位之禮。故《春秋》不書即位。

齊人救邢

據《傳》管仲言於桓公，謂戎狄不可縱，諸夏不可弃，燕安不可懷。援《詩》簡書之義，請救邢。故先儒謂書救者，善之。而張氏謂孔子以民免左衽之功歸管仲。蓋救諸夏，攘夷狄，皆仲發之也。先師謂桓公重於治楚，若狄患止於河北，不過應之，未嘗動大衆。此管仲所以請之而後救。

夏六月辛酉，葬我君莊公

張曰：國亂子弑，嗣君幼弱，十一月乃葬。

秋八月，公及齊侯盟于落姑。季子來歸

《左氏》謂落姑之盟，請復季子，故季子來歸。季子者，公子友之字。慶父弑般，而季子出奔陳。閔公初立，國家多難，以季子忠賢，故請霸主而復之。木訥謂慶父歸自齊，而立閔公，故奉閔公以盟齊侯，結齊好。閔公纔八歲，安知季子之賢忠而能出盟齊侯以復之？且慶父逆賊，豈肯復季子之賢？蓋主少國疑，季子自來歸，季子歸而慶父弑君以逃矣。《左氏》但見落姑之盟，與季子來歸。文相連，蓋以爲慶父請之歸，非也。落，《公》、《穀》作洛。

冬，齊仲孫來

《傳》所謂仲孫湫來省難，歸告桓公，魯猶秉周禮，而使親之者也。其來名曰省難，實則覘魯，故但曰「來」。按《公》、《穀》皆指仲孫爲慶父，按慶父後爲孟孫，而此乃仲孫。慶父，公之子，未應言孫。慶父，魯公子，不應繫之齊。然諸儒亦多從其説，莫曉也。湫，子小反。

二年春王正月，齊人遷陽

陽，小國。齊逼而遷之，使近於國爲附庸。

夏五月乙酉，吉禘于莊公

天子禘，諸侯祫，魯僭天子禮，故禘。夾漈謂：禘者，三年喪畢，初見新廟之主于太祖之廟。今喪未畢而禘，又禘不于祖廟而于莊公，皆非禮也。杜氏謂致新主，遷遠主，至是大祭，以審昭、穆，謂之禘。安定云審諦。

秋八月辛丑，公薨。九月，夫人姜氏孫于邾。公子慶父出奔莒

《左傳》載公之傅奪卜齮田【二】，公不禁。慶父使齮賊公于武闈。今書薨者，劉氏謂史策諱之，仲尼因之也。《左傳》載慶父通于哀姜，哀姜欲立之。慶父之弑閔公，哀姜與知之，故哀姜孫于邾，而慶父奔莒。岷隱謂閔公書「薨」而斷以夫人之孫，慶父之奔，則罪之在哀姜、慶父昭昭矣。

冬，齊高子來盟

高子者，齊大夫高傒也。魯比三君死，曠年無君，桓公使高子將高陽之甲立僖公而城

【二】公之傅奪卜齮田　「傅」原作「傳」，據《左傳·閔公二年》改。

魯。諸儒多謂桓公使來謀魯，高子至而後結盟，以歸美高子。

十有二月，狄人入衛

衛懿公好鶴而棄其民，狄人滅之。止書「入」者，齊桓救之，而衛復興也。

鄭棄其師

文公惡高克，使陳師河上而散。先儒謂書「棄其師」者，聖人特筆。莊公不能防閑其母，播其惡於衆。又忘父事讎，求昏於齊，致哀姜通于慶父。叔牙公没而謀篡弒，二世殲焉。雖賴季友柄國再安而慶父之後爲孟孫，叔牙之後爲叔孫，季友之後爲季孫，「三桓」擅政，禄去公室，魯之衰自莊公始矣。閔公生八歲，而慶父立之，立二年而慶父弒之，使内無季友，外無仲孫湫言於齊，魯且爲慶父所篡，閔公蓋可閔，而未有是非之可議也。

卷九

讀春秋三

僖公

名申，莊公子，母成風。閔公之庶兄。謚法：小心忌畏曰僖。

元年春王正月

岷隱曰：不書即位者，魯方有亂，僖公入自外，不行即位禮。愚按：此本《左氏》說。諸家近多異說。岷隱平心觀理，始復其舊爾。

齊師、宋師、曹師次于聶北，救邢。夏六月，邢遷于夷儀。齊師、宋師、曹師城邢

《左氏》曰：諸侯救邢，邢潰，出奔師，師逐狄人。具邢器用而遷之，師無私焉，遷之夷儀而城之。救患，禮也。張氏曰：次于聶北者，屯兵便利以援邢而懼狄。桓公用兵主於持重。崔氏曰：古之用兵，觀勢而後動。次于聶北，爲之聲援，蓋救邢也。桓公攘夷狄而安中國，卒復衛、邢。《傳》言「次」，非救，似誤矣。愚按：經曰救邢。説者安得他爲之辭！夷儀，《公羊》作陳儀。

秋七月戊辰，夫人姜氏薨于夷，齊人以歸

姜氏，齊桓之女，在魯淫逆，殺二子，幾亡國，故桓公召而縊殺之于夷，以其尸歸魯。

楚人伐鄭。八月，公會齊侯、宋公、鄭伯、曹伯、邾人于檉 敕呈反。

楚伐鄭，《傳》謂鄭即齊故也。會于檉，《傳》謂齊謀救鄭也。楚，荆也，今始稱楚者。先儒謂楚至成王，令尹子文得政，國益强，改稱楚，以交于中國。從其自稱，非《春秋》改之也。謀救鄭而先會諸侯者，先儒謂楚方强，桓公重於抗楚而謀之審也。木訥曰：鄭今在會，何救之有？蓋謀伐楚也。楚成仇鄭至再，不可不伐。齊桓以近諸侯雖從，而江、黄未至，謀有未周，則楚未可伐，故明年先城楚丘。峄隱謂三年後方有次陘之師。檉，《公羊》作朾。

九月，公敗邾師于偃

《傳》謂姜氏孫于邾，齊人取而殺之。魯怨其以姜氏與齊，故敗之于偃。木訥曰：非也。齊欲姜氏，邾能抗而不與乎！此雖魯有所不敢，尚何責邾？藉令責之，何不責之未會檉之前，而乃責之於既會檉之後。蓋邾本附庸於魯，不敢外交諸侯，雖邾子瑣受王命，其幽之再盟亦不敢與，蓋猶附於魯也。今檉之會，邾人始預其列，故八月同會，而九月伐之，責其從齊而不復附魯爾。愚按：世遠莫知其詳。此説雖異，而頗近理，姑録之。

冬十月壬午，公子友帥師敗莒師于酈，獲莒挐 酈，力知反。挐，女居反，又女加。

慶父弒逆而奔莒，莒人逐之，慶父縊于汶上。莒人以爲得賊而求賂於魯，魯弗與，邾師來伐。公子友敗之于酈，獲莒子之弟挐。木訥曰：酈，魯地也。兵端在莒，公子友敗之，正也，非詐也，特未陳而敗之耳。酈，《公羊》作犂，《穀梁》作麗。

十有二月丁巳，夫人氏之喪至自齊

齊殺之，魯請之也。不書姜，闕文也。木訥云。

二年春正月，城楚丘

楚丘，衛邑。狄滅衛，諸侯城之，將以遷衛。張氏謂齊桓分役，而魯往城之也。

夏五月辛巳，葬我小君哀姜

《春秋》書哀姜，終之以禮如此。則上文姜氏偶闕姜字，而指以爲貶者，亦過矣。

虞師、晉師滅下陽

晉欲取虞、虢，先假道於虞以伐虢，虞受其賂而導之以伐。下陽，虞、虢之塞邑，而晉師所入之路也。下陽滅則虢亡，而虞隨之矣。虞受晉賂，故先虞師。下陽，《公》、《穀》作夏陽。

秋九月，齊侯、宋公、江人、黄人盟于貫

江、黄近於楚，楚與國也。齊桓將伐楚，故先遠交以孤楚之勢。木訥曰：桓公之謀可謂遠矣，北杏之會至是二十有四年，諸侯已無二心，伐楚何患不克？必待江、黄之來而謀始定，蓋師出萬全，霸王之舉不勝則禍及於天下，故不可不謹也。江、黄之心服而伐楚之功成矣。貫，《公羊》作貫澤。

冬十月，不雨

記異也。夾漈於明年春夏不雨，注之曰：前冬十月不雨，不應書。其書，爲此始也。

楚人侵鄭

張氏曰：莊三十二年，楚成王殺子元，用子文。子文毀家紓國，兵勢浸强。故比年侵伐鄭，若非齊桓兩年間專以圖楚爲事，必未能制之於召陵。而執宋公盟諸侯之事，亦不在僖公十九年之後矣。

三年王正月，不雨。夏四月，不雨

自《穀梁》謂因僖公閔雨而書，諸儒遂多以爲公能憂民之憂。

徐人取舒

崔氏曰：舒，蓋楚屬邑。徐人恃齊而取之，其後楚亟伐徐。先師謂桓公倡霸，徐亦取舒以叛楚。使齊有以保全之，遠近懷服，楚何能爲。惜乎婁林之不救？

六月，雨

杜氏注：示旱不竟夏。愚謂該上文春正月，夏四月「不雨」一語而盡之矣。自《穀梁》謂因僖公喜雨而書，諸儒遂多以公爲能樂民之樂，或者因《詩》頌僖公，謂僖公爲賢而然也。然《詩》特頌禱之辭，初無其實，於《春秋》則未嘗見其賢也。竊意雨不雨關民命，故因其實而書。幸六月之雨，足以救四月之不雨耳。豈爲僖公而書哉？四月不雨，六月雨，爲雨不竟夏，是四月、六月皆夏正也。

秋，齊侯、宋公、江人、黄人會于陽穀

張氏曰：去年盟江、黄，定其交矣。今歲再會，申伐楚之約也。

冬，公子友如齊涖盟

木訥曰：聽伐楚之期也。

楚人伐鄭

自僖元年至今，楚兵三加於鄭矣。鄭伯欲成，孔我不可，曰：齊方勤我，棄德不祥。

四年春王正月，公會齊侯、宋公、陳侯、衛侯、鄭伯、許男、曹伯侵蔡，蔡潰，遂伐楚，次于陘　音邢。

岷隱曰：齊桓圖伯二十餘年，至是始有事於楚，猶未敢聲言伐之也。以侵蔡召諸侯，借侵蔡以出楚不意，此桓公之謀也。木訥曰：蔡自莊十四年荆入蔡，蔡哀侯折而事楚，已易世不通中國，今二十有四年矣。蔡已入楚，則次及于鄭。蔡、鄭當楚之衝，華夷之門户也，故齊侯不得蔡無以及楚，侵蔡伐楚，勢當然矣。諸侯之兵安能飛越蔡城而伐楚哉？

公娶蔡姬，公怒歸之，未絶也，而蔡嫁之。說者遂謂齊侯以私憾加蔡，不知蔡以中國陷於楚，得蔡而後楚之户門啓矣。

嗚呼！一問而楚詞屈，兵不血刃，堂堂之楚聶如鳥鼠，而中國不爲左衽者，桓公之力也。孔子稱其一匡天下，遂以仁許之，正陘之師也。陘，楚地。先師亦嘗言桓公怒蔡，因以爲名爾。且蔡不與中國盟會已二十餘年，亦罪矣。因諸侯之師震而潰之，遂事伐楚如破竹然。不與楚角力而示之以形勢，以全取勝，桓之功偉矣！

夏，許男新臣卒

說者謂病於師，歸，卒於其國。

楚屈完來盟于師，盟于召陵

木訥曰：楚知齊兵不可抗，於是遣屈完下齊而乞盟焉，故來盟于師，楚子意也。盟于召陵，齊侯意也。屈完至師而言乞盟。齊侯知楚子之服，無用戰矣。於是退召陵而與之盟，禮也。嗚呼！一鏃不遺而服方張之楚，八國之師櫜櫜而歸。桓公之績大矣！先師亦言來盟于師，楚有盟心，退，盟召陵，齊有盟禮，從容不迫，春秋之盟，未有懿於此者。

齊人執陳轅濤塗。秋，及江人、黄人伐陳

轅濤塗慮齊師歸自陳，有供億也。誤之，東歸，陷沛澤中，故怒其不忠而執之。及江、黄伐陳者，魯受齊命也。轅，《公》、《穀》作袁。

八月，公至自伐楚

木訥曰：策勳於廟，爲得其實。此因其實而書之。然則與其他至者名同而實不同矣。服楚而歸，中國同慶也。

葬許穆公

即新臣也。穆，《公羊》作繆。

冬十有二月，公孫兹帥師會齊人、宋人、衛人、鄭人、許人、曹人，侵陳

張氏曰：再侵者，陳近於楚，伐而未得其成，則陳必不服，故侵以列國之師，待其服而後已。兹，《公羊》作慈。

五年春，晉侯殺其世子申生

晉獻公嬖驪姬，欲立其子奚齊，驪姬譖申生而殺之。其後奚齊亦見殺。晉亂者二十年，故《穀梁》謂斥其殺者惡晉侯。董仲舒謂爲人父而蒙首惡之名。

杞伯姬來朝其子

相朝諸侯，禮也。時杞伯在，而杞伯姬乃攜其幼弱以來朝魯。岷隱謂伯姬庸視其夫，越禮違制。會莊公於洮，朝其子於僖，失爲婦之道矣。

夏，公孫兹如牟

《左氏》謂娶於牟。木訥謂兹，公子牙之子。牟，微國。兹前年伐陳，已專兵，今如牟，疑私交。

公及齊侯、宋公、陳侯、衛侯、鄭伯、許男、曹伯會王世子于首止。秋八月，諸侯盟于首止。鄭伯逃歸不盟

周惠王愛其子叔帶，將易其世子鄭，故齊侯合八國之君，會王世子以繫天下之望。又諸侯自盟，而王世子與以表其尊，不動辭色，而世子之位以定。其後世子立，是爲襄王，而雒邑之鼎恃以不移，桓之力也。時惠王欲易世子，故不悦桓公此舉，使周公謂鄭伯曰：吾撫汝以從楚，輔之以晉，可以少安。鄭伯志在從楚而喜於王命，故逃歸不盟。張氏曰：桓公之舉，天下之公義也。惠王之命，一人之私心也。逃者，匹夫之事也。鄭伯徇私違衆，行同匹夫，故書逃歸不盟。木訥曰：世子之位已定，鄭固無關輕重。然桓公二十餘年輯寧中國，僅能服楚於召陵。鄭伯一逃，楚即滅弦，鄭文豈特桓公之罪人，天下之罪人也！及諸侯討治之，至九年，王人、齊侯等會于洮，鄭伯乃乞盟。《春秋》於其叛書「逃」，於其來書「乞」，賤之極矣！先師嘗言首止之盟，齊侯從義不從令也，逃歸。鄭伯從令不從義也。此殆要語。

楚人滅弦，弦子奔黄

《左氏》曰：於是江、黄、道、柏方睦於齊，皆弦姻也。弦子恃之而不事楚，又不修備，故亡。張氏曰：弦、黄同壤，而黄受弦子之奔，楚之滅黄，亦自此始矣。木訥曰：楚滅弦，自鄭伯逃盟始。鄭不逃，楚未敢窺中國。楚之貪婪在所不治，而鄭文深可誅也。愚按諸家多罪齊不救弦。然齊據北海，楚在南海，齊積二十年間之力，僅能盟楚于召陵。弦近楚，滅之旦夕耳。豈齊救之所能及，而楚豈易伐哉？書生以口代兵，言之易易耳。使爲齊桓而處此，未必不重禍生民，一敗塗地也。夫弦非黄比也，弦誤黄受伐，歷三時而不救，此則齊之罪爾。

九月戊申朔，日有食之

書災。

冬，晉人執虞公

虞貪賂，同晉滅虢，晉師還，館於虞，襲滅之。岷隱曰：虞公貪賂，自取滅亡。書「執」，如執一夫然，言其易也。

六年春王正月。夏，公會齊侯、宋公、陳侯、衛侯、曹伯伐鄭，圍新城。秋，楚人圍許，諸侯遂救許。冬，公至自伐鄭

齊以諸侯伐鄭，討其逃首止之盟也。伐而不服，故圍新城以待其服。楚欲救鄭，故圍許以攻其所必救。諸侯即釋鄭以救許，而楚退。先儒謂抑暴救患，此齊桓之義也。伐鄭遂救許，而獨書公至自伐鄭者，伐鄭其本謀也。《左氏》載許男面縛降楚，木訥曰：許不旋踵，與洮之會。豈有服楚之理？愚聞先師王宗諭貫道曰：遂救許，則許圍解。安得面縛見楚之事哉？左史，楚人，辭多右楚，失之誣爾。愚按《左氏傳》：秋救許，而楚子已還。至冬而乃面縛見楚。夫面縛者，圍急而出降之事也，安得圍解數月之後無故西行此。《左氏》雖欲誣，而其言無理，恐識者亦不信也。

七年春，齊人伐鄭

以其逃首止之盟，嘗伐之而猶未服也。木訥曰：鄭不服，則諸侯之心搖。首止之盟寒，而楚人亦有以議中國也，故急於服鄭。

夏，小邾子來朝

即郳犁來也。齊桓請於王命，爲小邾子，故來朝。

鄭殺其大夫申侯

申侯本自楚來鄭，故導鄭背齊從楚。鄭將復歸齊，故殺申侯以悦齊。《左氏》謂：陳濤塗怨申侯反已於齊，譖而殺之。木訥謂：若然，則申伯蓋忠於齊者，殺之是怒齊也，何名爲悦？

秋七月，公會齊侯、宋公、陳世子欵、鄭世子華，盟于甯母

甯母之盟，謀鄭也。鄭先以世子聽命以卜齊之意，世子乃反欲背鄭。管仲以其不義勸齊桓拒之，明年齊爲之請王人而講洮之盟。木訥曰：齊之於鄭，期於服之而已。

曹伯班卒

昭公也，立九年卒。班，《公》、《穀》作般。

公子友如齊

木訥曰：僖三年公子友如齊聘，聽伐楚之期而涖盟焉。其後凡三年，公不朝則季友聘，終齊桓之世不怠也。惟六年伐鄭，自春徂冬，不暇朝聘，故七年公子友如齊，自是十年公如齊，十三年公子友如齊，十五年公如齊，十六年公子友卒，十七年而齊桓即世。當齊之霸，公與公子友同心事齊，五年一聘之節未嘗廢。愚謂木訥之考訂詳矣。然事霸主而不事王，公與大夫更迭，皆春秋之習，而魯不能自拔也。

冬，葬曹昭公

七月卒，冬而葬，時也。

八年春王正月，公會王人、齊侯、宋公、衛侯、許男、曹伯、陳世子款，盟于洮。鄭伯乞盟 洮，他刀反。

此所謂王人雖微，序於諸侯之上者也。《左氏》謂「盟于洮，謀王室也」。惠王崩，襄王立，慮叔帶，不敢發喪，而告於齊也。然按《經》今年十二月丁未方書天王崩，會洮乃在今年之正月，於謀王室之説不合。《左氏》則謂王崩在去年冬閏月，至今年十二月方發喪而告。未知然否。恐秘喪不發，難於經年，而叔帶乃襄王親弟，非外國遠人，亦難以秘喪爲欺爾。葉石林曰：鄭殺申侯以謝首止之逃，則服罪矣。然甯母之盟，以世子來而鄭伯不至，則諸侯猶未信也，故洮之役以王人會而鄭伯始乞盟。

木訥曰：甯母及洮兩合諸侯，皆爲鄭也。鄭塞華夷之衝，其地虎牢蓋天下之險。武姜爲太叔請制，制即虎牢。在漢爲成皋，在今爲汜水，天下之形勢繫焉。楚得之則倚以抗中國，中國得之則恃以扞楚。鄭即楚則虎牢在楚，故必得鄭然後收天下之險。其後十有五年，鄭不叛而楚不窺中國者，虎牢之險在中夏也。愚聞之先師，謂前所圍鄭，新即齊，賜申侯之虎牢。

夏，狄伐晉

襄陵許氏曰：晉恃强不與齊合，是以狄得侮之。木訥趙氏曰：狄之爲諸侯患久矣。前日狄伐邢，齊救而城之。狄入衛，齊徙而封之。今狄伐晉，齊侯如不聞，蓋自齊之霸，晉歷三世，未嘗一窺齊侯之壇坫【一】，齊不伐晉，幸也。何狄之問？

秋七月，禘于太廟，用致夫人

《左氏》謂致哀姜也。凡夫人不薨于寢、不殯于廟、不赴於同、不祔于姑，則勿致也。蓋僖公以姜氏之惡不敢致其主於廟，遲遲八年，大舉禘祭，從而致焉。本朝胡氏、孫氏、劉氏、張氏、崔氏皆祖董仲舒、劉向之言，以夫人爲成風，而致夫人者，立妾之辭也。蓋成風，僖公之母，莊公之妾也。木訥謂二説皆非也。十一年，公及夫人姜氏會齊侯於陽穀，則夫人爲姜氏，而僖娶於齊審矣。夫人者，時君之夫人也。未知孰是。然以禘而致，恐非夫人

【一】未嘗一窺齊侯之壇坫　「坫」原作「站」，據明本、文津閣本改。

廟見之義，合從《左氏》爲哀姜耳。先師亦謂哀姜之惡，僖公不敢致其主于廟，遲之八年，大舉禘祭，因而致焉。

冬十有二月丁未，天王崩

惠王也，立二十五年崩，而襄王立。

九年春王三月丁丑，宋公御説卒

桓公也，立三十一年卒，而襄公兹父立。御，《公》、《穀》皆作禦。

夏，公會宰周公、齊侯、宋子、衛侯、鄭伯、許男、曹伯于葵丘

宰周公者，天子之三公宰孔也。宋子者，桓公未葬而襄公出會，禮，未葬稱子，繼父之義也。張氏曰：宰周公，天子之爲政者，不殊會之，宰權雖尊，非世子貴有常尊之比也。陳止齋曰：桓之會有天子之事三：於洮，序王人於諸侯之上，而同盟焉；於葵丘，亦序周公於諸侯之上，而不敢同盟焉；盟于首止，不但不同盟，而帥諸侯以會世子。桓知節矣，《春秋》是以予桓也。愚謂此《春秋》書法之精也。先師謂宰孔先歸，諸侯自盟，尊冢宰也。

秋七月乙酉，伯姬卒

説者謂内女許嫁而卒，以成人之喪治之，所以篤兄弟之義，此僖公女兄也。

九月戊辰，諸侯盟于葵丘

孟子曰：五霸，桓公爲盛。葵丘之會，諸侯束牲載書而不歃血。初命曰：「誅不孝，毋易樹子，毋以妾爲妻。」再命曰：「尊賢育材，以彰有德。」三命曰：「敬老慈幼，毋忘賓旅。」四命曰：「仕毋世官，官事無攝，取士必得，毋專殺大夫。」五命曰：「毋曲防，毋遏糴，毋有封而不告。」曰：凡我同盟之人，既盟之後，言歸于好。

近世張氏洽曰：一命之詞，三綱所繫，蓋修身正家之要。自此以下尊賢、敬臣子庶民、柔遠人、懷諸侯之意略備。故《穀梁氏》謂：陳牲而不歃血，讀書加于牲上，壹明天子之禁。其提綱挈領以正率人，蓋《春秋》之所未有。木訥趙氏鵬飛曰：襄王即位，適丁齊桓之方霸，桓公於是率東諸侯會宰周公于葵丘，宣天子五禁以令諸侯。是會實爲春秋之冠，王室賴之多矣。石林葉氏夢得則曰：襄王之立，非惠王意，而惠后猶存，襄王未知得終安其位，此霸主之所當憂，王亦出内臣以臨之。「無易樹子」，載之初命如是，而僅終喪猶有子帶之難，則齊侯之慮不得不預也。武夷胡氏安國亦曰：觀《孟子》所載初命之詞，則知桓公翼戴王室之事，信矣。

愚按孔子稱桓公一匡天下，民到于今受其賜，孟子説諸侯以行王，始力貶齊桓，於葵丘之會猶力稱之如此。則葵丘之會之盛可知。至《公羊氏》乃謂葵丘之會，桓公震而矜之，叛者九國。《左氏》亦載晉侯將如會，宰孔言齊侯不務德而勤遠略，以止其行，反皆於葵丘之會有疵焉。何耶？蓋盛之極，衰之始。而霸者本源非正，吝驕易生，誠亦有如二氏之譏云爾。然叛者九國，不見其實，而宰孔之言亦過矣。春秋生民之免左衽，正以桓公伐戎、伐楚之功，而宰孔反以爲非，齊之不能大戢楚人，而滅弦滅黄，力不能討者，正以晉大國之獨不協力也。奈何晉方欲如會而反止其行？或者襄王雖立，而子帶傍睨，宰孔雖身預其會，陰有貳心者耶？然則九國之叛無實，而宰孔之言非公也。

甲子，晉侯佹諸卒 佹，九委反。

獻公也，立二十一年卒，而惠公夷吾入立。甲子，《公羊》作甲戌。張氏曰：前已書戊辰，不應甲子在戊辰後，合從《公羊》。佹，《公》、《穀》皆作詭。

冬，晉里克殺其君之子奚齊

晉獻公殺世子申生，逐公子夷吾、重耳，而寵嬖孽奚齊，使荀息輔之。獻公、荀息皆非也。故獻公卒而里克殺奚齊。里克雖不應殺，而奚齊不應立。里克心在立正，故不書弑君，而書殺其君之子。

十年春王正月，公如齊

《左氏》曰始朝齊也。

狄滅温，温子奔衛

温，畿内邑，司寇蘇忿生之後居之，故稱温子。《左氏》曰：「蘇子叛王即狄，又不能於狄」，狄伐之，「王不救，故滅」。

晉里克弑其君卓及其大夫荀息

里克既殺奚齊，晉國無君。荀息與國人立奚齊之弟卓，卓立踰年，已爲君矣，克又殺之，故書「弑其君」。高氏閌《集注》曰：殺奚齊不恕，則後世忠臣無以行其志；弑卓不正其罪，則後世亂臣得以肆其姦。愚按：荀息爲獻公傅奚齊與卓，而許獻公以死者也。《公羊》嘉其不食言，先儒謂其從君於昏，又罪其無益於君而自取剿滅，是自經於溝瀆者。愚謂驪姬亂其國，人神共憤。奚齊與卓豈有可輔立之理？荀息受其託孤，蓋愚人耳，既誤其君，又累其君之子，而又自禍其身也。

夏，齊侯、許男伐北戎

岷隱曰：桓公既霸，諸戎恐懼，至是獨與許男伐北戎，意者其爲許伐乎。

晉殺其大夫里克

里克殺奚齊與卓，夷吾輅秦，竊入而立。《左氏》謂殺里克以説，明己非簒也。然里克本重耳之傅，故《穀梁》曰：里克所謂弑者，爲重耳也。夷吾曰：是又將殺我也。是以殺里克。先儒多謂克當獻公廢立之初不能庭爭而中立，以及異日之禍。此至論也。

秋七月。冬，大雨雪

岷隱曰：書冬而不書月，其爲深冬未可知。雨雪而至於大，其寒極矣，民物必有凍死者，故《春秋》謹而書之。愚謂雨雪，常也，書者，書異也。

十有一年春，晉殺其大夫丕鄭父【二】

崔氏曰：是里克之黨，欲立重耳而以三公子之徒作亂者也。

夏，公及夫人姜氏會齊侯於陽穀

杜氏註：婦人送迎不出門，見兄弟不踰域，與公俱會齊侯，非禮。岷隱曰：魯桓與夫人姜氏如齊，遂有彭生之禍，魯之子孫當世爲永戒。今僖公不特偕如齊也，又同會齊侯於陽穀。此何禮也？夫婦失道甚矣。張氏曰：諸侯會霸王而婦人與焉，桓公霸業遂衰。而僖公怠棄國政，亦自此始。

秋八月，大雩

旱也大雩，僭也。

冬，楚人伐黄

黄恃齊，不事楚，楚伐之，齊亦力不能救矣。

十有二年春王三月庚午，日有食之

杜氏注：不書朔，官失之。

夏，楚人滅黄

左氏曰：「黄人恃諸侯之睦於齊也，不共楚職，曰：『自郢及我九百里，焉能害我？』夏，楚滅黄。」《穀梁》曰：「貫之盟，管仲曰：『江、黄遠齊而近楚，楚爲利之國也。若伐而

【二】晉殺其大夫丕鄭父　「丕」原作「平」，據《春秋》經文改。

不能救，則無以宗諸侯矣。』桓公不聽，遂與之盟。管仲死，楚伐江滅黄，桓公不能救，故君子閔之也。」木訥趙氏曰：冬伐黄，夏始滅黄，黄待齊救也。三時而齊救不至，黄尚何以存。齊之霸業於是乎不克終矣。伐楚之謀，黄實濟之，楚將滅黄，而齊不救，蓋畏楚爾。愚謂桓公結黄伐楚，不過假以濟事。然使管仲尚在，必勸其救之。今伐而不救，無以宗諸侯，悉如仲之言。是霸業之成在伐楚之役，而霸業之隳亦根於伐楚之役也。苟濟一時弊固應爾，黄若有遠慮，附齊之後亦當修楚貢，乃曰「焉能害我」，此固有取禍之道。然滅而不曰奔，必其上下一心，以死社稷，豈不悲夫！

秋七月。冬十有二月丁丑，陳侯杵臼卒。

宣公也，立四十五年卒，而穆公疑立。杵，《公羊》作處。

十有三年春，狄侵衛

岷隱曰：自楚丘既城之後，狄人不敢侵衛者十有餘年，至是復侵衛，其後衛數有狄患，齊桓於是不能及遠矣。許氏曰：桓政始衰自楚伐黄不救，則狄有以量中國矣。木訥曰：前年狄滅温，温子奔衛，今狄侵衛，以衛納温子也。既滅其國，其君逋竄，尚欲得之以甘心焉。狄之横甚矣。

夏四月，葬陳宣公

五月而葬。

公會齊侯、宋公、陳侯、衛侯、鄭伯、許男、曹伯于鹹

《左氏傳》曰：淮夷病杞，故且謀王室也。孫覺《經解》曰：王室之事不載於《經》，而明年《經》書城緣陵，則謀杞之説與《經》合矣。木訥趙鵬飛曰：鹹之會，謀城杞也。説者疑其夏會，而明年春始城之，謂城緣陵非會鹹之諸侯，不知預戒事，乃所以爲得時也。

鹹，衛地。

秋九月，大雩

胡安定前年「秋八月，大雩」之解曰：《春秋》書大雩者二十有一，非秋則冬，無有在夏者。《左氏》謂龍見而雩，過則書之，然知其一未知其二。凡言大者，皆僭天子之禮。

冬，公子友如齊

岷隱曰：自季友來歸之後，如齊者三，所以親齊也。張氏曰：陽穀、甯母及鹹之會，凡既會後，公子友皆如齊，蓋伐楚、服鄭、城緣陵之事，魯皆同之，足以見友專魯政也。

十有四年春，諸侯城緣陵

諸侯即會于鹹之諸侯，再言諸侯者，中隔「秋大雩」及「公子友如齊」之文也。不再敘者，前目而後凡也。緣陵，杞邑也。《左氏》載淮夷病杞，將遷杞於緣陵以避之也。木訥謂淮去杞踰千里，無病杞之理。惟莒與杞鄰。《公羊》言徐、莒脅之，當是避莒爾。然《公羊》以此罪齊桓之專封，諸家多從其説。愚竊以爲此非專封也。夫昔未有國，今始有國者，封也。自古及今之故，國惟興王革命之初，取亂侮亡，以其故地分建親賢，如周公之封於魯，太公之封於齊，始可謂之封，否則，如宣王封母弟于鄭，亦一二間見耳。若邢、若衛、若杞，皆古諸侯，皆以王室衰微，爲夷狄所侵而莫之救。桓公出而率諸侯爲之改營他邑，使避患耳，何嘗封邢、封衛、封杞而以專封爲罪也哉！

夏六月，季姬及鄫子遇于防，使鄫子來朝

《左氏》以季姬爲鄫大夫，歸寧而公怒鄫子不朝，故季姬使之來朝。《公》、《穀》謂季姬先遇鄫子，而使之來朝以請己。按季姬前此未嘗歸鄫，明年乃始歸鄫，《左氏》之説於經不合。西疇崔氏曰：後書季姬歸於鄫，是始嫁之文，則此時季姬猶未嫁也，乃與鄫子遇，又終歸之於鄫，此何義哉？張氏曰：季姬不繫國，是未適人也。而與鄫子遇于防，蓋僖公鍾愛其女，使自擇配，其失父道而不謹於男女之别，甚矣！岷隱戴氏曰：季姬驕蹇縱恣，欲自擇其對，故與鄫子遇于防，既當其意，使來請己，而明年歸于鄫。木訥趙氏曰：季姬不繫之國，内女之未嫁者也。蓋期鄫子於防，而鄫子遇之也。使鄫子來朝以請昏于己，故明年而季姬歸于鄫，如其意也。始遇于防而公不制，中使鄫子來而公不恥，終歸于鄫而公不拒。嗚呼！淫風流行，《桑中》、《大車》之詩不作於魯，而《駉》與《有駜》之篇猶以頌僖，何哉？蓋夫子於魯詩存頌而略風，爲魯諱也。《春秋》天下之大法，豈容盡諱哉！文姜、哀姜、鄫季姬之事備著於《經》，雖無魯風可也。鄫，《穀梁》作繒。

秋八月辛卯，沙鹿崩

沙鹿，晉山名。晉卜偃曰：期年將有大變，幾亡國。木訥曰：不書國，係天下也。夾漈曰：沙鹿，不盡晉地也，通衛、狄。

狄侵鄭

石氏曰：滅温侵衛又侵鄭，狄强甚矣。木訥趙鵬飛曰：赤狄、白狄皆在西北，今侵衛而至於鄭，則與楚合矣。諸儒皆以是罪齊桓是也。然愚按：地醜德齊而相侵并，勢則然也。商、周初興，嘗一正之，隨復侵并，故禹之萬國至周興纔千八百，周之千八百國。至春秋纔七十餘，其間侵并，誰以罪商、周之君哉！方春秋之初，夷狄交侵，諸侯亦紛紛如鬬獸。齊桓公積二十餘年盡心力經營，輯睦諸侯，盟楚伐戎，以少殺其侵并之勢。年至氣衰，鼓舞既倦，戎、狄、荆楚之間作，亦勢然矣。豈皆齊侯之身事而責之備也哉？嗚呼！世亂而賴王者興，王迹熄而賴霸者興。今霸者又衰矣，是可重爲世道嘆，於何乎歸罪！

冬，蔡侯肸卒

穆公也，立二十九年卒，而莊公甲午立。

十有五年春王正月，公如齊

崔氏曰：至是始純用五年一朝之制，同於事天子之禮矣。

楚人伐徐。三月，公會齊侯、宋公、陳侯、衛侯、鄭伯、許男、曹伯盟于牡丘，遂次于匡。

公孫敖帥師及諸侯之大夫救徐

《左氏》曰：徐即諸夏也。岷隱曰：徐前此取舒，舒，楚屬也，故楚伐徐。按徐遠楚而近齊，齊不得不救。盟于牡丘，謀救徐也。次于匡，畏楚而不敢救也。使諸大夫往救，姑爲救徐之名也。徐卒爲楚所敗，公孫敖，慶父之子。

夏五月，日有食之

日與朔，史皆失之，故止書五月。

秋七月，齊師、曹師伐厲

厲，楚與國也，力不能伐楚而伐厲，又非攻其所必救。

八月，螽

災也。螽，《公羊》作蠑。

九月，公至自會

至自會，欲救徐不能，楚師未退而先返，已歷三時矣。

季姬歸于鄫

至是而始嫁也，不言來逆，已成於防之遇也。

己卯晦，震夷伯之廟

晦者，晦朔之晦。夷伯者，公子展，伯，其字也。無駭之祖，季氏之陪臣。《公羊》以爲季氏之孚，蓋所信任者也。震者，雷擊之。《左氏》以爲有隱惡。

冬，宋人伐曹

《左氏》以爲討舊怨。蓋莊十四年曹嘗從諸侯伐宋，然已易世矣。岷隱曰：牡丘之盟，宋、齊皆在伐。厲之師，宋與齊俱。宋襄公不以救徐爲念，不以盟會爲信，退而伐曹，以尋舊怨，持此圖霸，不亦難乎。薛氏曰：諸侯伐厲，而宋人内叛。陳止齋曰：諸侯相加兵，自莊公十九年未之有也，於是再見，宋襄爲之也。木訥曰：齊桓之霸至是三十年，諸侯無有擅相侵伐者。宋人加兵於曹，而諸侯攜貳，桓不能制矣。愚謂此宋襄公已有圖霸之心也，然欲繼霸而首壞齊桓之所以伯者，伐諸夏而恣楚之横，此其所爲楚執。

楚人敗徐于婁林

諸侯救之不能，而徐終爲楚所敗。《左氏》曰：牡丘之盟爲無益，伐厲之師爲徒往矣。

十有一月壬戌，晉侯及秦伯戰于韓，獲晉侯

《左氏》載晉侯之於秦也，出因其資，入用其寵，饑食其粟，三施而不報，秦故伐晉。晉不知遜，乃逆而請戰，一戰而敗，是以見獲。

十有六年春王正月戊申朔，隕石于宋五。是月，六鷁退飛，過宋都

木訥曰：異在石隕，鷁退，五與六先後之辭，史之舊文，聖人無損益焉。高郵孫氏曰：書是月者，别非戊申同日。

三月壬申，公子季友卒

季友立僖，生而賜氏，至其孫曰季孫行父，行父之後世以季爲氏，至意如而出昭立定，專擅魯國而有其二，其强蓋原於季友。

夏四月丙申，鄫季姬卒

高郵孫氏曰：《春秋》内女適諸侯者書「卒」。

秋七月甲子，公孫兹卒

高氏閌曰：公子牙之孫，叔孫戴伯也。兹，《公羊》作慈。

冬十有二月，公會齊侯、宋公、陳侯、衛侯、鄭伯、許男、邢侯、曹伯于淮

《左氏》曰：謀鄫且東略也。將城鄫，役病，不果而還。所云謀鄫者，岷隱曰：鄫未嘗與會盟，且未聞有他難，獨以魯昏姻之故，至勞諸侯，其會亦不足觀已。齊桓衣裳兵車之會，蓋終於此，所謂東略者。木訥曰：淮夷，今臨淮也，東鄰魯、西逼宋，與徐有疆場之交，前日徐爲楚所敗，齊救不及。齊懼淮夷誘徐爲魯、宋之患，故爲兵車之會，合諸侯以觀兵於淮，亦未嘗有伐功。然則此齊桓垂末之舉，事已可憐。僖公不過嘗預會，而魯人至借以頌僖公，何哉？

十有七年春，齊人、徐人伐英氏。夏，滅項

英氏，皋陶之後，楚與國也。齊與徐伐之。《左氏》謂楚前年敗徐而報之英氏也。崔氏曰：敗徐豈英氏有力乎？滅項不書誰之師，《左氏》以爲魯，《公》、《穀》以爲齊。胡安定以爲上言齊人、徐人伐英氏，下言滅項，齊、徐可知。蓋謂既伐英氏，因師以滅項，《春秋》承上文而書之也。木訥亦謂項亦楚屬，伐英氏不克，移兵滅項。二説未知孰是。按《春秋》不稱國者，多魯之事也。

秋，夫人姜氏會齊侯于卞。九月，公至自會

夫人聲姜，齊桓女也。《左氏》謂齊以滅項，故止公，聲姜會齊，公得反國。岷隱謂去冬會淮，今年夏始滅項，會淮之後公曷爲留齊？必有以也。經年於外，國事廢矣。

冬十有二月乙亥，齊侯小白卒

木訥趙氏曰：齊桓五霸之盛，其初會北杏，以求諸侯。諸侯未知，伐宋而爲鄄之會，伐鄭而爲幽之盟，諸侯無二矣。而後伐戎、伐徐，徐、戎卒服，則救鄭以示威於南，伐山戎以示威於北，定魯之難，救邢之危，衛滅而齊還之，杞滅而齊城之，内之，諸侯一德事齊。可以南征楚也，則會江、黄以掎楚之後，取舒、庸以折楚之臂，然後興次陘之師，成召陵之功，則攘夷狄之功成矣。

外雖定而王室未寧，於是爲首止之會，定世子之位，以示諸侯尊王之心。襄王踐阼，又爲之合葵丘之會，率諸侯以聽於冢宰，興曠世不行之大禮以令天下，而王室亦定矣。内和諸侯，外攘强楚，上定王室。桓公蓋以三王之功不我過也。則怠心生，狄滅温，齊不問；楚滅黄，齊不救；狄侵衛，齊不知。既而楚諜知其怠而易與也，於是深履東夏而伐徐，桓公合八國諸侯於牡丘，顧望不進，乃命大夫救之，而徐卒底於敗；伐厲、伐英氏，桓公皆不親也。卒之内寵如林，閨門無法，一身未瞑，六子爲仇，斂不以禮，葬不以時。一桓公耳，而前日之桓公非今日之桓公，何也？勤怠之殊也。勤怠之意何從生？修外而不修内也。

《穀梁氏》曰：衣裳之會十有一，未嘗有歃血之盟也，信厚也。兵車之會四，未嘗有大戰也，愛民也。注云：會北杏、會鄄、又會鄄、會幽、又會幽、會檉、會貫、會陽穀、會首止、會甯母、會葵丘凡十一，會洮、會鹹、會牡丘、會淮凡四。西疇崔氏曰：齊桓之霸自莊十六年盟于幽，至僖十六年會于淮，凡十有二會。而孔子稱桓公九合諸侯者，舉其不以兵車者而已。莊十六年九國盟于幽，二十七年五國又盟于幽，僖元年六國會于檉，二年四國盟于貫，五年八國會王世子于首止，七年五國盟于甯母，八年王人與七國會于洮，九年宰周公與七國會于葵丘，十三年七國會于鹹，凡九合諸侯，不以兵車。

十有八年春王正月，宋公、曹伯、衛人、邾人伐齊。夏，師救齊。五月戊寅，宋師及齊師戰于甗，齊師敗績，狄救齊。秋八月丁亥，葬齊桓公。冬，邢人、狄人伐衛。甗，魚免反。

齊桓屬孝公於宋襄，易牙亂齊，立無虧，而孝公奔宋，故率諸侯伐齊，以納孝公。蓋亦乘齊之亂，欲繼齊之伯也。魯雖救齊而不力，齊卒敗績。狄救齊，意亦思齊桓之德也。邢人、狄人伐衛，伐衛亦所以救齊也。凡救齊者，亦以宋襄之故，非盡忠於齊也。齊以亂，故桓公九月方葬，齊桓立凡四十三年，國亂，而宋納孝公繼立，名昭。

十有九年春王三月，宋人執滕子嬰齊。夏六月，宋公、曹人、邾人盟于曹南。鄫子會，盟于邾。己酉，邾人執鄫子用之。秋，宋人圍曹

劉氏曰：宋襄公欲合諸侯而執滕宣公，又使邾文公用鄫子，一會而虐二國之君。岷隱曰：首執滕子已駭觀聽，會盟曹南。鄫子後至，未足深罪也，遽使邾人執而用之。會盟曹南，曹不致餼，亦微罪也。口血未乾，繼復圍曹，以此求霸，豈不繆哉。

衛人伐邢

報邢之伐衛也。

冬，會陳人、蔡人、楚人、鄭人盟于齊

《左氏》曰：「陳穆公請修好於諸侯，以無忘齊桓之德。冬盟于齊，修桓公之好也。」注曰：宋襄暴虐，故思齊桓。愚按：諸侯不肯從宋，而楚與中國之盟始此。此宋襄異日之所以見執於楚歟。

梁亡

梁亡，梁自亡也。《左氏》謂好土功而民潰。何休以爲峻刑，《穀梁》以爲淫湎。要皆以失民而亡。梁亡而秦取其地。

二十年春，新作南門

僖公改而大之也。閔子騫於長府云：何必改作？則書此可知。

夏，郜子來朝

《公羊》以爲失地之君。木訥曰：隱十年公敗宋師，取郜，取防。桓三年取郜大鼎于宋，則郜爲宋滅久矣。今而來朝，必魯别封之以爲附庸。

五月乙巳，西宫災

《公羊》以爲魯小寢，蓋諸侯三宫。天火曰災。

鄭人入滑

滑，小國，鄰於鄭，服衛，鄭故伐而入之。

秋，齊人、狄人盟于邢

《左》曰爲邢謀衛難也。

冬，楚人伐隨

漢東之國隨爲大，隨以漢東諸侯叛楚，故楚伐之。《傳》謂隨不量力。

二十有一年春，狄侵衛

前年衛伐邢，去年齊人、狄人盟于邢，以謀衛難，故今年狄侵衛者，爲邢故也。往者邢與衛皆嘗有狄患，齊桓皆却狄而封之。今孝公反與狄盟，而致狄侵衛。故襄陵許氏曰：中國無霸，則諸侯力攻，四夷衡決，民被其災。此書伐衛、伐邢、入滑、伐隨、侵衛者，著無霸之患也。

宋人、齊人、楚人盟于鹿上

宋爲鹿上之盟以求諸侯於楚，楚人許之。公子目夷曰：小國爭盟，禍也，宋其亡乎！幸而後敗。初，宋欲合諸侯，臧文仲聞之，曰：以人從欲，鮮濟。木訥曰：鹿上，宋地也，召楚人於境内而盟之，引虎入閨闥，其脱搏噬，幸矣。而秋又會之虎口，其可屢逃哉？宜其見執也。愚謂秋之見執，已萌於春之見許。宋襄愚而妄作，楚特以戲視之耳。

夏，大旱

記災之甚也。

秋，宋公、楚子、陳侯、蔡侯、鄭伯、許男、曹伯會于盂，執宋公以伐宋。冬，公伐邾。楚人使宜申來獻捷。十有二月癸丑，公會諸侯，盟于薄，釋宋公

盂之盟，楚嘗許宋以諸侯，而今盟之也。楚稱子，而序於陳、蔡、鄭、許、曹之上者。止齋謂宋、楚初爭長也。此行實楚執宋公，而序諸侯以執之者，蘇氏謂宋不度德量力而爭諸侯，諸侯之所不予也。公伐邾者，邾嘗從宋伐齊，魯救之，不克。又鄫，魯之親也，而邾執鄫子用之，故怨邾。特邾與宋盟，未敢伐，今宋爲楚所伐，故乘間而伐邾。《左傳》謂邾滅須句，故伐之。或言其非，是也。

楚人來獻捷者，魯不與盂之盟，楚故假宋捷以威魯。魯懼而赴薄之盟，故楚爲之釋宋公。《公羊》謂目夷歸宋，修繕而釋宋公。理亦兼有之也。獻捷不言宋之捷者，杜注謂秋伐宋，冬來獻捷，事不畢年，而從可知。諸家或以爲諱，或以爲貶，或以爲存中國而抑夷狄，各以意度之也。木訥曰：鹿上之盟，宋幸脱虎口者，以齊在也。今齊懼楚而不至，陳、蔡、鄭、許皆楚之黨，而曹又宋之讎也，見執固無疑矣。楚之執宋公，所以求諸侯。魯獨不至，獻捷以威之，魯懼而後從之。魯至而宋公釋，使魯不從楚，未必釋宋公。岷隱曰：齊桓公霸業已成，猶不敢輕視楚。宋襄公一旦圖霸，輕於挑楚，於是楚人有狎侮之心。宋人曰盟則與之盟，宋人曰會則與之會，誤而致之，至則執之，執其君以伐其國，如玩嬰兒於掌股之上。宋人俯首聽命，罔敢或違。不言戰，不言敗，拱而勝之爾。楚人使宜申獻捷于魯，蓋是會也魯君不與，獻捷之意將以風魯。魯侯懼而往會，與諸侯盟于薄，既盟之後，宋公僅免而歸。蓋在會之諸侯惟楚命是聽，或執、或伐、或盟、或釋，一無所與焉。愚按：岷隱之論精矣。然《春秋》書諸侯者，亦以宋襄一會而虐二國之君，先爲中國諸侯之所共嫉。楚故因得以乘間。凡執之、釋之，亦楚與諸侯之所同，不可謂諸侯一無所與也。合依《經》文列敘諸侯爲正。盂，《公羊》作霍，《穀梁》作雩。

二十有二年春，公伐邾，取須句 其俱反。

《左氏》謂須句，國也，邾滅之，公伐邾而取之，反其君焉，禮也。木訥曰：若是則魯之美事，《春秋》當書邾滅須句，須句子來奔，公伐邾，歸須句子于須句。如書「歸邾子」，益之文，然後明白。今直書「公伐邾，取須句」，如莒人伐杞，取牟婁之類，則須句乃邾之邑。魯伐邾而取其邑，安可以須句爲國？且今既取之則滅矣，至文七年安得公又伐邾，取須句耶？則知須句，邾邑。今伐而取之，以責其不服。其服，則又反之。至文公之世，又伐而取之也。愚按：胡安定於此後升陘之戰亦曰：魯伐邾之國，又取其邑，致此之戰，其惡可知。則安定已指須句爲邾之邑，而魯取之矣。

夏，宋公、衛侯、許男、滕子伐鄭

《左氏》曰：三月鄭伯如楚，夏宋公伐鄭。子魚曰「所謂禍在此矣」。孫氏曰：齊桓之世，莊十六年荆伐鄭，二十八年荆伐鄭，僖元年楚人伐鄭，二年楚人侵鄭，三年楚人伐鄭。鄭不即楚，此而即者，宋襄不能與楚抗也。木訥曰：鄭人從楚，力不支也。宋襄公已不能抗楚，甘就執辱，何責鄭之弱而附楚。岷隱曰：宋襄被執之後，歸反其國，當痛自循省，爲卧薪嘗膽之計。乃以鄭之朝楚，起而伐鄭，楚師救鄭，卒敗于泓。崔氏曰：宋公釋乎執而遽伐鄭，所以怒楚而致戰也。

秋八月丁未，及邾人戰于升陘

木訥曰：升陘，魯地也。邾伐我也，公二年之間在伐邾，一取其地，宜邾必有以報魯。《左氏》載我師敗績，邾人獲公冑，縣諸魚門。

冬十有一月己巳朔，宋公及楚人戰于泓，宋師敗績

楚伐宋以救鄭，宋與之戰，敗而傷股，七月而卒。狂愚取禍，尚自稱仁義之師。劉氏《意林》以爲無異盜蹠以分均爲仁，以後出爲義也。劉氏《傳》以爲宋公之愛人也，無異於殺之也。師氏謂其敗齊師，執滕子，圍曹伐鄭，其於仁義遠矣。及戰于泓，乃以「不擒二毛，不阻隘」爲辭，適所以敗其衆也。木訥謂彼方脱釁鼓之餘以歸，不能責躬自咎，内輯其國，外和四鄰，修德養威，待時而動，而招楚兵，自取敗亡。乃假區區婦人之仁，以要大義之名。《公羊》遂以爲文王之戰，吾不咎其與宋襄之過，而切憤其待文王之薄也。

二十有三年春，齊侯伐宋圍緡

《左氏》曰：討其不與盟于齊也。注謂十九年盟齊，以無忘桓公之德，而宋獨不會，故今討之。岷隱曰：宋襄雖失道，然納齊孝公，實有德於齊。今敗于泓而死，諸侯之所同念也。而孝公首伐之。既伐其國，又圍其邑，是以知孝公之背德也。

夏五月庚寅，宋公兹父卒

《左氏》曰傷於泓故也。不書葬者，諸侯畏楚且疾之，無會葬者也。

秋，楚人伐陳

《左氏》曰討其貳於宋也。

冬十有一月，杞子卒

杞稱子者，《左氏》謂其用夷禮。《公羊》謂貶其爲徐、莒所脅。《穀梁》謂其爲時王所黜。未知孰是。嘗聞先師王貫道云：杞病於夷，雖賴齊桓城之，僅安然，幾於非國，故降伯而以子自貶。然則亦從其赴而書之歟。

二十有四年春王正月。夏，狄伐鄭

鄭入滑，王請於鄭，鄭反執其使，故王使狄伐鄭。

秋七月。冬，天王出居于鄭

天王，襄王也。《左氏》載王子帶之事，言避母弟之難也。木訥曰：叔帶者，惠王陳嬀之所愛也。若殺父母之所愛，則與鄭莊公何異？故寧避之而出居于鄭，文、武之靈未泯，天下必有勤王者，若不得已而遜于叔帶，是亦文、武之子孫耳。此襄王之心也。蓋帶之亂，衛士將禦之，王曰：先后其謂我何？故出居鄭。其書「天王出居于鄭」，志出入之實爾。《三傳》鑿爲異論，曰：天子無出，且出入，人之常，豈天子獨能入而不能出耶？又曰：王者無外，故不言出，出，失天下也。夫一視同仁，王者之心。此所謂無外也。豈謂王者一出而遂有外乎？一舉足而出，天下遂非其有乎？《書》曰：王出郊。《康王之誥》曰：王出在應門之外。《易》曰：王用出征。夫聖人書「天王出居于鄭」志天王出，而天下無勤王者，非謂王不可出而出也。《曲禮》有「天子不言出」之文，蓋生於《三傳》。

晉侯夷吾卒

惠公也，子圉嗣立爲懷公。秦納文公，入而殺圉。

二十有五年春王正月，衛侯燬滅邢。夏四月癸酉，衛侯燬卒

諸家皆謂衛滅同姓，故罪而生名之，書「衛侯燬滅邢」。朱文公曰：《經》文只隔「夏四月癸酉」一句，便書「衛侯燬卒」，恐是因而傳寫之誤。木訥趙氏曰：下有「衛侯燬卒」之文，後世傳授以類誤耳。《春秋》書滅同姓者有矣，而未嘗名，虞滅下陽，楚滅夔，皆同姓也，何以不名。楚子虔誘蔡侯殺之，此非同姓也，何以反名之，且書滅國，則其惡自著。同姓非同姓，後世自辨，不在書名而後知其滅同姓也。《曲禮》遂曰：諸侯失地，名滅同姓名。吾嘗考小戴《禮》，多漢儒雜説，援《春秋三傳》以立文也。且衛之滅邢固甚矣，而邢之滅，實有以自致之。邢、衛均有狄患，均受齊桓之德，遷而城之，二國既安，則比以抗狄可也。邢乃叛衛從狄，又脅狄以伐衛，衛抗狄猶懼不支，邢、狄合而攻衛，衛蓋危矣。衛固無以制狄，故衛滅邢，所以奪狄之援，紓國之病也。然謀則善矣，如滅國之罪何？聖人自十八年以至於今，書邢、衛之事甚詳，所以著邢不當附狄伐衛，衛亦豈當從而遂滅之。二者均有罪也。愚謂書滅則衛罪爲重。

宋蕩伯姬來逆婦

伯姬,魯女,嫁宋蕩氏。來爲其子逆婦,以姪從姑也。先儒謂娶妻必親迎,而伯姬爲子逆婦,非也。諸侯嫁女於大夫,以大夫同姓爲主,今公以愛其女而自主之,亦非也。

宋殺其大夫

杜氏注曰:其事則未聞。胡安定曰:以泓之戰不死難也。崔氏曰:豈嗣君三年喪畢,既臨事而治泓戰之罪,諸大夫有以衆死者乎?木訥曰:宋爲楚所敗,宋襄自取之也,安可以責其臣?今襄公死,成公立,晉文即位二年方圖伯,宋將託於晉,乃歸罪於其臣,以滅先君之恥而殺其大夫。愚按此皆以宋之事而意度之。若闕所不知,當從杜注。

秋,楚人圍陳,納頓子于頓

頓迫於陳,頓子奔楚。楚圍陳而納之,中國虐小,夷狄反借爲義舉。

葬衛文公

立二十五年卒,而成公立。

冬十有二年癸亥,公會衛子莒慶,盟于洮 他刀反。

木訥曰:莒自僖元年魯獲挐之後,未嘗通魯,怨亦深矣。衛成公斬然衰絰中爲洮之會以平之,蓋有比小事大之義。然莒子不至,以慶如會,何益於平。蓋平之意出於衛,莒疑魯之未肯平,故以大夫聽命焉。明年向之盟而後成矣。岷隱曰:衛文公新卒,嗣子未踰年,非有甚不得已之事也,何至匆匆亟爲此盟?范寧曰:衛稱子,在喪。洮,魯地。

二十有六年春王正月己未，公會莒子、衛寧，速盟于向

木訥謂：莒今知魯肯平，故莒子親來。衛知魯、莒已可平，故在喪不再行而使大夫。岷隱曰：《左氏》以爲尋洮之盟也。洮之盟纔一月，何盟之尋？僖公謂前日之盟，莒子不親至，不足以爲平，故復會于向。不知洮之盟莒子不至，公與大夫盟，已失體矣。今衛又效尤，使大夫來，公自輕亦甚矣。平莒非大事，何汲汲若此乎？向，莒地。速，《公羊》作遬。

齊人侵我西鄙，公追齊師，至巂弗及。夏，齊人伐我北鄙。衛人伐齊，公子遂如楚乞師

齊初怨魯救無虧，至齊之盟，宜釋然矣。魯、齊甥舅之邦，乃乘其不備，潛師侵之，怨其來追，夏又伐之。衛之伐齊，爲魯伐也。魯之乞師於楚，將伐齊也。公子遂者，東門襄仲也。巂，《公》、《穀》作嶲。

秋，楚人滅夔，以夔子歸

夔，楚同姓國。楚虐其小而滅之。《傳》謂夔不祀而見滅。故楚雖滅同姓，而不名。劉氏《意林》曰：楚祖鬻熊，夔祖熊摯，諸侯祀不過其祖，夔不祀祝鬻與鬻熊，非其罪。夔，《公羊》作隗。

冬，楚人伐宋圍緡

《傳》謂宋恃善於晉而背楚,故楚伐之。岷隱曰: 前者齊伐宋,嘗圍緡。今者楚伐宋,又圍緡,緡之百姓何以堪命! 此皆宋襄之餘孽也。緡,《穀梁》作閔。

公以楚師伐齊,取穀,公至自伐齊

齊雖首兵,魯乃以夷狄攻中國,其失多矣。僖公負齊桓一至於此。

二十有七年春,杞子來朝

岷隱曰: 杞或稱侯,或稱伯,至于稱子,極矣。故《春秋》因其自貶而書之,僻陋用夷,庭實有闕。魯人重物而不重禮,公子遂所以入杞也,責其不共。杞何敢爾? 欲加之罪,其無辭乎?

夏六月庚寅,齊侯昭卒。秋八月乙未,葬齊孝公

孝公立十年卒。杜注曰: 三月而葬,速。襄陵許氏曰: 齊桓既没,諸侯思之,如周人之思召伯也。孝公不能藉之以興,觀其間,楚人之勝以圍,宋襄又侵伐魯僖不已,與桓公下宋桓、魯莊之意正相反,霸業所以隳矣。愚按: 桓公務却狄攘楚,孝公首盟狄、盟楚,不克紹如此,無足責也。

乙巳,公子遂帥師入杞

崔氏曰: 春接其君,秋入其國,以内爲過,於杞無譏。木訥曰: 魯怯於齊而虐於杞。怯者吾則乞師必取其邑,虐者吾以偏師直入其郛。僖公自公子友死,而用公子遂,善惡判矣。

冬，楚人、陳侯、蔡侯、鄭伯、許男圍宋。十有二月甲戌，公會諸侯盟于宋

崔氏曰：是時齊桓既没，楚人肆横，執宋公、伐宋國、敗宋師、獻宋捷、圍宋邑，不道於宋已甚。今又圍宋，宋之盟猶薄之盟爾。泰山孫氏曰：四國雜然從夷以圍中國，其惡自見。先儒亦謂楚序於諸侯之上，而獨稱人者，嫌其予楚以霸也。木訥曰：楚之虐宋亦甚矣，宋成以父之讎，義不屈於楚，亦可謂賢子歟！于時晉文興霸蓋已四年。宋亦有足恃者，而楚虐宋不已，楚則然爾。諸侯之不知變，一至此哉！有晉可從而不從，反比楚以戕中國，其罪蓋重於楚。晉文於此不得不興也，或者疑晉文興霸之暴，蓋不速則無及於天下之患，而諸侯皆楚矣。明年敗楚於城濮，豈獨宋賴之，天下賴之也。

二十有八年春，晉侯侵曹，晉侯伐衛，公子買戍衛，不卒戍。刺之。楚人救衛。三月丙午，晉侯入曹，執曹伯，畀宋人。夏四月己巳，晉侯、齊師、宋師、秦師及楚人戰于城濮，楚師敗績。楚殺其大夫得臣，衛侯出奔楚。五月癸丑，公會晉侯、齊侯、宋公、蔡侯、鄭伯、衛子、莒子盟于踐土。陳侯如會。公朝于王所。六月，衛侯鄭自楚復歸于衛，衛元咺出奔晉

此楚圍宋之久，宋告急於晉，晉文公因爲圖霸攘夷之舉也。書晉侯侵曹，晉侯伐衛者，曹、衛皆楚之黨，而晉之怨，故侵之伐之以誘致楚也。書「公子買戍衛，不卒戍，刺之」

者，魯先使買戍衛，今因晉伐衛，故託名不卒戍而殺之，以悦晉也。書「楚人救衛」者，楚爲晉所誘致也。書「晉侯入曹，執曹伯，畀宋人」者，執楚之黨，畀楚之仇，以怒楚，使戰也。書「晉侯、齊師、宋師、秦師及楚人戰于城濮，楚殺其大夫得臣」者，得臣强愎取敗，而楚子歸罪於得臣也。書「衛侯出奔楚」者，楚救之不克，欲與楚，而國人不可，故奔楚也。書「公會晉侯、齊侯、宋公、蔡侯、鄭伯、衛子、莒子盟于踐土，陳侯如會」者，功成定霸，以盟諸侯。陳後至而不及盟也。書「公朝于王所」者，王在踐土而朝之也。書「衛侯鄭自楚復歸于衛，衛元咺出奔晉」者，衛之出奔，元咺奉其弟叔武以守。今晉赦衛侯得歸，反殺叔武，故元咺訴於晉也。

木訥趙氏曰：晉文之霸，功與齊桓同。而勢與齊桓異。齊桓之興，天下習衰周之弊，而莫識所謂霸者，故齊桓求諸侯爲難，必屢會屢盟，訓諭告戒而後諸侯服從。然欲制楚，則楚方張，其侵犯不過蔡而已，故諸侯既合，則一問而楚服。晉文之興，則諸侯蓋習於從霸，惟時無其人則無所適從。晉文起而號召之，一揮而至矣。然楚之强，則非齊桓之時也。齊桓之時，楚不出蔡、鄭，而今直蹈齊、魯之郊。魯、宋、曹、衛、陳、鄭、蔡、許自東以南，皆楚矣。晉文將起而收之，不其艱哉！故齊桓伐楚至於召陵，楚地也。晉文敗楚，止於城濮，衛地也。自楚及衛，蓋千里。却楚千里之外，以收魯、宋、曹、衛、陳、鄭、許、蔡半天下之諸侯，其用力爲如何？論者不察而妄疵晉文以爲不及齊桓，此不識天下之勢，書生語也。齊桓制楚以三十年之久，故合諸侯以正問罪之名，期其服而已。晉文則解倒垂之急於旦暮之間，故務以謀必於勝之而後已。是二者又勢之不同也。踐土之盟于温之會，天王皆在，天王下居成周，而出次于外。踐土之盟，聖人惟書公朝于王所，不書所以出之故，不若温之會，書狩而後朝之，有序也。《三傳》遂有天王下勞晉侯之説。此不可信，傳而不稽諸《經》也。《經》於僖二十四年書「天王出居于鄭」，自後未嘗書歸于成周。踐土即鄭地也，則天王蓋居於是久矣，何下勞之有？或者棄《經》任《傳》，謂《左氏》有晉侯納王之事，遂以爲實。《春秋》以周爲重，安有晉侯納王而不書者哉？天王之歸，蓋因今踐土之盟也。前此鄭陷于楚，天下無勤王者，今晉侯克楚于城濮，以敵王愾，奏凱于王，會諸侯以盟于鄭，以諸侯朝焉，天王因是復歸于成周。冬，書河陽之狩，則天王既歸而出狩也。文公非緩於納王也，蓋先勝楚而後納王也。伐楚者，納王之資也。然則踐土之盟，厥勳茂哉！小人不樂成人之美，取《三傳》掇蜂之説，以疵吾晉文，君子所不甘焉。故愚稽於《經》以正之，非私晉文，白聖人之筆法而已。

陳侯款卒

陳侯立十八年，會于踐土，以病歸，卒，是爲穆公，子共公立。

秋，杞伯姬來

莊公之女，此私來也。

公子遂如齊

魯嘗以楚師伐齊，取其邑，齊怨深矣。今齊既易世，已同踐土之盟，魯故修齊好，亦以晉既勝楚而畏晉故也。

冬，公會晉侯、齊侯、宋公、蔡侯、鄭伯、陳子、莒子、邾人、秦人于温。天王狩于河陽。

壬申，公朝于王所

《左傳》謂晉文召王者也。木訥曰：温之會，天王時已歸成周，晉文於是合諸侯而朝之，然不朝諸京師，而朝諸河陽。何也？蓋昔襄王在鄭，鄭實陷於楚，晉侯勝楚得鄭，而取日於虞淵，前日踐土之朝是也。今天王復辟，所以德晉者甚重，而晉將朝焉，於是襄王出狩而就見之，所以勞晉文之來也。然則禮乎？曰：非禮甚矣！諸侯朝王，禮之常；天王受朝，亦禮之常。自入春秋百年之間，無復修朝見之禮。晉之朝王，曠世盛典也。於是屈而出見之，託狩爲辭焉。蓋下堂而見諸侯，自夷王迄今又百年，則循而至此，亦勢之必至。説者不知踐土之盟，襄王尚在鄭，既以爲天王出勞，則疑河陽之狩不容再出，故以晉侯召王爲言。且晉侯方以尊王市名於天下，今反召之以買抗君之罪，必不然矣。又嘗以地考之，而知河陽之狩非晉文召王也。河陽，今之孟州。河陽與温皆孟屬邑，孟距王城纔七十里，而不舉趾如王城哉！然則孔子稱晉文譎而不正，何也？夫譎以謀言也，如侵曹，伐衛，執曹畀宋，執衛侯歸京師，皆譎也。晉文果召王，則天下之逆節，聖人將不齒之矣。豈特曰「譎而不正」哉！

愚按：岷隱嘗云，使宋人賂齊以告楚，分曹、衛之田以畀宋，私許復曹、衛以攜楚人之黨，顯執宛春以激子玉之怒，凡此皆譎也。然則舊説指召君爲譎者，召君之有無，雖未可質言，而果召君則不止於譎，誠有如木訥之所言也。譎固自有在也。崔氏曰：河陽之狩，三家皆謂再致天王，似誤矣。温之會，天王未嘗與，自爲河陽之狩耳。何以言之？彼踐土之盟，加朝之日於盟之上，知既盟而朝，同在癸丑之日，則王在踐土明矣。此則先書温之會，又書狩於河陽，然後書壬申朝于王所，三者似異日，則温之會，天王不在温，亦明矣。然河陽遠矣，王適以諸侯會温之時，而遠爲河陽之狩，是王實欲會諸侯，假狩之名以行爾。温者，河陽之地也。於諸侯會，以其邑言；於天子狩，以其地言。晉文行霸，帥諸侯朝王，以尊周室，春秋予之，此所以志公之朝也。

愚按：召王者，《左氏》之言；而下勞者，後世之説。木訥破召王之説，而猶以王之狩爲下勞。若以《經》文爲正，則諸侯之會在温，天王之狩在河陽。諸侯既會而復以壬申日朝于王所，其事不過如此。若王室微，諸侯强，天王因出狩而就見，其迹亦曉然可知也。

晉人執衛侯歸之於京師。衛元咺自晉復歸于衛

以元咺之訴而執之也，元咺訴得直，故復歸于衛【三】。然爲臣而執君，君執而臣返，皆背理甚矣。

【三】「楚人滅黄」至「故復歸于衛」此段文字原脱，據文淵閣本補。

諸侯遂圍許，曹伯襄復歸于曹，遂會諸侯圍許

許自二十七年從楚圍宋，踐土之盟于温之會。許又獨不與，故晉以諸侯圍之。曹伯久拘于晉，晉文感侯獳之言，使之復國。曹伯未至於國，遂即來同圍許。

二十有九年春，介葛盧來

介，東夷國。葛盧，國君之名。書來不書朝，《公羊》謂不能乎朝也。

公至自圍許

木訥曰：公會于温，朝于王所，而後遂圍許。今獨以圍許至。則凡例謂後事小則以前事致者，於是不通矣。愚意承上文言之，無他義也，説者鑿爾。

夏六月，會王人、晉人、宋人、齊人、陳人、蔡人、秦人盟于翟泉 翟，直歷反。

《左氏》曰：公會王子虎，晉狐偃、宋公孫固、齊國歸父、陳轅濤塗、秦小子憖盟于翟泉，尋踐土之盟，且謀伐鄭也。木訥曰：翟泉，周地。以大夫而盟王臣於天王之側，抗可知也。岷隱曰：春秋之諸侯不知有王室，如晉文之尊王，自謂不可及矣。狃於習俗，闇於典禮，若此等類，皆不知其非。愚按諸家皆痛詆此盟，謂書「及」而不書「公及」者，爲魯諱。書「人」者，貶諸侯也。按《公》、《穀》二傳所載，《經》文皆作「公及」。而《左氏》於《傳》亦作「公及」，獨《左氏》所傳之正《經》無「公」字，其闕文未可知。會者既非諸侯，不書人而何書？聖人實書其事？善惡昭然。未必陰爲譏詆如凡例之云也。翟，《公》、

《穀》作狄。

秋，大雨雹

陽氣方盛而陰脅之爲雹。大者，過甚之名。《春秋》書大雨雹者二。

冬，介葛盧來

春之來，公圍許未至，未見公也，故冬再來。

三十年春王正月。夏，狄侵齊

《左氏》謂狄間晉之侵鄭也，故侵齊。岷隱曰：按僖公十八年狄救齊，二十年齊、狄盟于邢，三十年、三十三年狄皆侵齊。侵起於盟，盟起於救也。夷狄豈可使有功於中國而與之盟會哉？木訥曰：齊桓之霸，狄伐晉，而齊不救者，憾晉之不從。今晉文之霸，狄侵齊，齊已從晉，晉何辭而不救，此晉文之老而懈也。一伐楚，再朝王，至翟泉之盟已不親矣。晉文剛毅果敢過於齊桓，惜其老而力有所不逮也。

秋，衛殺其大夫元咺及公子瑕。衛侯鄭歸于衛

衛成之奔，元咺奉其弟叔武守衛。衛成歸，反殺叔武。元咺訴於晉，晉執衛成歸京師。元咺復歸衛，立公子瑕。故衛成再入而殺之。元咺許君而專立，有罪矣。衛侯鄭亦書名者，先儒謂殺叔武、公子瑕，皆非其罪，而戕天倫也。或曰魯請於夫子，而天子使之歸，故名也。竊意瑕亦嘗立，故各書名爲別，如突、忽歟。

晉人、秦人圍鄭

崔氏曰：鄭不會翟泉之盟，時秦、晉方睦，故相與圍之。愚按諸家多據《左傳》，謂晉文舊嘗過鄭，鄭無禮而報怨。木訥曰：踐土于温之會，鄭伯皆在，越五年同兩盟，豈至是而始責舊怨哉？蓋安定亦云討翟泉之不會，此説是也。

介人侵蕭

張氏曰：介再來魯，求援而後舉兵也。木訥曰：蕭附於宋，介附於魯。石氏曰：蕭，姬姓，宋附庸，後楚滅之。

冬，天王使宰周公來聘，公子遂如京師，遂如晉

岷隱曰：宰周公，王朝之貴，豈得下聘列國。胡安定曰：公子遂如京師，報周公之聘也。然王者至尊，非諸侯可抗也。木訥曰：子遂如京師而遂如晉，則是魯以事鄰國之禮事周也。魯蓋以宰周公之來，本乎晉侯以戎朝王而致。故既已聘周，不可不如晉以報其私焉。是聘使之勤出於周，而勞問之恩歸於晉也。然自隱至莊，天王聘魯者五，卒無一介之使如周。則今日公子遂之行已爲非常之禮，尚何責其遂如晉耶！

三十有一年春，取濟西田，公子遂如晉

《左氏》謂晉分曹田，取之也。如晉者，拜曹田也。《公羊》謂晉取曹所侵而班之諸侯也。任氏、黎氏諸家皆以爲曹田，曰：非其有，故書「取」也。石氏、劉氏諸家皆以爲魯田，曰：不繫國，則我之有也。趙木訥又曰：魯兵嘗追齊至濟西，我之地也。宣十年又書「齊人歸我濟西田」，歸我，則本魯田也。惟黎氏以爲非曹非魯，不可追治其田之自來。蓋自周衰相吞滅，而致魯本封百里耳。至鄭夾漈則曰：魯之濟西比曹，北比齊，晉文討曹而分其地，魯得濟西之田。此語覺深徑矣。

夏四月，四卜郊不從，乃免牲，猶三望

木訥曰：郊之制自惠公請之，周雖有其制而未敢用，僖公首舉之，故卜之。卜之至四而不從，天豈容僭哉！而猶三望，是犯天威而必於僭也，其可乎？三望之説，諸儒紛紛，惟岱、濟、淮者是也。石林曰：吕不韋之書曰「此平王之末造，惠公請於周，而假寵於周公」，是平王爲之也。然猶有降殺焉。故郊不以日至而以上辛，禘不以祖之所自出而以文王，望不通方望之祀而以三望，門不兼五門之制而以天子臯門爲庫門，應門爲雉門。雖爲之别，而孔子不與曰：「魯之郊、禘，非禮也，周公其衰矣。」止齋曰：諸侯之有郊、禘，東遷之僭禮也。故曰：「秦襄公始列於諸侯，作西畤，祠白帝」。「魯之郊、禘，惠公請之」。據邵氏《經世》書，惠公實立於秦襄公祠白帝之年。然始欲用之者，僖公也。向者莊公觀齊社，曹劌諫曰「天子祀上帝，諸侯會之，受命焉。諸侯祀先王、先公，卿大夫佐之，受事焉」。見惠公雖請之，而魯未嘗行也。記禮者以爲魯用天子禮樂，皆成王賜之。按衛祝鮀之言，分魯以大輅、大旂，夏后氏之璜，封父之繁弱，土田、陪敦，祝宗、卜史，備物、典册，官司、彝器。成王命伯禽者不過如此，無所謂天子禮樂也。

隱公考仲子之宮而始問羽數。周公閲來聘，饗有昌歜形鹽，而辭不敢受。甯武子來聘，饗之賦《湛露》、《彤弓》，而曰：「其敢干大禮。」于以見魯之僭尚未久。故上自天子之宰，下至鄰國之卿，苟有識者，皆疑怪遜謝，而魯人並無一語及於成王之賜以自解。愚按破《明堂位》成王賜魯以天子禮樂之説自劉敞始，以史角之事爲據。至木訥述用之甚明，石林與止齋參考之甚備。故悉録於此。《明堂位》之説出於漢儒，在秦書《吕覽》之後，其不足據亦明矣。但木訥三望之説主岱、濟、淮，以魯言也。恐不若戴岷隱謂魯僭用天子禮。國居東方，親祭泰山、濟水而望祭西南北三方之山川，其理尤白。繁弱，弓名。繁音槃。

秋七月。冬，杞伯姬來求婦

本訥曰：五年，杞伯姬來朝其子，今又來求婦。杞亦有君乎？何朝覲婚姻皆出於婦人也？伯姬亦悍哉！

狄圍衛。十有二月，衛遷于帝丘

齊侯城楚丘以遷衛，蓋三十年矣。齊桓未没，狄已侵衛，僖十三年之役是也。至十八年、二十一年又侵伐之，今又整兵而圍之，衛不得已遷帝丘以避。晉文不救，蓋已衰矣，明年而即世。愚聞之先師曰：衛益遷而西也。帝丘，顓頊之故地，去楚丘又二百里。

三十有二年春王正月。夏四月己丑，鄭伯捷卒

文公也，立四十五年卒。捷，《公羊》作接。

衛人侵狄。秋，衛人及狄盟

狄有亂，衛侵之，狄請平焉。明年晉又敗狄于箕，自是衛無狄患者十餘年。

冬十有二月己卯，晉侯重耳卒

文公生十有七年而出奔，在外十有九年而入國，入國五年而霸，一戰勝楚，再朝王所。傳之襄公、悼公、平公、定公皆能嗣其業，以宗諸侯。天下賴晉垂二百年。使齊桓既没而不有晉，天下胥而爲夷矣。故霸業惟齊爲盛，惟晉爲久，惟齊桓、晉文爲可以言霸。世稱五霸者，非也。霸之爲言，王室既衰，方伯出而攘夷狄以安中國。齊桓、晉文是也。宋襄狂愚，戕中國而結夷狄，霸之反也。秦穆、楚莊以夷狄而脅中國，霸之變也，皆不可言霸也。霸惟齊、晉，安有五哉？故孔子於《春秋》言其事則齊桓、晉文，蓋春秋之世，主之者齊桓、晉文。且孟子勸時君行王道，其力詆桓、文者，有爲之言也。後之讀《春秋》者弗察也。凡桓、文之功，皆指以爲桓、文之罪。嗚呼！獨不觀桓公未霸天下之亂爲如何！桓公霸而天下定矣！桓公甫没天下之亂又如何？文公霸而天下又定矣。此春秋之世，生民倚之爲司命，周之宗社所恃以不泯不滅，而顧以爲罪，可乎！特其行事，皆出智力。苟焉隨世以就功名，而世習既漓，諸侯、卿大夫之殺奪僭竊者，終不可盡禁。故孔子作《春秋》，筆削以裁之曰：其義則某竊取之爾。

三十有三年春王二月，秦人入滑

秦穆公千里襲鄭，事不成而中道滅滑。

齊侯使國歸父來聘

魯自僖公二十六年伐齊取穀，至二十八年公子遂始如齊，越今五年，齊始聘魯。或謂此報聘也，或謂晉文方没，諸侯無所適從而締交也，或謂晉文既没，齊恃强欲主盟而修舊好也。皆未知然否。

夏四月辛巳，晉人及姜戎敗秦師于殽

初，秦、晉同圍鄭，秦私及鄭盟，爲置戍於鄭，反又私約其戍爲内應，而千里潛師以襲鄭，知鄭有備，滅滑而還。滑北鄰於晉者也，原軫於是勸晉襄公邀于殽，敗之，匹馬隻輪無返。孫氏曰：晉文卒未逾年，秦由僻陋乘中國之無伯，越數千里以伐鄭，其無晉也甚矣。書曰「敗秦師」，所以甚秦之惡，而與晉之勝也。高氏曰：秦輒興兵以加中國，既入滑又伐鄭，秦亦張矣。楚患未已而加之秦，中國則殆矣。書曰「敗秦」，所以惡秦而予晉之勝也。夾漈鄭氏曰：襄公之不替伯，自殽之役始，晉之終於伯，亦自殽之役始。愚按諸家多罪晉襄負秦納晉文之恩，及罪其居憂而興戎。先師王貫道嘗言釁自秦啓，曲不在晉。使襄公懷先世之恩，及拘尋常，則晉不可繼伯而秦横矣。

癸巳，葬晉文公

勝秦而歸，乃葬，猶不失五月而葬之禮。《左氏》曰：因晉喪也。東萊曰：文公一死，便來侵撓。春秋時若非霸主時復整頓，如何成中國？

狄侵齊

公伐邾，取訾婁。秋，公子遂帥師伐邾

杜氏曰：魯亦因晉喪以陵小國。高氏曰：升陘之敗十餘年，此年因晉喪而報之。岷隱曰：升陘之敗，魯固怨邾，然君取其邑，臣伐其國，報亦甚矣。木訥曰：僖公在位三十有三年，敗邾者三，親伐邾取邾邑者二，又以公子遂帥師伐之。邾本魯附庸，自列五等爲諸侯，不屈於魯。故必欲服邾，邾終不服也。

晉人敗狄于箕

《左氏》謂狄伐晉及箕，晉敗之于箕。然則此亦乘晉之喪，而晉襄再勝外侮也。岷隱曰：狄爲中國患至甚。前此未有敗狄者，晉實始敗狄于箕，獲白狄子。此郤缺之雋功也。木訥曰：狄自伐邢之後，至是垂四十年矣，諸侯無小大皆受其毒，不敢以一矢加之。前年衛不忍其虐而侵之，狄屈而求盟焉。令又侵齊，齊不能討，伐晉，晉敗之，故其後屢侵齊而不敢犯晉。則知制夷狄果不可以示怯也。

冬十月，公如齊。十有二月，公至自齊

今年春，齊使國歸父來聘，臧文仲勸公朝齊，謂親有禮，社稷之衛也。故今公如齊，然報聘而親之，似過矣。

乙巳，公薨于小寢

小寢，燕寢也。路寢爲正寢。

隕霜不殺草，李梅實

岷隱曰：皆時燠之災也。

晉人、陳人、鄭人伐許

《左氏》曰：討其貳於楚也。木訥曰：晉文之霸，獨許不至溫之會，以諸侯圍之，然卒不至。故翟泉之盟，許亦不與。今襄公以三國伐之，而許終不服，蓋恃楚也。

僖公於十二公之中見稱賢君者也。然世之稱其賢者，以《詩》有僖公之頌，而《穀梁》釋《春秋》書「不雨」爲公之閔雨，書「雨」爲公之喜雨也。然頌乃臣子頌禱之辭，皆無其實。《春秋》書雨書不雨者，特以其關民事而書。後之讀《春秋》者因《詩》有《頌》以賢待公，而意其爲閔雨、喜雨爾，亦豈有其實也哉？若其滅項、伐邾、取須句、取訾婁、取濟西田，以楚伐齊，及夫人姜氏會齊侯于陽穀，皆其不賢之實，而始僭禮。卜郊則《春秋》所書【四】，尤不賢之大者也。詩人反以郊爲誇，尚可以《詩》、《頌》爲據，而意度《春秋》之書雨書不雨爲褒也耶？

【四】卜郊則春秋所書　「卜」原作「小」，據明本、文津閣本改。

木訥趙氏以《詩》頌其美，而《春秋》載其失也，折衷而爲之説，曰：僖公中材庸主也。其先任公子友則賢，其後任公子遂則否。天下有霸主則僖有以自固，中國無霸主則僖無以自立。方齊桓之霸也，服强楚，定王室，僖嘗與其功。及宋襄之敗也，楚人盟于齊、盟于薄，公亦與其辱。方晉文之未興也，僖以楚師伐齊，爲楚人戍衛，實蒙惡名。及晉文之既興也，兩會諸侯、兩朝王所，亦獲善譽。初任公子友也，敗莒于酈，以責保慶父之罪，如齊涖盟以求與伐楚之功，友之如齊以修事霸王之禮。此雖出於友，而僖實享其榮。終之任公子遂也，乞師于楚以伐鄰國，帥師入杞以虐小邦，如京師而遂如晉，則不忠於周，既取邑而又伐鄰，則納君于惡。此雖出於遂而公亦蒙其罪。因是知僖公爲中人也。其他閨門不肅而夫人會齊侯于卞，季姬遇鄫子于防，典禮不經而用禘，致夫人免牲，猶三望。此又中人之德，性有所不至，智有所不及者也。愚謂木訥折衷之論也，録之以俟來者考焉。

校勘記

卷十

讀春秋四

文公

名興，僖公子，母聲姜。謚法：慈惠愛民曰文，忠信按禮曰文。

元年春王正月，公即位

行即位之禮也。

二月癸亥，日有食之

不書朔，失之也。《公羊》本有朔字。

天王使叔服來會葬

《公羊》謂會葬，禮也。先儒多謂弔賻可也，會葬非禮也。未知孰是。要之王室微，諸侯强，每事反下之耳。或又謂五月而葬，今三月而來會，亦早。

夏四月丁巳，葬我君僖公

五月而葬。

天王使毛伯來錫公命

《穀梁》曰：禮有受命，無來錫命。或謂知公之不請命而反先焉，蓋事勢陵夷，上之每每屈以就下如此。

晉侯伐衛

晉文公季年，衛背晉而侵鄭。襄公告於諸侯而伐之。先且居勸以先朝王，故襄公朝天王於温，而使先且居、胥臣伐衛。此《左氏》説也。石林讞曰：經言晉侯伐衛，則非先且居、胥臣矣。或曰因討衛而後朝王，非朝王而後伐衛。故著其伐而没其朝。愚按此亦據《左氏》而評之，合且以《經》文爲正。

叔孫得臣如京師

得臣，叔牙之孫。如周，拜錫命也。先儒謂公不親往拜，而遣得臣，非也。然於《經》亦無遣使之文。

衛人伐晉

衛孔達也，不知自反而反伐霸主爲報。木訥謂是亦犯上。蓋既無王，復無霸，則天下胥爲夷矣。

秋，公孫敖會晉侯于戚

敖，慶父之子，穆伯也。晉伐衛取戚田而疆之。敖往會焉。禮樂自大夫出始此。木訥曰：孟氏自敖而專，叔孫氏自得臣、彭生而横，季孫氏自行父而侈。前乎此，大夫出會者皆君命至此而始專。

冬十月丁未，楚世子商臣弒其君頵憂倫反。

商臣後爲楚穆王，頵則楚成王也。書「商臣」稱「世子」以見其有父之親。書「頵」稱「君」以見其有君之尊。商臣無父無君，大逆無道，禽獸不若也。唐太子弘授《左氏春秋》【一】，廢書而嘆曰：聖人何書此耶？率更令郭瑜對曰：《春秋》以善惡爲勸戒，故商臣千載惡名不滅。弘曰：實不願聞，願受他書。瑜遂讀禮。張氏洽曰：頵在位四十六年，更齊桓、晉文之時，僭王猾夏，力爭諸侯。齊桓既没，益肆憑陵，執宋戕齊，毒被中國。及晉文敗之城濮，聲勢消沮。欲易世子，謀及婦人，自取篡逆，蓋夷狄積惡之應如此。後世如匈奴曼頭、魏拓拔珪、唐安禄山、史思明、朱全忠，本朝西夏曩霄，皆受禍於其子。頵，《公》、《穀》皆作髡。

公孫敖如齊

注云：始聘通嗣君也。木訥謂諸侯世相朝，必三年喪畢。今敖如齊，非禮也，專也。文公即位一歲之間，朝會皆出於得臣與敖，何以爲國乎？

二年春王二月甲子，晉侯及秦師戰于彭衙，秦師敗績

【一】太子弘　「弘」因避讳而作「洪」，今回改。下同。

秦報殽之役也。

丁丑，作僖公主

先儒謂練而作主，十三月也。今十七月，後時。

三月乙巳，及晉陽處父盟

《左氏》謂晉以公不朝來討，公如晉，晉使陽處父盟以恥之。

夏六月，公孫敖會宋公、陳侯、鄭伯、晉士縠，盟于垂隴

晉討衛故也。石林曰：内大夫專盟自敖始，外大夫列諸侯會自士縠始。隴，《公》、《穀》作歛。

自十有二月不雨至于秋七月

記災異也。

八月丁卯，大事于太廟，躋僖公

僖公，閔公之庶兄，而閔公先立，僖嘗臣之。今文公欲尊其父，故躋僖公於閔公之上。《傳》以爲逆祀。

冬，晉人、宋人、陳人、鄭人伐秦

報彭衙之役也。

公子遂如齊納幣

先儒謂未終喪納幣，非禮。

三年春王正月，叔孫得臣會晉人、宋人、陳人、衛人、鄭人伐沈，沈潰

《左氏》曰：莊叔會諸侯之師伐沈，以其服於楚也。沈潰，凡民逃其上曰潰。

夏五月，王子虎卒

翟泉之盟，王人，王子虎也，是爲王叔。文公來赴弔，如同盟。夾漈曰：文公於襄王，猶周公於成王也。成王弱，有管、蔡之變。襄王微，有叔帶之難。輯諸侯，寧王室，文公之略也。

秦人伐晉

秦再敗於晉。今此焚舟之戰也。晉師不出，秦封殽尸而還。

秋，楚人圍江

江近楚。自齊桓貫澤之盟，江從中國。今楚有窺中國之心，故先圍江。

雨螽于宋

記異。

冬，公如晉。十有二月己巳，公及晉侯盟

岷隱曰：晉侯使陽處父盟公，已而自知其非禮，復請改盟。然召而盟之，魯之弱可見矣。

晉陽處父帥師伐楚以救江

胡氏曰：是時楚有覆載不容之罪，晉宜大合諸侯聲罪致討，庶幾震恐而江圍可解。乃遣一軍，豈能濟乎。

四年春，公至自晉

往盟於晉而歸也。

夏，逆婦姜于齊

《左氏》謂卿不行，非禮也。貴聘而賤逆之，知出姜之不允於魯也。《穀梁》謂其曰婦姜，已成婚於齊也。或曰有姑之辭也。木訥謂不稱夫人【一】，以微者逆，不以夫人之禮待之也。

狄侵齊

許氏曰：狄自箕之敗，至是始復侵齊。間晉有秦、楚之難也。

秋，楚人滅江

陽處父以偏師救之，又不直救江而遠伐楚【二】，故江卒滅。

晉侯伐秦

報焚舟之役也。

衛侯使甯俞來聘

【一】木訥謂不稱夫人　「夫」原作「未」，據明本、文津閣本改。

【二】遠伐楚　「遠」原作「達」，據文淵閣四庫本改。

俞即甯武子，衛之賢者也。當衛侯出奔復歸之時，納橐饘以從君於囚，貨醫衍以免君於死，俞有勞焉。至是晉以孔達歸衛，故衛侯從來修舊好。魯侯享之，歌《彤弓》及《湛露》。俞不辭又不答賦。魯秉周禮【三】，有媿於俞多矣。

冬十有一月壬寅，夫人風氏薨

啖子曰：自成風之後，妾母皆僭用夫人禮。伊川曰：仲子始僭，猶不敢同嫡。蓋風氏即成風，僖公之母，莊公之妾也。木訥辨以爲僖之妾，以秦人來爲僖公成風之襚爲證。謂成風繫之僖公，猶以仲子繫之惠公也。未知然否。後書「葬我小君」，似亦主僖言之也。

五年春王正月，王使榮叔歸含且賵。三月辛亥，葬我小君成風。王使召伯來會葬

賵，芳鳳反。

珠玉曰含，車馬曰賵。含贈死賵贈生。既歸含賵，又使會葬，是天子成其妾母爲夫人，非禮也。禮，庶子爲父後者爲母緦。不書「天王」止書「王」者，諸家以爲貶。木訥以爲闕文。召伯，《穀梁》作毛伯。

夏，公孫敖如晉

公方歸自晉，敖即如晉。或疑其諂事晉以内固其權。

秦人入鄀 音若。

【三】魯秉周禮　「秉」原作「東」，據文津閣、文淵閣本改。

都，楚屬也，叛楚即秦，又貳于秦，故秦入鄀。

秋，楚人滅六

六，皋陶後，今屬安豐軍。

冬十月甲申，許男業卒

僖公也，立三十三年卒，終身事楚。晉文公圍之而不服，晉襄公伐之而不率者也。

六年春，葬許僖公

自十月至今，計亦五月而葬。

夏，季孫行父如陳。秋，季孫行父如晉

《左氏》謂臧文仲使其睦陳，行父因娶焉，是意在求昏而託聘以往。木訥曰：陳未有聘於魯，魯豈先聘小國如陳者，行父之私也。敖嘗如晉，行父與敖一體之人，故亦如晉，仲氏、季孫爭交於晉，三家之張自文公始。

八月乙亥，晉侯驩卒。冬十月，公子遂如晉。葬晉襄公

三月而葬，速。

晉殺其大夫陽處父。晉狐射姑出奔狄 射，音亦，一音夜。

於《傳》則狐射姑怨處父以趙盾易己之班，使續鞫居殺處父而奔狄。崔氏曰：從三家之論，則處父之選任而告於君者，忠矣，未可以爲罪也。稱國以殺，知處父有他罪明矣，而《傳》或失之。晉殺處父而射姑出奔，豈處父之罪有累於射姑故耶？射姑，《穀梁》作夜姑，狐偃之子也。

閏月不告月，猶朝于廟

陸氏《纂例》曰：文公以閏非正，不行告朔之禮，而以其朔日至廟，拜謁而已。木訥曰：常月曰告朔，閏月曰告月。文公不達此，以爲天無是月而弗告焉，猶幸其朝于廟。岷隱曰：禮，天子頒正朔，諸侯受而藏之禰廟。每朔以特羊告宗廟，謂之告朔。既告，然後出而視政，謂之視朔。文公末年，四不視朔，則荒怠于政。雖非閏月，亦不告矣。子貢欲去告朔之餼羊，當自文公之後，魯公不親告朔矣。

七年春，公伐邾。三月甲戌，取須句，遂城郚 句，其俱反。郚，音吾。

僖公嘗伐邾，取須句，其後歸之。今文公間晉之難，復伐而取之。郚，魯下邑。因伐邾之師而遂城之以備邾。其陵虐小國，不卹民力，直書自見。

夏四月，宋公王臣卒。宋人殺其大夫

宋成公立十七年而卒，昭公未即位，先欲去群公子，故國人攻昭公，殺及二大夫。《傳》謂公孫固，公孫鄭也。崔氏曰：嗣君未立而國内亂，大夫有以衆死者，知非公命，故曰「宋人殺」。木訥曰：凡君卒而大夫殺，非廢置有不順，必不能於嗣君者。

戊子，晉人及秦人戰于令狐。晉先蔑奔秦 令，力呈反。

《左氏》載晉襄卒，靈公幼，謀立長君。趙盾使先蔑迎公子雍于秦。穆嬴抱太子日啼于朝，盾乃拒秦，而先蔑奔。木訥曰：晉襄之卒，於是朞年，襄公之葬久矣。豈晉至是始謀立君。《左氏》之説必不然也。且《左氏》初言先蔑如秦，則蔑在秦。次言先蔑將下軍，則蔑在晉。蔑既逆雍于秦，則必不肯將兵以拒秦。苟已將兵拒秦，豈容復奔秦耶？理無可通者，皆失之誣也。秦、晉自殽凡五戰，今晉襄、秦穆皆即世，晉靈、秦康之立，可以一洗舊憾。趙盾乃修先君之怨，以爲是戰。晉辭爲曲，蔑不用命而奔敵矣。愚按據《經》文之次第，則《傳》文誠不足憑，蓋全與《經》相背也。

狄侵我西鄙

間秦、晉之爭也。木訥曰：魯有戎患，未嘗有狄患，狄蓋遠於魯。今狄越齊、衛而侵魯，其患深矣。岷隱曰：戎嘗爲魯患，至莊公伐戎之後，戎患少息。至是狄患方興，侵我西鄙，其後魯獲長狄僑如，狄遂少戢。治夷狄固不可以無威也。

秋八月公會諸侯、晉大夫盟于扈

許氏曰：諸侯何以不序？大夫何以不名？大夫而主諸侯盟，自扈之盟始也。君子惡之。崔氏曰：是時晉侯新立，諸侯相與會于晉地而聽事焉。晉侯不能降禮，乃使大夫抗禮而盟諸侯。此諸侯之恥而晉之罪也，故不罪諸侯，不名晉大夫以略之。愚按此前後凡書盟會，此誠夫子之特筆。諸家皆祖《左氏》以爲公後至而諱之。殊不可曉，且夫子明書公會，後世安得自以爲公後至耶？惟許氏、崔氏據《經》爲説，故特録之。然此時靈公尚幼，事皆趙盾之爲，二氏以責靈公，未審耳。是歲中國始無霸主。

冬，徐伐莒，公孫敖如莒涖盟

木訥曰：魯有徐患舊矣。入春秋，服齊桓之令，不敢仇諸侯。霸主不作，徐將爲魯患。今其伐莒，公孫敖於是往盟于莒，修僖公洮、向之好，協謀以備徐。

八年春王正月。夏四月。秋八月戊申，天王崩

襄王立三十三年崩。

冬十月壬午，公子遂會晉趙盾，盟于衡雍。乙酉，公子遂會雒戎，盟于暴 雍，於用反。

趙盾專有晉，大國；雒戎與魯有疆埸之交。公子遂當國而專，故往與之盟。衡雍與暴，皆鄭地，故越晉而可兼盟。

公孫敖如京師，不至而復。丙戌，奔莒

公孫敖，穆伯也。如京師者，將弔天王之喪，不至而復。丙戌奔莒者，穆伯嘗爲襄仲娶莒己氏，美而自娶之。仲欲攻之，惠伯平之，穆伯已還己氏。至是逃奔己氏也，其惡可知。

螽

書災。

宋人殺其大夫、司馬。宋司城來奔

大夫，孔叔，公孫鍾離也。司馬，公子卬也。司城，蕩意諸也。初，宋昭公未立，先欲去群公子，嘗致亂。今既立，不禮其祖母襄夫人，又致亂，故大夫、司馬死之，而司城來奔。黎氏曰：司馬，典兵之官而被殺，則威柄奪矣。司城，扞禦之任而來奔，則主勢孤矣。宜昭公卒死於弑。

九年春，毛伯來求金

岷隱曰：襄王在殯，猶未葬也。從魯求金，亦可念矣。木訥曰：諸侯不貢而致天王下求，雖金非所以責魯。然王有闕，則諸侯均所當供。

夫人姜氏如齊

此出姜也。杜注以爲歸寧。木訥曰：文公並妃匹嫡，嬖於敬嬴，生倭，嬴寵而倭將貴。夫人如齊，謀於父母，其歸寧蓋有故存焉。聖人書之，爲十八年歸齊張本。

二月，叔孫得臣如京師。辛丑，葬襄王

得臣，莊叔也。如京，會葬也。岷隱曰：魯成風之喪，王使榮叔歸含賵，叔服會葬。今襄王之喪，公孫敖如京，不至而復，魯亟遣大夫往繼可也，遷延不行。而毛伯求金，已而得臣方會葬，亦晚矣。崔氏曰：天子之葬，魯侯親之者也。乃遣大夫。木訥曰：猶愈於不會葬者。愚謂周衰，諸侯强，禮之倒置甚矣。魯僅儕周於諸侯，而周之下禮於魯，反過於交鄰國。

晉人殺其大夫先都

《左氏》載先都怨先克沮己，不獲登上軍，殺先克。晉人遂殺先都。胡氏謂晉政在趙盾。先克者，盾之黨。是則討先都之亂者，盾必主之也。國亂非君命，故曰晉人。

三月，夫人姜氏至自齊

崔氏曰：夫人不寧于魯，故終以見出。是行也，夫人其幾於出乎，故殆其往而喜其反。

晉人殺其大夫士縠及箕鄭父

士縠、箕鄭與先都同亂者也，故併殺之。木訥謂先都既殺，其黨責其自新可也。盾必誅之，亦知己之專，而懼士縠之伍不屈於己也。

楚人伐鄭，公子遂會晉人、宋人、衛人、許人救鄭

范山言於楚子曰：晉君少，不在諸侯，北方可圖也。楚於是伐鄭。孫氏曰：楚自城濮之役，不敢加兵於鄭。今伐鄭者，晉文既没，中國不振故也。張氏曰：趙盾爲晉，當力懲其始，以振中國之威，乃緩不及事。諸侯之師及鄭，楚已囚鄭公子去矣。木訥曰：晉靈少且不君。權專於盾，楚商臣大逆之罪，晉不能問。至是復窺中國，兵行鄭郊，楚之進退視中國强弱。中國無霸，何以安之！

夏，狄侵齊

張氏曰：楚得志去【四】，而狄交侵矣。

秋八月，曹伯襄卒

共公也，立三十五年卒。

九月癸酉，地震

地道靜，動爲異。

冬，楚子使椒來聘

張氏曰：伐鄭而聘魯，亦遠交近攻之意。愚按此事諸家皆謂書「楚子」書「椒」，以其以禮交中國而進之也。木訥辨之曰：楚執宋公以伐宋，《春秋》亦書曰「楚子」，豈進其虐中國耶？宜申謀爲不道而見殺，《春秋》亦書曰「宜申」，豈進其謀逆耶？書「楚子」書「椒」，從其國之稱，書其實而已。

秦人來歸僖公成風之襚音遂。

衣服曰襚，以贈死者。成風之卒，今五年矣。張氏曰：是時秦、楚交病中國，秦欲伐晉而襚魯，猶楚欲圖北方而聘魯也。啖子曰：僖公成風與惠公仲子何殊？《傳》謂兩人誤矣。木訥曰：此特歸成風之襚爾，不曰「僖公」，無以别其爲僖公之妾，成風爲僖公之妾，於是明矣，非謂兼襚二人也。

【四】楚得志去　「志」原作「氣」，據文淵閣本改。

葬曹共公 共音恭。

八月卒，冬而葬，計亦五月。

十年春王三月辛卯，臧孫辰卒

臧文仲。

夏，秦伐晉

《傳》載晉伐秦，取少梁。秦伐晉，取北徵。是交怨不已。《經》止書秦，豈以兵端在秦耶？

楚殺其大夫宜申

《傳》載宜申謀弒穆王而見殺。《經》但書「殺其大夫」。木訥謂穆王弒君父，故宜申之謀弒，以無罪書之。

自正月不雨至于秋七月

旱可知。

及蘇子盟于女栗 女音汝，又如字。

諸家多祖《左氏》説，謂頃王新立而盟。以盟天子之大夫，與周下盟諸侯爲非。惟戴岷隱曰：僖公十年狄嘗滅温【五】，温子奔衛，温即蘇子也。今與魯盟，豈非既復其國而求與魯盟邪？

【五】僖公十年狄嘗滅温 「嘗」原作「常」，據文淵閣本改。

冬，狄侵宋

高氏《集註》曰：狄侵諸大國，獨宋未耳，自宋亂之後狄始侵之。

楚子、蔡侯次于厥貉

《左氏》載其將伐宋。先儒謂睥睨中國耳。厥貉，《公》、《穀》作屈貂。

十有一年春，楚子伐麇九倫反。

杜注：討前年逃厥貉會。

夏，叔仲、彭生會晉郤缺于承筐郤，去逆反。

《左氏》曰：謀諸侯之從於楚者。杜氏注：九年陳、鄭及楚平，十年宋聽命于厥貉也。先師謂此亦霸者事，大夫豈得而專之？木訥曰：魯獨會之者，蓋大夫之專自魯始。霸主之令亦出於大夫，此魯所以悦從者歟。彭生，叔仲惠伯也，公子牙之孫。

秋，曹伯來朝

《左氏》謂始即位而來也。

公子遂如宋

《左氏》謂襄仲聘于宋，且言司城蕩意諸而復之，因賀楚師之不害也。木訥曰：彭生會晉，公子遂如宋，魯君安在哉？大夫專恣，各事大國以固私黨。

狄侵齊。冬十月甲午，叔孫得臣敗狄于鹹

《左氏》曰：鄋瞞侵齊，遂伐我。公卜使得臣追之，吉，敗狄于鹹，獲長狄僑如。木訥曰：狄八年之間三侵齊，而侵魯、宋者一。得臣出其不虞而敗之，自是有懼心。惟十三年一侵衛，不敢窺齊、魯之藩籬，則鹹之役不惟有功於魯，且有功於天下也。得臣，莊叔也，最善射。

十有二年春王正月，郕伯來奔

《公羊》曰失地之君也。岷隱曰：按《左氏》郕太子以地來奔，魯以諸侯逆之，故書曰「郕伯」。誠如所言，郕太子未嘗爲君，《春秋》豈得以「郕伯」書？蓋必嘗爲君，迫於不得已而出奔，非其罪也。孫氏曰：按莊八年師及齊師圍郕，郕降于齊師，自是入齊爲附庸。此而來奔，齊所逼爾。郕，《公羊》作盛。

杞伯來朝

始朝公也。

二月庚子，子叔姬卒

《左氏》謂嫁杞而杞絶之。《公》、《穀》謂嘗許嫁杞而卒。今皆不可知。趙子曰：時君之女，故曰「子」以别非先君之女也。愚按以此釋《經》文足矣。

夏，楚人圍巢

岷隱曰：前日楚伐麇，中國不能救，於是又圍巢。中國無霸主，諸侯何恃哉？

秋，滕子來朝

滕昭公也，亦始來朝。

秦伯使術來聘

將伐晉也。木訥曰：九年秦將伐晉，則來歸僖公成風之襚。今將爲河曲之戰，則有術之聘。

冬十有二月戊午，晉人、秦人戰于河曲

自殽至此凡六交兵。

季孫行父帥師城諸及鄆音運。

諸與鄆，二邑名。木訥曰：諸、鄆、莒，魯之衝也。七年徐伐莒，公孫敖如莒涖盟，莒、魯蓋締交也。八年公孫敖如京師，不至奔莒，敖之奔，蓋不能於魯而莒容之。行父疑敖之在莒爲疆埸患，故帥師以城焉。張氏曰：前此莒未嘗與魯有爭。今行父首帥師城二邑以啓爭端，魯自此與莒爲仇而爭由鄆始。先師嘗言二邑近費而介於莒，他年宿伐莒取鄆，叔弓疆其田，費於是始大。然則此行父自爲封殖之計也。鄆，《公羊》作運。

十有三年春王正月。夏五月壬午，陳侯朔卒

陳共公立十八年而卒，背夏從夷者終其身。其子平國立，始自拔於夷狄以從新城之盟，是爲靈公。

邾子蘧蒢卒 蘧，其居反。蒢，丈居反。

邾文公立五十年卒，子玃且立。《左氏》載文公卜遷繹，史曰：利民不利君，公遷而卒。

自正月不雨至于秋七月

旱可知。

太室屋壞

太室，魯公伯禽之廟，不修故壞。書不共也。

冬，公如晉，衛侯會公于沓。狄侵衛，十有二月己丑，公及晉侯盟。公還自晉，鄭伯會公于棐

劉氏曰：前此鄭、衛背晉而與楚。今公之往也，衛侯會于沓，請平于晉，其還也，鄭伯會公于棐。亦請平于晉，公皆成之。木訥曰：狄復侵衛者，衛侯出會乘虛而侵之也。又曰：晉之不能宗諸侯者，權在趙盾也。諸侯之不肯從晉者，不屈於盾也。中國無霸主，而楚人伐麇、圍巢，無復顧忌，寖寖然兵及衛、鄭，故衛因公之如晉而會公于沓，鄭因公之還自晉而會公于棐，蓋謀晉之霸也。然衛、鄭不敢直附晉而問交於魯者，以魯深睦於晉，而知晉强弱，從違之計卜於魯焉。故明年遂爲新城之盟。公之一出，晉實因之而復霸諸侯。楚實懼之，而終文公之世不侵中國，則亦不爲無益於天下。愚謂此適投諸侯求晉之機也。

十有四年春王正月，公至自晉

去冬十二月與晉盟，而今歸魯也。

邾人伐我南鄙，叔孫彭生帥師伐邾

《左氏》載邾文公卒，公使弔焉，不敬，邾人來討，故惠伯伐邾。余氏曰：居喪而伐人，與伐人之喪，罪一也。

夏五月乙亥，齊侯潘卒

昭公也，立二十年卒，孝公名昭，而潘又謚昭，非禮。

六月，公會宋公、陳侯、衛侯、鄭伯、許男、曹伯、晉趙盾。癸酉，同盟于新城

《左氏》曰：從於楚者服也。伊川曰：同懼楚也。愚按：從楚者宋、陳、鄭、許也。自楚荐食中國，諸侯無所依。去年冬，衛、鄭會魯，皇皇然求晉。晉趙盾又方有求諸侯之心，交相求而適相濟，是以同盟。新城，宋地，今應天府也。七年扈之盟，止書公會諸侯、晉大夫，今年新城之盟，列叙諸侯，明書晉趙盾者，西疇崔氏謂新城之盟出於諸侯，而扈之盟晉大夫主會也。不言癸酉會諸侯，先言會諸侯然後書「癸酉同盟」者，夾漈鄭氏謂諸侯之會非一日而皆集，必待其集然後同日而盟也。

秋七月，有星孛入于北斗

孛者，星之沴氣也，光芒直上而如篲，則曰彗；光芒四出而勃勃然，則曰孛。入于北斗者，斗有環域，故曰入也。《左氏》載周内史叔服曰：不出七年，宋、齊、晉之君皆將死亂。後三年宋弑昭公，五年齊弑懿公，七年晉弑靈公。唐李淳風始筭孛星行度，謂此星在角，由杓入斗，是月自北而入，晉居北，齊、宋居晉之東，故晉、齊、宋當之。斗數七，故云不及七年。胡氏曰：此三君皆違道失德而死於亂，符叔服之言。

公至自會

新城之會方告至。

晉人納捷菑于邾，弗克納

邾文公長子貜且，齊出也。次捷菑，晉出也。貜且已立，晉又納捷菑，見辭而還。納者，《左氏》稱趙盾，《公羊》稱郤缺，《穀梁》稱郤克，捷菑，《公羊》作接菑。

九月甲申，公孫敖卒于齊

初，敖如京師，棄君命而奔莒，以從己氏。魯立其子穀，是爲文伯。敖生二子於莒而求復，文伯以爲請。襄仲使無聽朝命，復而不出，三年又盡室適莒。文伯卒，立其弟難，是爲惠叔。敖又重賂以求復，惠叔以爲請。許之，將來而卒於齊。敖者，慶父之子孟氏也。謚穆伯。適莒而卒于齊者，又奔齊以求歸也。高氏謂書此以著典刑之壞，且爲明年齊人歸喪起。

齊公子商人弑其君舍

《左氏》載魯叔姬妃齊昭公，生舍。叔姬無寵，舍無威。公子商人驟施於國以傾之，昭公卒，舍立。商人弑舍而讓元，元曰：爾求之久矣。

宋子哀來奔

《左氏》曰宋高自蕭封人升爲卿，不義宋公而來奔。《公羊》曰：子哀者何？無聞焉爾。《穀梁》曰：其曰子哀，失之也。《左氏》居諸《傳》之先，宋昭又不道之君，且當從《左氏》耳。但子哀一以爲字，一以爲名，不可考。孫氏曰：宋公族子姓，哀，名也。黎氏曰：子哀，必宋公之子。《經》有子同、子糾，未知孰是。

冬，單伯如齊，齊人執單伯。齊人執子叔姬

《左氏》謂單伯，周大夫也。子叔姬者，文公之女，嫁齊生舍，舍立見弑，叔姬不安於齊。魯請於周，使單伯使齊歸之。齊不道而皆執之也。《公》、《穀》謂單伯，魯大夫，其并見執者，淫也。愚按：書齊人執單伯，書齊人執子叔姬，兩書齊人者，正不欲以姬繫於單伯而嫌於淫也。此當從《左氏》，而《公》、《穀》所傳殆齊人誣而執之之詞歟。若單伯之爲周大夫或魯大夫，則不可知也。莊元年單伯逆王姬去，此已七十餘年，若以爲魯大夫，不應父子祖孫皆以名氏稱單伯，伯以爵，而周畿内諸侯也。若以爲周大夫，則此不明書請于周，而明年書單伯至自齊，於周無關也。世遠不可質言。

十有五年春，季孫行父如晉

爲單伯與子叔姬執於齊故也。

三月，宋司馬華孫來盟

木訥曰：宋昭不君，惟前年同新城之盟，未嘗聘魯。前日子哀以不義昭公來奔，疑子哀間宋、魯，而魯有以議宋，故來修好，而又盟以質之神。不書使，非君命也，己專盟也。

夏，曹伯來朝

曹伯十一年來朝，今再至。

齊人歸公孫敖之喪

敖以奔死於外，魯不許其歸。齊人飾棺置堂阜，其子難請于魯，故歸。

六月辛丑朔，日有食之，鼓，用牲于社

非禮也。説見莊二十五年。

單伯至自齊

齊釋其執也。或謂行父如晉，晉詰齊而齊歸之。

晉郤缺帥師伐蔡。戊申，入蔡

新城之盟，蔡獨不與，故討之。蔡自獻舞入楚，至晉文敗楚而後來歸，踐土、温、翟泉皆與會。晉文没，復從楚者十五年，然蔡無以自立故也，今安能得蔡？

秋，齊人侵我西鄙。季孫行父如晉

《傳》齊人侵我，故行父告于晉。

冬十有一月，諸侯盟于扈

尋新城之盟，謀齊難也，以無能爲，故略之。

十有二月，齊人來歸子叔姬

或疑亦行父請晉而得釋。

齊侯侵我西鄙，遂伐曹，入其郛

齊侯再侵者，謂諸侯不能也。伐曹者，以曹兩朝魯也。

十有六年春，季孫行父會齊侯于陽穀，齊侯弗及盟

魯以齊兩見侵而求盟，齊以行父兩謀齊於晉，而不肯與盟。

夏五月，公四不視朔

自二月至五月也。《穀梁》謂厭政甚矣！

六月戊辰，公子遂及齊侯盟于郪丘　郪，音西，又七西反。

行父不得盟，公使遂納賂于齊，乃得盟。齊强魯弱也。郪丘，《公羊》作犀丘，《穀梁》作師丘。

秋八月辛未，夫人姜氏薨

聲姜，僖公夫人，文公母。

毁泉臺

《公羊》謂泉臺即築于郎之臺也。先祖爲之，己毁之不如勿居而已矣。《左氏》謂有蛇自泉宫出，入于國，如先君之數。秋，聲姜薨。故毁泉臺。劉氏曰：以爲祥而毁之，非明民之道。

楚人、秦人、巴人滅庸

《左氏》載楚大饑，戎與麇交伐之。庸帥群蠻叛楚，楚議徙都阪高，蔿賈曰「我能往，寇亦能往，不如伐庸。」遂滅庸。岷隱曰：秦、楚相遠，其所以得伐庸者，由巴蜀以通道。木訥曰：楚成王、穆王求諸侯，直與中國爭鋒。今莊王之興，西連巴、秦，繞出周、晉之後，西南既合而北趍晉，則中國諸侯在其掌握矣。然則蔿賈之謀乃轉敗爲成，而饑饉，兵革之來，適爲莊王强楚之資也。

冬十有一月，宋人弑其君杵臼

襄公夫人王姬欲通公子鮑，使甸弑昭公。書曰「宋人弑其君」者，先儒謂昭公無道，國人所共棄，若衆殺之然也。杵，《公羊》作處。

十有七年春，晉人、衛人、陳人、鄭人伐宋

《左氏》曰晉荀林父，衛孔達，陳公孫寧、鄭石楚伐宋，討曰「何故弑君」？猶立文公而還。文公蓋即公子鮑也。木訥曰：宋之弑君，以公子鮑之厚施得民奉，以爲逆也。今諸大夫伐宋，卒立鮑而還。則安在其爲討罪哉？成宋之亂而已。

夏四月癸亥，葬我小君聲姜

九月而葬。《左氏》謂齊難故緩。劉氏曰聲姜既葬，而後有齊師耳。高氏曰九月而葬，慢也。聲，《公羊》作聖。

齊侯伐我西鄙。六月癸未，公及齊侯盟于穀，諸侯會于扈。秋，公至自穀

齊伐魯，魯公子遂以賂得盟于郪丘。齊猶以公不親盟，復來討焉。公子遂請盟，公乃親盟于穀。諸侯之會于扈，平宋也。公以齊難不及與。胡銓《集善》曰文公立十有八年，大夫盟會十八九，獨此書公盟，亦見大夫之張也。高閌《集註》曰穀本齊地，僖二十六年公以楚師伐齊，齊以是憾魯。今公不與扈之會，而强盟齊于穀，苟免齊難而已。岷隱曰：文十五年書諸侯盟于扈，至是書諸侯會于扈，其事正同始也。魯文公後至，晉侯取賂於齊，無功而還，故《春秋》略之，不列序諸侯。今扈之會，文公不與諸侯，成宋之亂而不能討其罪，故《春秋》復得而略之。

冬，公子遂如齊

拜穀之盟。

十有八年春王二月丁丑，公薨于臺下

崔氏曰臺下者，泉臺之下也。其臺毁矣，而下屋存焉，薨于臺下，非正也。

秦伯罃卒

秦康公立十二年卒。

夏五月戊戌，齊人弒其君商人

商人者，懿公也，弒君簒立四年，刖邴歜之父而使歜僕，納閻職之妻而使職驂乘，故二人共弒之。齊人迎立其兄公子元，是爲惠公。止齋曰：職、歜微，不稱盜而稱齊人，所以罪商人也。

六月癸酉，葬我君文公

五月而葬。

秋，公子遂、叔孫得臣如齊。冬十月，子卒，夫人姜氏歸于齊，季孫行父如齊

公子遂，襄仲也。叔孫得臣，莊叔也。子者，立未踰年之稱。子之名。《左氏》以爲惡，《公羊》以爲赤，蓋夫人姜氏所生也。初，文公之妃敬嬴生倭，是爲宣公，敬嬴嬖而私事襄仲。宣公長而屬諸襄仲，欲立之。仲請于齊，齊許之，故襄仲殺惡及其弟視，而立宣公。夫人姜氏遂歸齊，將行，哭而過市，曰「天乎！仲爲不道，殺適立庶」。市人皆哭，魯人謂之哀姜，所謂出姜，不允於魯者也【六】。書曰「子卒」，《左氏》以爲諱之也。木訥曰：遂及得臣如齊而子卒，子卒而夫人姜氏歸于齊，其義隱而彰矣。行父之如齊，張氏以爲告宣公之立也。沙隨程氏曰：遂、得臣、行父三人皆與謀，以其前後如齊而知之也，蓋是舉

【六】不允　「允」原作「充」，據文淵閣四庫本改。

也，惟叔仲惠伯名彭生者不可。公子遂矯太子惡之命召而殺之。

莒弑其君庶其

莒子生僕，又生季佗，愛季佗而黜僕，故僕弑逆而以其寶玉來奔。《傳》載行父逐而出諸竟，曰「如鷹鸇之逐鳥雀者」也。

木訥趙氏鵬飛曰：三家之强雖自僖公，而僖公之世未嘗敢專也。至文公之世，孟氏則公孫敖爲戚之會，垂隴之盟。叔孫氏則得臣會晉伐沈，敗狄于鹹。季氏則行父如陳如晉，帥師城邑，至東門氏則襄仲見於《經》者凡九，非會則盟，非盟則如，非如則伐，其横尤甚於三家。然極其源，皆由文公怠懦不君也。即位之初，霸主之會，鄰國之好，未嘗親之，率以大夫往。閏月不告月，常月不視朔，怠惰庸昏，不出寢門，何以爲國。宜諸大夫互結私援，外事大國，内懷國人而自封植，公室寖弱而權移於人也。一身未瞑，二子爲戮，妃妾不能相保。終春秋之世，權不能復收而魯遂以微。文公不能逭其責也。

宣公

名倭，或作接，文公庶子，襄仲爲其妾母敬嬴殺嫡而立之。謚法：善問周道曰宣。

元年春王正月，公即位

岷隱曰：魯之桓宣皆繼故而立，無所畏懼，偃然行即位之禮。《春秋》即其實而書之。

公子遂如齊逆女。三月遂以夫人婦姜至自齊

岷隱曰：宣公執親之喪未一年，遽遣人逆女，人道廢矣。木訥曰：諸侯娶元妃以奉宗廟，非苟結私黨以濟其惡也。弒太子、立宣公、絶姜氏，皆仲遂與敬嬴之謀。今謀既濟矣，獨虞姜氏在齊有以謀魯也，故宣公即位，坐席未温，而公子遂如齊逆女，三月遂以夫人婦姜至自齊，其爲謀豈不迫哉？蓋齊惠亦負篡弒之惡，故不暇責魯，特患姜氏有言於惠公也。今既逆齊女而歸，則惠益親魯，姜氏有言，惠有所不信爾。故得歸姜，則宣公之位定，敬嬴、公子遂可以無虞。故書曰「公子遂如齊逆女，遂以夫人婦姜至自齊」。書公子遂者，娶齊之謀本於遂也。書婦姜者，婦有姑之稱，敬嬴以妾母專政，娶齊之謀遂與敬嬴同之也。

夏，季孫行父如齊

《左氏傳》曰：季文子如齊納賂以請會。胡銓《集善》曰宣篡立，未列於會，故如齊納賂以請會。其下書齊人取田，則納賂明矣。行父之惡如此，而室無私積，近於公孫之布被。木訥趙氏曰：拜成婚也，前年夫人姜氏歸于齊，季孫行父如齊，今夫人婦姜至自齊，季孫行父復如齊。前日絶其姑，今日賀其婦，婦姑均齊女也。姑惡、視之母則絶之，婦，倭之夫人則賀之，倭，諸大夫立之也，惡及視，諸大夫殺之也。殺者絶而立者賀，其謀皆出於大夫，大夫之横一至是耶！愚按：行父今此如齊，古説皆以爲請會。木訥獨以爲拜婚。二説皆通而拜婚之説則於《經》文之比事尤切。然其爲行父之邪謀則一也。

晉放其大夫胥甲父于衛

甲父之見放，《左氏》以爲河曲之戰不用命，然今已七年矣。胡氏曰：放猶羈置，毋去其所。木訥曰：天子四海爲家，大臣有罪而法不至死，則放之于荒裔。舜放驩兜于崇山是也。晉，諸侯爾，越晉境則爲他國，安得荒裔而放之。今放之于衛，衛，鄰國也，使甲父而賢則是借賢與人，若其不賢，則衛豈肯容之。晉放之衛，釋之晉，何以責衛？衛豈晉之荒服乎？師氏曰：春秋之時列國相與藏奸匿怨。負罪於此而見用於彼，孰能必其禁錮哉？

公會齊侯于平州，公子遂如齊。六月，齊人取濟西田

《左氏》謂會于平州，定公位也。公子遂如齊，拜成也。取濟西田者，魯以賂齊也。春秋之世，弑君篡國者已列于會，則諸侯不得致討，故公子遂爲宣公賂齊以求會，既會而齊取其賂也。胡氏曰：篡弑之賊無所容於天地之間。身無存没，時無古今，其罪不得赦也。以列於會而不復討，是率中國爲戎夷，棄人類爲禽獸，此《春秋》所以作也。戴氏曰：桓公之立也不義，以許田賂鄭。宣公之立也不義，以濟西田賂齊。懷慚抱愧，制命於人，亦可哀矣。趙氏曰：魯致賂而書齊取，齊欲之也。既爲平州之會而取濟西田，則出姜之恨無所伸。惡、視之寃無所訴矣。

秋，邾子來朝

木訥曰：邾自僖、文之世屢爲魯所虐，至是因宣公之立而求成焉，故來朝。然十年而公孫歸父伐邾取繹。愚聞邾舊雖附庸於魯，自升爲子，常屬于齊，每視齊爲向背。今魯與齊好，所以來朝，相安十年，恐亦來朝之力。

楚子、鄭人侵陳，遂侵宋。晉趙盾帥師救陳。宋公、陳侯、衛侯、曹伯會晉師于棐林，伐鄭

岷隱曰：晉、楚二國不務德而力爭陳、鄭，一彼一此皆不足以得二國之心。鄭伯以晉人受賂之故，而受盟於楚。陳人以楚人無禮之故，而受盟於晉。故楚、鄭侵陳及宋，而晉亦救陳。陳、宋怨鄭者也，故復與衛、曹會晉伐鄭。木訥曰：楚莊，天下姦雄也，前日滅庸，首結秦、巴以侵中國之西。今日侵陳、侵宋，又結鄭以侵中國之東。未得秦、巴則不及庸，未得鄭則不及陳、宋，必秦、鄭既復，東西之勢合，羽翼之謀成，而後趨中國。時霸者不作，楚方跋扈，盾不救，則陳、宋爲楚矣。然《經》書救陳，而《左氏》以爲救陳、宋，蓋意之耳。楚之伐宋，必越陳而後及宋，故救陳則宋自解。趙盾救陳未返而次于棐林，四國之君會之伐鄭，盾以大夫尸諸侯之事，必責正義而誅之。則諸侯何所宗？中國何所恃？故《春秋》不得已而予之。止齋曰：南北之勢於是始也。後十五年而宋、楚平，後五十年而晉趙武、楚屈建同盟于宋。諸夏之君分爲晉、楚之從矣。南北之勢於是始，故謹書之也。

冬，晉趙穿帥師侵崇

岷隱曰：穿言我急崇，秦必救之，吾以求成焉。侵崇之役最爲無名。木訥曰：穿，盾之黨也。崇，秦之與國也。穿見盾主諸侯而已無寸功，以爲秦於晉世仇也，於是帥師侵崇。蓋無事生釁，以立己功，媚盾而固其寵焉。《公羊》以侵崇爲侵柳，云柳者，天子之邑。劉氏嘗辨其非。

晉人、宋人伐鄭

高氏《集註》曰：宋怨鄭，與楚侵我，復請晉伐鄭。晉亦以前救之無功，遂連兵伐之。木訥曰：趙盾何德服人？而力又不足伐之，卒不能得鄭而爲宋生敵，故明年有大棘之戰，而華元被獲於鄭。

二年春王二月壬子，宋華元帥師及鄭公子歸生帥師戰于大棘。宋師敗績，獲宋華元

《左氏》載鄭受命于楚伐宋。宋敗，贖華元于鄭，而華元逃歸。木訥曰：大棘，宋地。鄭伐宋也。楚未嘗伐鄭，鄭穆無勞而從楚，晉再伐之而不反。今又爲楚伐宋，附夷狄而戕中國，可勝責乎？歸生雖勝，卒爲弑逆之階。華元雖敗，不失爲賢大夫。信乎？聖門不道戰功也。石林曰：華元盡力於戰，不以獲恥華元，善之也。

秦師伐晉

《左氏》謂報崇之役也。張氏謂穿欲求成而反召兵。趙氏謂秦、晉自河曲之戰，于今七年無疆場之虞，蓋亦厭戰爾。趙穿無釁而侵崇，秦於是有報怨之師，穿之罪不勝誅矣。

夏，晉人、宋人、衛人、陳人侵鄭

《左氏》載秦圍焦，趙盾救之，遂自陰地侵鄭。鬬椒救鄭而盾去之。胡氏謂盾之去，理曲去也。趙氏謂塞宋之請，姑爲黽勉之行，侵鄭而已。

秋九月乙丑，晉趙盾弑其君夷皐

《傳》載晉靈不君，趙盾驟諫。晉靈先使鉏麑賊之，麑不忍，又飲盾酒，伏甲將攻之。盾逃而穿弑靈公。盾未出境而復位，又不討賊，故董狐歸獄於盾，而書盾弑君。程伊川曰：聖人不言趙穿，何也？曰趙穿手弑其君，人誰不知？若盾之罪，非《春秋》書之，更無人知也。胡康侯曰：盾僞出境而實聞乎，故高貴鄉公之事，抽戈者成濟，倡謀者賈充。當國者司馬昭也。陳泰議刑直欲指昭，則盾爲首惡明矣。

愚按：凡皆據《傳》而釋《經》者也。劉侍讀曰：《左氏》叙孔子之言曰：「惜也，越境乃免。」非也。安在越竟則君臣之義絶乎？吾以爲此非仲尼之言。胡侍郎銓曰：盾弑逆之迹見於不討賊，所以正其罪，不得言爲法受惡。葉石林曰：《左氏》載孔子之言，稱盾能爲法受惡，爲良大夫，而許之，以越境乃免。此非孔子之言也。弑君，天下之大惡，使其與聞乎弑，雖在四海之外無所逃，安取於越境使不與聞？雖在朝如晏子，誰敢責之？趙木訥曰：弑君者趙穿，而《春秋》書曰趙盾弑君者，穿之手而盾之心爾。裴度當國，蘇佐明弑敬宗，度亦不討賊，誰以罪裴度？趙盾弑君之事既白，學者胡爲廢《經》任《傳》，安以賊爲賢耶？

愚按：凡皆據《經》而折《傳》者也。胡安定曰：《三傳》皆謂趙盾不弑，今《經》書盾弑，若言非盾，是憑《傳》也。歐陽公曰：趙穿弑君，大惡也。盾不討賊，不能爲君復讎而失刑，二者輕重不較可知。今免首罪爲善人，使無辜者受大惡。此決知其不然也。然則夷臯孰弑？曰孔子所書是矣，趙盾弑之也。西疇崔氏曰：《春秋》謹名分，别嫌疑，今加弑君之罪於人，不爲異辭以見之，恐非聖人之意。《傳》或失之。愚按：凡皆離《傳》而言《經》者也。此大事也，故兼録，使來者考焉。

冬十月乙亥，天王崩

匡王在位六年崩，弟瑜立。

三年春王正月，郊牛之口傷，改卜牛，牛死，乃不郊，猶三望

張氏曰：此又因事之變以明魯郊之非禮也。趙氏曰：魯之僭郊，天不從而魯必爲之。郊牛之變，皆天示之譴也。卜而不從者四，鼷鼠食牛者三，牛口傷者一。魯不自咎其僭，必將用之。凡郊之不從，牲之變故，皆非人力所能爲也。愚按：魯僖始欲僭郊，而天不從。今魯宣再欲僭郊，而天又不從。魯惠雖請僭郊於平王，至今不可得而僭，天道之可畏如此。不郊而猶三望。趙氏謂不得僭於天而僭於地，天地豈有異理？天所不享，地安得享之！

葬匡王

四月而葬，速。

楚子伐陸渾之戎

岷隱曰：陸渾之戎近在伊雒，中國不能問而楚人伐之。然楚意不在戎也，觀兵天子之疆而問鼎之大小輕重，其僭亂若此。木訥曰：楚莊於此蓋未離乎夷也，霸業以尊周爲義，舍尊周無以令諸侯。而莊王首犯天下之忌，其不能霸諸侯，而徒爲戎酋，無足怪者。陸，《公羊》作賁。《公》、《穀》無之字。

夏，楚人侵鄭

《傳》載：春，晉伐鄭，鄭及晉平。夏，楚侵鄭，鄭即晉故也。胡氏曰：不書晉之伐，楚之平者，仲尼削之也。晉成新立，鄭背僭歸霸，反之正也。故獨著楚人侵掠之罪，書侵鄭，則鄭及晉平可知矣。趙氏曰：楚莊之興兵，未嘗及鄭而鄭歸之。今楚觀兵于周，而鄭叛楚歸晉，信乎德義者，霸主之基也！既以不義而失鄭，乃區區以兵侵鄭，是侵掠中夏而已。

秋，赤狄侵齊

赤狄，狄之别種。孔氏疏云：謂之赤狄、白狄者，俗尚赤衣、白衣也。《地譜》洛州，春秋赤狄之地。木訥曰：僖、文之世，歲有狄患，至文十一年，叔孫得臣敗之于鹹，狄患頓息。狄衰而赤狄興焉。赤狄隗姓，潞甲及留吁皆赤狄也。今其侵齊，始見于《經》。許氏曰：楚侵其南，狄侵其北，此中國大過棟橈之時。戴氏曰：他日晉人滅潞氏、甲氏，則赤狄之存無幾矣。

宋師圍曹

《傳》載宋文公即位，盡逐武、穆之族，武、穆之族以曹師伐宋。今宋師圍曹者報之也。胡氏《集善》曰：宋文弑立，已爲亂階，而欲治人之亂，故《春秋》不書曹師而特書宋師。

冬十月丙戌，鄭伯蘭卒，葬鄭穆公

鄭穆公名蘭，《左氏》所載夢蘭而生，刈蘭而卒者也。立二十二年卒。木訥曰：葬不日，闕文也。

四年春王正月，公及齊侯平。莒及郯，莒人不肯，公伐莒取向

胡銓《集善》曰郯、莒有怨，公黨於郯而偏於莒。此莒人所以不肯平。又伐莒而取其邑，《左氏》謂之「以亂平亂也」。岷隱曰：莒大而郯小，故平莒爲難，平郯爲易。郯之於魯，有伯姬之親，故宣公主乎是平。莒不肯之辭，傲然而不顧也，故宣公不勝其忿，伐莒而取向。昔魯威公欲平宋、鄭，宋辭平而威公至於伐宋。其事正與宣公類。夫二公皆以不義得國，諸侯誰其信之，不能省躬而遑怒於人，滋益罪矣。崔氏曰：向，吾故邑，桓十六年城向是也。豈魯與莒有好，故向在莒？至是莒不肯平，然後公復取向歟？張氏曰：若出於公，不必假齊，一語而服。今挾齊爲重，莒尚不肯。

秦伯稻卒

秦共公立四年卒。

夏六月乙酉，鄭公子歸生弑其君夷

歸生者，子家也。《左氏》載公子宋以染指黿鼎之故，鄭伯將殺之。宋與子家謀先，子家懼其譖而從之。書歸生弑其君者【七】，權不足也。胡氏曰：歸生爲正卿，嘗統大兵，聞宋逆謀，登時而覺，先事誅之，猶反手耳。石氏曰：歸生不從則子公不弑，靈公不死。凡鄭之亂，歸生爲之也。木訥曰：《左氏》載食黿之事，其跡甚誣，世豈有一饌之隙而弑君哉？

赤狄侵齊

以齊之强，連年爲狄所侵，齊不能報，狄故再至。

【七】書歸生弑其君者　「弑」原作「殺」，據《春秋》經文改。

秋，公如齊，公至自齊

木訥曰：公七年之間五如齊，蓋齊取濟西田，屢屈而朝齊者，請是田也。十年，濟西之田歸而齊侯元卒。公復如齊拜田，且弔焉。頃公在位，則不復如齊矣。愚謂此亦臆度，以其事之前後恐然爾。

冬，楚子伐鄭

《左氏》曰鄭未服也。趙氏曰：鄭弑其君，諸侯不問，楚伐爲有辭。張氏曰：楚自去年至十年侵伐鄭者凡五，至十一年盟鄭于辰陵，而鄭又徼事晉，於是十二年圍鄭，入之，遂敗晉于邲，而後鄭服楚。晉人之不振有自來矣。然則鄭之從楚，豈得已哉？

五年春，公如齊。夏，公至自齊。秋九月，齊高固來逆叔姬。叔孫得臣卒。冬，齊高固及子叔姬來

高固，齊大夫也。叔姬，宣公之女也。《公》、《穀》皆作子叔姬，别其非先君之女也。《左氏傳》因公如齊，高固使齊止公以求婚也。叔孫得臣者，公子牙之後，莊叔也。其卒不書日，諸家皆生義例，未必其然。或云闕文者，恐近之也。岷隱曰：宣公連年如齊，卑辱已甚。今因如齊，高固使齊侯止公以求叔姬，無乃太甚乎！前此魯女多爲諸侯夫人，今下嫁於大夫，固已少屈矣。宣公又自主昏，是以大夫自處也。高固之逆與子叔姬之偕來，具書於《春秋》，益可耻矣！向者莊公之時，莒慶來逆叔姬，其後僖公及莒慶盟于洮，皆魯之耻也。胡康侯曰：禮，嫁女留其送馬，及廟見成婦，遣使反馬，則高固親來，非禮也。又禮，女子有行，歲一歸寧。今見逆未易歲，叔姬亟來，亦非禮也。

楚人伐鄭

鄭三年三被兵，不爲楚屈，而晉不能芘之。東萊曰楚伐鄭而陳服楚矣。

六年春，晉趙盾、衛孫免侵陳

鄭從晉三年，三被楚兵，故陳畏而從楚。晉時有難，趙盾僅與孫免侵陳。岷隱謂示諸侯以爲名而已，非能回陳人從楚之心也。木訥謂晉、楚爭陳自此始。

夏四月。秋八月，螽

書，災也

冬十月

書，備四時也。

七年春，衛侯使孫良夫來盟

《左氏》謂良夫者，孫桓子。來盟者，謀通晉也。木訥曰：魯宣以援立之賜事齊而外晉，晉成將求諸侯以興霸業，惟衛久睦於晉。凡伐宋、鄭，侵鄭、侵陳，無役不從，而魯宣未嘗與。今晉將爲黑壤之盟，故俾衛求魯結盟以示信。

夏，公會齊侯伐萊。秋，公至自伐萊

萊，東夷之國，近於齊，齊故伐之。魯爲齊役，故助其虐。

大旱

書，灾也。

冬，公會晉侯、宋公、衛侯、鄭伯、曹伯于黑壤

胡銓《集善》曰：自文公以來，中國無盟主。終晉靈之世未嘗一合諸侯，至此成公立五年，始有黑壤之會，而大夫不與焉。聖人皆書其爵，庶幾諸侯復桓、文之業，攘夷楚而尊中國也。愚按此會《左氏》謂魯公見止於晉，以賂免而不得盟，故止書曰「會」。木訥趙氏辨之曰：陽穀之會，齊不肯盟季孫行父，則書「齊侯弗及盟」，平丘之會，公不得同歃，則書「公不與盟」。今《經》無其文，《左氏》妄生此説，當以經爲正。岷隱戴氏亦曰：誠如《左氏》所言，則《春秋》當以公不與盟書，豈得闕而不録？

八年春，公至自會

去年冬會黑壤，今春來歸也。

夏六月，公子遂如齊，至黄乃復

下書「遂卒于垂」，此蓋以疾而返也。禮，聘未至不幸而卒，則以尸造于朝，介將事無反也。今以疾遂反，是廢君命，故不書「疾」，惟書「至黄乃復」。

辛巳，有事于太廟。仲遂卒于垂。壬午，猶繹，萬入去籥

人臣之卒當祭則不告，終祭則不繹，繹者明日又祭也。今仲遂卒，與祭同日，則明日之繹不必講也，猶繹，可已而不已也。萬，舞名也，入則用之。籥，管也，有聲，故去之。魯人知卿佐之喪不宜作樂，而不知廢繹上書公子遂。此云仲遂者，承上文也，仲，字也。

戊子，夫人嬴氏薨

嬴氏，宣公之妾母也，稱夫人，自成風始。嬴，《公》、《穀》作熊。

晉師白狄伐秦【八】

木訥曰：秦、晉自河曲戰後，久已厭兵。至晉趙穿生事侵崇，秦嘗報晉，今秦共、晉靈皆没，怨已易世，而晉復修怨伐秦。岷隱曰：昔襄公與姜戎敗秦師于殽，今成公又與白狄伐秦，内外親疏皆倒置矣。張氏曰：白狄，秦同壤之國，今銀夏之地。

楚人滅舒蓼

杜氏注舒、蓼，二國名。木訥曰：舒蓼一國也，舒同宗而異國，曰舒蓼、曰舒庸、曰舒鳩，皆舒也。所謂群舒。亦猶狄均曰狄，而異種也。舒，蓋楚之黨，而舒逼近中國，舒滅則中國失南門矣。胡氏曰：是時楚人滅舒蓼，及滑汭盟，吴、越勢益强大，將爲中國憂矣。蓼，《穀梁》作戮。

秋七月甲子，日有食之，既

食之既則爲變大矣。

【八】晉師白狄伐秦 「秦」原作「春」，據《春秋》經文改。

冬十月己丑，葬我小君敬嬴，雨，不克葬。庚寅，日中而克葬

葉石林曰：諸侯之葬爲雨止，禮歟？禮也。古者庶人縣窆，不封不樹，不爲雨止，潦車載簑笠，蓋士之禮。然言不爲雨止，豈固有爲雨止者乎？諸侯旅見天子，雨霑服失容，雖入門猶廢，而況送死之大乎？鄭夾漈曰：雨不克葬，雨已乃葬，葬必以禮，雨不成禮，且以孝子之心，雨且葬，是欲葬其親也。胡康侯曰：送終大事，人情所不忍遽者，可冒雨不待成禮而葬乎？崔西疇曰：禮，既葬，日中而虞，葬日虞弗忍一日離也。今日中而克葬，則僅及乎是日虞也。若日下昃克葬，則不能乎是日虞矣。其克葬所以志日之蚤暮。

木訥曰：或謂嬴氏殺嫡立庶，天譴，故雨不克葬。此附會之説爾。葬定公亦雨不克葬，豈亦天譴耶？嬴氏之惡不重於文姜，而文姜之葬不雨，豈天亦私文姜耶？其説不根甚矣。嬴氏書葬，譏妾母奪嫡爲小君。而雨不克葬，譏無備耳。愚按《春秋》惟書事實，而善惡自見。讀《春秋》者自多意度之耳。譏且未必，而況可指雨爲天譴耶？敬嬴，《公》、《穀》作頃熊

城平陽

高閌《集注》曰懼晉故也。方舉大喪又城平陽，重困民力。

楚師伐陳

《左氏》載陳及晉平，楚師伐陳，取成而還。木訥曰：舒蓼，楚之與國也，無罪而見

滅，宜陳之懼而叛楚也。然晉成亦無足依者，故楚師伐陳而陳復爲楚。

九年春王正月，公如齊，公至自齊。夏，仲孫蔑如京師

《左氏》曰：公於齊則冒母喪而往，於天王則待召聘而往。胡氏曰：歲首月公朝齊，夏使大夫聘京師。戴氏曰：公自即位已親如齊者三，天子召聘，則仲孫蔑一至京師而已。愚按：比事而觀則輕重先後之倒置可知。召聘事見《左傳》。蔑即孟獻子也。

齊侯伐萊

高氏曰：狄北侵齊，齊不敢報。萊不犯齊，齊亟伐之。畏强凌弱，可觀齊惠矣。戴氏曰：萊於齊爲近，故齊侵必欲服之。觀夾谷之會，萊人以兵劫魯侯，則萊之屬齊有自來矣。

秋，取根牟

杜預曰：根牟，東夷之國。《公羊》曰：根牟，邾婁之邑。戴岷隱斷之曰：書「根牟」而不繫於邾，知其爲國明矣。此一説也。崔氏曰：根牟，萊邑，齊取之也。趙氏曰：以《職方》考之，東萊有牟平，又有東牟，則根牟即東牟耳。《經》書牟人、葛人來朝，公孫兹如牟，皆曰牟，不曰根牟，豈可以根牟爲牟國？蓋根牟，萊邑也。萊逼於齊，齊伐之而取其邑。至襄六年齊卒滅萊。萊之弱而亡，自取根牟始。此一説也。高氏《集註》曰：根牟，蓋萊邑也。七年公會齊侯伐萊，此齊侯再伐萊，公雖不與伐，而乘危取之。昭八年

《傳》秋大蒐于紅，自根牟至于商、衛，或又曰齊念魯之勤，已伐萊，割根牟以與之也。此又一説也。愚按：世遠皆不可考，所可考者，昭八年根牟屬於魯，則謂魯取根牟者近之也。

八月，滕子卒

滕昭公。

九月，晉侯、宋公、衛侯、鄭伯、曹伯會于扈。晉荀林父帥師伐陳。辛酉，晉侯黑臀卒于扈

《左氏》曰：會于扈，討不睦也。陳侯不會，晉荀林父以諸侯之師伐陳。晉侯卒于扈，乃還。胡氏曰：會于扈以待陳，陳侯不會，然後伐之，幾於自反而有禮矣。在會諸侯皆以師聽命，而荀林父兼將之，則其師輯矣。晉主夏盟，又嘗救陳，所宜與也。而陳惟楚之即，夫豈義乎？趙氏曰：陳蓋以晉不足依而從楚，然鄭尤逼於楚而一心事晉，亦足以安。陳歸中國，豈不得爲鄭乎？高氏曰：齊與諸侯不睦，而魯獨事齊，故公不與會。晉侯之卒，亦不會葬。愚按：晉侯者，成公也，立七年。晉自靈公不能繼文、襄之業，中國無與，主盟會皆出大夫，至成公方會諸侯于黑壤，又會于扈，中國賴之。

冬十月癸酉，衛侯鄭卒

成公立三十五年卒，而穆公立，方魯僖二十八年。成公嘗執于晉，故平生事晉甚謹。

宋人圍滕

伐喪。

楚子伐鄭，晉郤缺帥師救鄭

晉成方卒，楚乘隙而伐鄭。晉景方立而未能霸，雖郤缺救之不能得鄭，是以十一年辰陵之盟，鄭子良曰：晉、楚不務德而兵爭，與其來者可也，乃從楚。今此郤缺救鄭，鄭伯敗楚師於柳棼，國人皆喜，惟子良獨憂。愚按：楚莊之立，加兵於鄭者凡四，而兩書楚子，説凡例者紛然。愚意書楚子者，君爲將也。書楚人者，大夫爲將也。夷狄猾夏，何可褒而以書楚子，曲生意義耶？

陳殺其大夫洩冶

陳靈公淫乎夏姬，洩冶以諫死。洩冶，《公》、《穀》皆作泄冶。張氏洽曰：泄，《左氏》本作洩，因唐人諱世字，雖偏傍亦然，故改泄爲洩。

十年春，公如齊，公至自齊。齊人歸我濟西田

魯君臣交至於齊，殆無寧歲，故齊懷其媚悦之意而還其所賂之田。

夏四月丙辰，日有食之

杜曰不書「朔」，官失之。

己巳，齊侯元卒，齊崔氏出奔衛

齊惠公立十年卒，而頃公立。木訥曰：惠公卒而崔氏奔，則崔氏寵於惠而不容於國人久矣。《左氏》乃謂崔杼有寵而高、國畏其偪，且自是至崔杼之逆，凡五十有一年，古者四十而仕，五十而爵，則崔杼之弑蓋百歲矣。何杼如是之壽耶？蓋附會也。

公如齊，五月，公至自齊

《左氏》謂奔喪也。蓋魯宣之事齊如此。

癸巳，陳夏徵舒弑其君平國

《左氏》載徵舒者，夏姬之子。陳靈公與孔寧、儀行父淫於夏氏，公謂行父曰：「徵舒似女」，對曰「亦似君。」徵舒病之。故射公，殺之。靈公立十五年，見弑而成公立。

六月，宋師伐滕

木訥曰：前年宋圍滕，滕不服，今又伐之。以滕之小，安能事二國？事魯則宋伐之，事宋則魯伐之。宋成纔免晉、楚之虐，曷不以己處晉、楚間之心爲心乎？《左氏》謂滕恃晉而不事宋。以《職方》考，滕越齊、衛而後至晉，安能越二國事晉哉？蓋事魯而不事宋，晉、魯有亥豕之似，《左氏》誤附會矣。

公孫歸父如齊，葬齊惠公

歸父，公子遂之子，所謂東門氏者也。

晉人、宋人、衛人、曹人伐鄭

前日楚子伐鄭，郤缺之救不能得鄭，故鄭服于楚，而晉又伐之。

秋，天王使王季子來聘

報仲孫蔑之聘也。任氏曰：宣公即位十年，未嘗一覲天子，而於齊五朝；未嘗一問京師，而於齊六聘。及天王召聘，仲孫僅往而王季子已來。戴氏曰：自是周室日衰，天子之使亦不復至魯矣。

公孫歸父帥師伐邾，取繹

歸父蓋自廣其邑也，東門氏之强豈減季氏哉？夾漈曰：邾、魯之間繹山多矣，邾文公遷于繹，是邾都也，非此繹也。繹，《公羊》作蘱。

大水

災。

季孫行父如齊。冬，公孫歸父如齊。齊侯使國佐來聘

《左氏傳》季文子初聘于齊，謂頃公初立也。子家如齊，伐邾故也。謂取繹而往謝也。國武子來報聘，謂報季文子也。岷隱曰：齊侯之喪，宣公既親如齊矣，公孫歸父繼往會葬，而行父、歸父又皆如齊，一年之間，魯之君、大夫接踵在齊，齊不得已僅一報聘。歷觀魯十二公，其求媚大國，未有如宣公之甚者也。愚意不特宣公，若行父、歸父之往，亦各自結於齊耳。

饑

岷隱曰：宣公即位十八年，《春秋》兩書其饑，始以大水而饑，繼以蝝生而饑。

楚子伐鄭

《左氏》載楚子伐鄭，晉士會救鄭，逐楚師于潁北，諸侯之師戍鄭。呂東萊曰：自宣四年以後，鄭遂南北兩屬。子良曰「與其來者可也」，鄭終始謀策只出於此，子産所謂玉帛以待于二竟，惟其强者從之。與此説一般。趙木訥曰：鄭一失身餌楚，五受楚兵，從楚者六，歸晉者五，乍晉乍楚，不幸而處晉、楚之間，不能自立也。

十有一年春王正月。夏，楚子、陳侯、鄭伯盟于辰陵

《左氏》載楚又伐鄭，鄭用子良之言而從楚。向惟陳服楚，今鄭與陳同服楚。辰陵之盟，蓋楚得中國二諸侯矣。辰陵，《穀梁》作夷陵。

公孫歸父會齊人伐莒

齊、魯嘗平莒、郯之怨。莒不肯而魯伐之，取其向矣。今復挾齊伐之。此又見歸父之横，而附齊之固也。

秋，晉侯會狄于攢函

木訥曰：楚子盟陳、鄭于辰陵，而晉侯會狄于攢函。强弱判矣。内失陳、鄭而外求狄，得狄何益中國哉？張氏曰：晉侯爲盟主而往與狄會，舍夏徵舒之罪以遺楚討。

冬十月，楚人殺陳夏徵舒。丁亥，楚子入陳，納公孫寧、儀行父于陳

諸家多以討賊譽楚。愚按楚子初謂陳人無動，將討於少西氏。少西氏者，夏徵舒之祖，子夏之名也。已乃入陳而縣之，是以盜賊之行紿而取之也，討賊者如是乎？徵舒，弑陳靈者也。公孫寧、儀行父與陳靈昏淫，致陳靈之弑者也。以法則徵舒之罪重，以情則公孫寧、儀行父之罪尤重。今殺徵舒而納公孫寧、儀行父，討賊者如是乎？善乎張氏洽之言！曰：孔寧、儀行父必因奔楚，誘楚子以利，故楚子殺徵舒而縣陳，微申叔時之言，則陳遂亡矣。愚因張氏之説而推之，則楚子受孔寧、儀行父之奔，故殺徵舒，爲二子報私忿，欲因而利之耳。諸家與楚以討賊，何過耶？

十有二年春，葬陳靈公

靈公淫昏見弑，今二十有二月而葬，蓋其同爲淫亂之臣孔寧、儀行父方歸自奔楚而葬之。前此國之人不葬也。

楚子圍鄭。夏六月乙卯，晋荀林父帥師及楚子戰于邲，晋師敗績 邲，夫必反。

《左氏》以此譽楚，滔滔數千言。竊意此楚人之言也。陳與鄭皆服楚，盟于辰陵矣。未幾，楚先叛盟入陳而欲滅之。若以爲討徵舒之罪，則徵舒之弑在宣十年之夏，辰陵之盟在宣十有一年之夏，弑已及年，此時何不討，若果討賊，何爲因欲滅人之國？楚自叛盟而行無道於陳如此。陳、鄭一體，鄭尤新盟，則鄭亦如之何不背楚而歸晋？是楚之伐鄭者，非也。鄭伯肉袒以逆楚，既舍之。晉欲退師，獨以先縠違衆取敗。晉師雖敗，中國救鄭之義豈與之俱敗？是晉之敗於楚，不足爲辱也。世多以成敗論人，故譽楚而貶晉爾。《春秋》但書楚伐鄭而以晉主戰。

秋七月。冬十有二月戊寅，楚子滅蕭

楚莊入陳、伐鄭、敗晉、滅蕭，憑陵中國甚矣。《左氏》於滅蕭尚歸曲於蕭之殺二囚，而歸美乎楚之拊三軍，大氏左史楚人，而《左傳》多楚人之言也。木訥曰：觀今日滅蕭之舉，則前日之復陳、復鄭果真情乎？知陳、鄭之祀未易絶爾。

晉人、宋人、衛人、曹人同盟于清丘

此以邲之敗，而諸國同盟以相保。然先縠正致敗者也【九】，主盟則非其人矣。清丘，衛地。

宋師伐陳，衛人救陳

陳方復國，宋遽伐之，故衛渝盟而救之。

十有三年春，齊師伐莒

岷隱曰：向也魯會齊伐莒，今焉齊自伐莒，蓋莒去齊爲近，齊人志在吞併。始猶資助於人，終則自專於己。木訥曰：齊、魯嘗同平郯、莒，莒不肯而伐之。魯有向之獲而齊未有所獲也，故齊又再伐之。伐莒，《公羊》作伐衛。

【九】然先縠正致敗者也　「縠」原作「瞉」，據《春秋左氏傳·宣公十二年》改。

夏，楚子伐宋

陳叛中國而從楚。清丘之盟，陳不至而宋伐之。故楚子伐宋，蓋爲陳伐之也。

秋，螽

書，災。

冬，晉殺其大夫先縠

《左氏》載赤狄伐晉及清，先縠召之也。冬，晉人討邲之敗與清之師，歸罪於先縠而殺之，盡滅其族。蘇氏曰：殺之宜也，然先縠，先軫之後，晉之舊勳，盡滅其族，過也。

十有四年春，衛殺其大夫孔達

《左氏》載清丘之盟，晉以衛之救陳也，討焉。孔達曰「苟利社稷，請以我説」。乃縊而死，衛人以説于晉而免。

夏五月壬申，曹伯壽卒

曹文公立二十三年卒。

晉侯伐鄭

十二年晉救鄭不及，鄭已從楚，而晉徒敗于邲。今敗未兩年，復興争鄭之師。

秋九月，楚子圍宋

《左氏》載楚使申舟聘齊，而不假道於宋，宋殺其使，楚遂圍宋。愚按：楚滅蕭，宋救蕭，故楚已伐宋，又以不假道挑釁以殺其使爲名而圍之。木訥曰：伐宋而宋不屈，繼之以圍，其必宋之服也，審矣。楚將横行中夏，許、蔡已從，陳、鄭已服，則次及於宋。宋，中國之門户也，得宋則齊、魯以之。此楚所以必於服宋，歷三時而圍不解，卒得宋平而後已。

葬曹文公

五月而葬。

冬，公孫歸父會齊侯于穀

木訥曰：歸父父子事齊，倚齊以專魯。于時宋入楚，則齊、魯以楚爲鄙。穀之會，謀楚也，故明年歸父會楚子于宋。夾漈曰：公孫遂雖卒，而魯國之政猶在其子，故歸父今年會齊侯，明年會楚子。

十有五年春，公孫歸父會楚子于宋

《左氏傳》孟獻子言於公曰：小國之免於大國也，聘而獻物，若誅而薦賄，則無及也。今楚在宋，君其圖之。公説。春，歸父會楚子于宋。木訥曰：歸父會楚子于宋，謀自安之計耳。説者徒見繼書宋及楚平，遂以爲歸父平二國之憾，蓋不稽其實也。歸父春會楚，夏五月宋、楚始平。豈緩頰數月而後能平之？魯於楚無一日之好，安能犯其怨而爲宋謀？蓋宋與魯爲鄰，宋去則楚兵至魯矣。魯見宋之危，而諸侯畏楚無敢救也，故懼而求服，迎楚子之意而預弭其兵也。

夏五月，宋人及楚人平

《左氏》載晉欲救宋，以伯宗之議而不敢，乃使解揚如宋，揚言晉師悉起矣。解揚爲鄭囚而獻於楚，脅使反其言，不可。楚已欲歸，申叔時教以築室反耕。宋人懼，使華元夜入楚師，登子反之牀而起之曰：敝邑易子而食，析骸而炊。雖然，城下之盟有以國斃，不能從也。子反與之盟而告王，退三十里乃平。《公羊氏》載華元告子反以易子析骸之急，子反亦告華元以僅有七日之粮。莊王怒，子反曰：以區區之宋猶有不欺人之臣，可以楚而無乎？乃引師而去之。岷隱曰：宋華元、楚子反親自結盟，兩國息爭。《春秋》之所予也。木訥曰：楚之圍宋，九月於此矣。不惟宋告憊，楚之兵力亦疲矣。今宋能以情而告楚，楚亦能以情而復之，不盟不誓，釋然而平。是誠《春秋》之齊詔也。

六月癸卯，晉師滅赤狄潞氏，以潞子嬰兒歸

《左氏》載潞子之夫人，晉景公之姊也。酆舒爲政而殺之，故晉滅潞。酆舒奔衛，衛歸諸晉而殺之。岷隱曰：向者狄爲中國患，其後赤狄繼之。今晉能滅潞氏，執其君長而歸，亦可以爲功矣。木訥曰：晉景之立，適當楚莊之霸，無所施其謀，外不能制楚，而内滅狄焉。雖若緦小功之察，然猶愈乎緦小功之俱廢也。而或者以滅其國、虜其君爲甚，且虜一戎酋，脱一方之民於左衽，以中國滅夷狄，庸得爲過乎？終春秋之世，諸侯不復有狄患者，晉之賜也。

秦人伐晉

木訥曰：晉自八年以白狄伐秦，今歷八年，秦桓乃修舊怨，君子不尚也。

王札子殺召伯、毛伯

《傳》謂爭政而交相殺也。杜氏注曰：王札子，王子札也，蓋《經》文倒札字。木訥曰王，氏也，札子，字也，與王季子同，皆食采於王城而因地爲氏者也。未知孰是。

秋，螽

書，災。

仲孫蔑會齊高固于無婁

岷隱曰：高固娶子叔姬，嘗與叔姬來魯，未知是會高固借公事爲私行歟？其繼公孫歸父會穀之好歟？斷道之會，高固逃歸，意其人必專輒而不用命者。自是而後齊、魯之好疏矣。無婁，《公羊》作牟婁。

初税畝

《公羊》曰：税畝者，履畝而税也。古者什一而藉。岷隱曰：八家共耕公田，得其地利以共公上，此之謂什一而藉。今宣公復於私田之中履畝而税之，其取於民也比舊增倍。至於後世遵用之。哀公所謂「二，吾猶不足」是也。按此謂於公田之外復税私田也。胡氏曰：初税畝者，譏宣公廢助法而用税也。初者，志變法之始也。木訥曰：耕者，助而不税。今宣公廢助法而用税，税者，責其粟而已，不計公田、私田之出，豐凶肥墝之異也。歲不幸而凶，必責豐歲之入。地不幸而墝，必用私田之貢。雖其法未離乎什一，而民苦於凶歲之苦，輸墝田之重征，此初税畝之弊也。宣公既税畝，至哀公又用田賦，税出穀粟，賦出車乘，始爲兼取而有「二，吾猶不足」之説。愚按：木訥之説雖覺寛平，但賦出車乘，乃自昔寓兵於農之法，恐於税民不相干，難以此方爲什二耳。晦庵先生注「二，吾猶不足」云：周制，井田大率民得其九，公取其一。魯自宣公税畝，又逐畝十取其一，則爲什而取二矣。此説簡明，當從之也。

冬，蝝生 蝝，悦全反。

蝝，螽子也，秋螽矣。冬又生子。冬非蝝生之時，所以爲異。

饑

秋螽冬蝝，歲所以饑。

十有六年春王正月，晉人滅赤狄甲氏及留吁

注曰：甲氏、留吁，赤狄别種。岷隱曰：去年滅潞氏，猶曰治酆舒之罪，今又滅甲氏及留吁，則太甚矣。

夏，成周宣榭火

成周者，洛之東都也。宣榭，先儒謂宣王講武之屋也。人火曰火。

秋，郯伯姬來歸

見出於郯也。

冬，大有年

《穀梁》曰五穀大熟爲大有年。岷隱曰：《春秋》書饑書大饑，一饑猶足以病民，而況於大饑乎？其書大者，憂之甚也。《春秋》書有年書大有年，有年已足爲斯民喜，而況大有年乎？其書大者，喜之甚也。愚按：宣公六年螽，七年旱，十年水，十三年螽，十五年螽，連年凶荒。今忽大有年，聖人云：胡不爲之喜！世儒反以爲譏貶者，何忍也。

十有七年春王正月庚子，許男錫我卒。丁未，蔡侯申卒。夏，葬許昭公，葬蔡文公

許昭公立三十年卒，蔡文公立二十年卒。許、蔡二公皆背中國而從楚者也。

六月癸卯，日有食之

不書朔，官失之。

己未，公會晉侯、衛侯、曹伯、邾子，同盟于斷道。秋，公至自會

時宋爲楚得，中國危甚，幸而衛復反爲中國。使晉不爲是盟，恐曹、衛復背而南嚮，故晉侯爲是盟以固魯、衛、曹、邾之心。胡康侯乃因郤克徵會于齊，齊婦人笑其跛，齊大夫赴盟而見執，遂以此盟爲謀齊。不思徵會乃在未見笑之先，豈預知其見笑，故爲之會以謀之耶？

冬十有一月壬午，公弟叔肸卒

《穀梁傳》載叔肸不義其兄，以弑子赤而立，織屨而食，終身不食宣公之食。木訥謂：書公弟而且字之者，《春秋》惟此而已。

十有八年春，晉侯、衛世子臧伐齊

齊自恃霸國，未嘗服晉，惟晉文公之霸，齊嘗懼而從之。晉越四世嗣霸，齊未嘗從也。諸侯之强，齊之次宋而已。今宋與楚平，故晉欲得齊以壯中國之勢，及徵會而齊婦人笑其使者，又不預會而使大夫來，故今郤克得政，怨其我笑而伐之。

公伐杞

木訥曰：杞世婚於魯，杞桓公，魯出而且娶魯。僖、文之世各一來朝。宣公殺惡及視以自立，杞伯未嘗來朝。宣公憾之，故躬自伐之。

夏四月。秋七月，邾人戕鄫子于鄫

岷隱曰：邾人嘗用鄫子于次睢之社，此人理之所無者。今復戕鄫子于鄫，親至人國，賊其君而殺之。春秋以來亦無是事也。木訥曰：鄫未嘗有一日之隙於邾，徒以邾、鄫爲鄰，邾欲滅之以自廣爾。以邾之小而肆毒于鄫，曾無一人詆訶之。信乎？其爲春秋之世也。

甲戌，楚子旅卒

楚莊立二十二年卒。《公羊》曰：吴、楚之君不書葬，辟其號也。旅，《穀梁》作吕。

木訥曰：世之稱五霸者，其論出於荀、孟，聖人初無是言也。孔子曰：齊桓公正而不譎，晉文公譎而不正。言桓、文而已，初不及宋襄、秦穆、楚莊、吴闔閭、越勾踐也。而荀、孟之所謂五霸者，亦所取不同，各循戰國一時之稱慕而主論爾。孟子之所謂五霸，則桓、文與宋襄、秦穆、楚莊爲五。荀子之所謂五霸，則桓、文與楚莊、闔閭、勾踐爲五。如前七君者，皆見乎《春秋》，而聖人獨於桓、文有實予之辭，首止、葵丘之盟，踐土、于温之會，召陵、城濮之役，王室賴之，諸侯賴之，兆民賴之，聖人所以予之者，幸天下有桓、文而不遂爲夷也。

若宋襄固無成功，而秦穆、楚莊、闔閭、勾踐皆爲中國患，聖人何忍長其寇哉？闔閭、勾踐皆逞兵以鬭其私，君子不道也。秦穆三敗而不退孟明，其悔過之誓得列於《書》。楚莊得陳、得鄭而不有，哀宋之危，而隨許其平二君者，以爲夷狄之賢君則固也。遂與桓、文同列則鵰鸞無別矣。秦穆之誓，特其詞有足觀，聖人取其詞而已，悔其敗而益阻兵，是豈聖人所望？故書於《春秋》皆擠之九泉之下無一字之褒。若楚莊者，尤爲中國之害，又非秦穆之比。秦穆鬭私怨於晉而已，實不敢陵諸侯也。楚莊之興，直犯中國，滅庸、滅舒蓼、滅蕭、宋、陳、鄭，聖賢之後皆被其毒。假伐戎之行以觀兵于周，仗討罪之名以肆虐于陳。圍鄭、圍宋，皆必其面縛請降，登牀告病而後已，賢者固如是乎？嘗怪後世不審孟、荀之論，槩以五霸爲賢，吾故辨之，暴秦、楚之惡以存中國，非私意也，《春秋》意也。愚按：孟子所言五霸，亦注者疏列之耳。又成二年《左傳》注云：夏伯昆吾、商伯大彭、豕韋、周伯齊桓、晉文，此亦五霸之一説，與前説不同。

公孫歸父如晉。冬十月壬戌，公薨于路寢。歸父還自晉，至笙，遂奔齊

《左氏》載公孫歸父以其父襄仲之立公也，有寵，欲去三桓以張公室，與公謀而聘于晉，欲以晉人去之。公薨，季文子言於朝曰：使我殺嫡立庶以失大援者，仲也。夫臧文仲之子臧宣叔名許者，怒曰：當其時不能治，後之人何罪？子欲去之，許請去之。遂逐東門氏。歸父還，及笙，壇帷復命於介，既復命，袒，括髮即位哭，三踊而出，遂奔齊。鄭夾漈曰：奔齊者，患三桓之討也。愚按：僖、文之世，三桓擅政，東門氏亦强。至宣公之立，出於東門氏，公孫遂、東門氏益專魯政。公孫歸父以子繼父，而三桓反不若東門氏矣。至是東門氏與宣公謀，欲假晉以去三桓，未及復命而公薨，故三桓首逐東門氏。季孫行父者，三桓之尤黠者也。故主其謀，事勢飜覆，固有必然者。然三桓若出，則東門氏專，今東門氏逐，則三桓專，皆非魯之利。而歸父也、季孫行父也，皆私心也。笙，《公》、《穀》皆作檉。

公孫遂賂齊殺嫡而立宣公，故宣公平生内倚公孫遂及歸父父子，而外事齊，絶不與諸侯交。晉之所以主夏盟不能堅，楚所能奪陳、衛、鄭、宋而有之，由齊、魯私自相親，未嘗預中國之公也。齊惠公卒，魯宣公方事晉，欲倚之以去三桓，則宣公薨而歸父之族亦逐矣。然則魯宣之徇私，不特魯之所以衰，亦中國之所以衰也。

卷十一

讀春秋五

成公

名黑肱，宣公子，母穆姜。謚法：安民立政曰成。

元年春王正月，公即位

行即位禮也。

二月辛酉，葬我君宣公

五月而葬。

無冰

岷隱於桓公十四年春無冰講義云：《詩》「三之日納冰」，今正月也。「四之日獻羔祭韭」而出冰，今二月也。《左氏》所謂西陸朝覿而出之者，今三月也。大要十二月取冰，且取且藏，至正月而畢，二月出冰，至三月而用。《春秋》書「春無冰」者，去年十二月時燠無冰，今年之春無冰可出。《春秋》於是時而書之也。

三月，作丘甲

周制九夫爲井，四井爲邑，四邑爲丘，四丘爲甸，一甸六十四井，五百七十六夫，共出車一乘，甲士三人。今作丘甲，是一丘出一甲，一甸出四甲矣。變法增賦，故書。

夏，臧孫許及晉侯盟于赤棘

臧孫許，魯大夫臧文仲之子，號宣叔。赤棘，晉地。去歲公孫歸父如晉謀去三桓，未返而公薨。臧孫許爲三桓去歸父之族，而歸父奔齊。今三桓懼其見討，故作丘甲以謀伐齊，盟赤棘以止晉兵。皆三桓爲己計，而主之者行父也。

秋，王師敗績于茅戎

《傳》載晉侯平戎于王。劉康公邀戎而伐之，遂敗于徐吾氏。書曰「王師敗績于茅戎」，若曰王師自敗云爾。茅，《公》、《穀》並作貿。

冬十月

備四時之首。

二年春，齊侯伐我北鄙

岷隱曰：宣公在位十八年，與齊爲好，至親且密。成公即位，首與齊爲仇。斷道、赤棘之盟，將謀伐齊，齊安得不伐我！愚按：斷道之盟，晉本徵會于齊而適有齟齬耳。赤棘之盟，則歸父謀去三桓不遂而奔齊。三桓怨歸父，故謀伐齊。齊侯輕躁，故先伐魯，觀鞌之敗，可知齊侯之爲人矣。

夏四月丙戌，衛孫良夫師師及齊師戰于新築，衛師敗績

《傳》載衛使孫良夫、石稷侵齊，與齊師遇，石稷欲還，良夫不可，故敗。按新築，衛地，恐齊亦來伐衛而與之遇於新築也。

六月癸酉，季孫行父、臧孫許、叔孫僑如、公孫嬰齊帥師會晉郤克。衛孫良夫、曹公子首及齊侯戰于鞌。齊師敗績

季孫、叔孫怨歸父欲去己不遂而奔齊，力謀伐齊。晉郤克怨齊婦人笑其跛；久欲伐齊，衛孫良夫新敗於齊，遂會師以伐齊。若曹公子則役於大國者也。故行父得以四國七大夫之師伐齊。齊頃驕蹇自恣，臨戰有「滅此朝食」之語，故及於敗。曹公子首，《公》、《穀》作手。

秋七月，齊侯使國佐如師。己酉，及國佐盟于袁婁

晉欲質齊侯之母，及使齊盡東其畝。國佐請背城借一，乃得盟。自鞌至袁婁，近奔五百里。袁婁，《穀梁》作爰婁。

八月壬午，宋公鮑卒。庚寅，衛侯速卒

宋文公立二十二年卒，《傳》載其始厚葬。衛穆公立十一年卒。

取汶陽田

此本魯地也，今晉使齊人歸之。

冬，楚師、鄭師侵衛

楚以魯、衛受盟於晉而伐齊，故救齊而先與鄭侵衛。木訥曰：時楚共新立，未能和諸侯。晉不於此時反陳、鄭於既夷，和齊、魯以抗。是乃修一朝之忿，助魯、衛以敗齊，則楚、鄭之侵衛，實晉致之也。晉失此機，而楚得盟諸侯於蜀矣。

十有一月，公會楚公子嬰齊于蜀。丙申，公及楚人、秦人、宋人、陳人、衛人、鄭人、齊人、曹人、邾人、薛人、鄫人盟于蜀

楚侵衛則兵將及魯，故公懼而潛服于楚以逆弭楚兵。《左氏》謂之匱盟。言畏晉而竊與楚盟也。然昔之盟于晉者，今皆盟于楚矣，可不悲夫？蘇氏曰：蜀之盟，諸侯從楚者十一國，晉不敢争。其後四十三年晉趙武、楚屈建合諸侯于宋，然後晉、楚之從得交相見。又八年楚靈王求諸侯于晉，晉人許之。然後諸侯始從楚，皆蜀之盟啓之也。蜀，魯地。是會也魯倡之，楚主之。

三年春王正月，公會晉侯、宋公、衛侯、曹伯伐鄭

宣十二年鄭從楚伐晉，敗晉于邲，故今晉伐之。《傳》載復爲鄭所敗，獻捷于楚。木訥曰：諸侯冬從楚而春從晉，冬盟鄭而春伐鄭，何諸侯之不自安不自信也！霸主之不作也，鄭之從楚久矣。使晉有志於抗楚而服鄭，曷若移搴之役於今日乎？移七大夫之勢以迫楚，楚必怖，移七百乘之兵以伐鄭，鄭必服。今兵力既盡於齊，諸侯既屬於楚，而區區摟諸侯於從楚之餘以伐鄭，宜其不得鄭也。

辛亥，葬衛穆公

及六月而葬。

二月，公至自伐鄭

從晉伐鄭而歸也。

甲子，新宮災，三日哭

新宮，宣公之廟也。崔氏曰：稱新宮者，當時之辭也。三年喪畢始廟祭矣，哀痛之，故三日哭也。

乙亥，葬宋文公

八月而葬。

夏，公如晉

《傳》云拜汶陽之田也。

鄭公子去疾帥師伐許

岷隱曰：《左氏》載許恃楚而不事鄭，鄭子良伐許。甚矣，鄭之不度德也，鄭方得罪中國，晉帥諸侯伐之。鄭當恐懼謝罪，顧以許不事己，遽至興師，至冬復伐許。木訥曰：楚越許而後至鄭，許弱不能抗楚，折而歸之。今鄭無謀，亦折而從之。又連年伐許，是自撤藩籬以開楚寇也。

公至自晉

謝得汶陽田而歸。

秋，叔孫僑如帥師圍棘

棘，汶陽之邑，齊以歸魯而棘不服，故圍之。先儒謂本魯故邑，而今不肯歸者，畏稅畝、丘甲之苛政也。

大雩

禱雨之祭，大者，僭也。

晉郤克、衛孫良夫伐廧咎如 廧，在良反。咎，古刀反。

晉滅赤狄，其餘民散入廧咎如，故伐之。廧，《穀梁》作牆，《公羊》作將。

冬十有一月，晉侯使荀庚來聘。衛侯使孫良夫來聘。丙午，及荀庚盟。丁未，及孫良夫盟

二大夫同時而聘，魯方畏晉，待其大夫不敢與列國齒。故丙午盟晉，丁未盟衛。

鄭伐許

程氏曰：鄭附於楚，一年而再伐許。

四年春，宋公使華元來聘

《傳》曰通嗣君也，蓋宋共公初立。

三月壬申，鄭伯堅卒

鄭襄公立十八年卒。

杞伯來朝

將黜叔姬，先來言其故。

夏四月甲寅，臧孫許卒

宣叔也，臧文仲之子。

公如晉

《傳》載晉侯見公不敬，公欲叛晉，季文子不可，曰晉侯必不免。張氏曰：晉景公勝齊而驕，故魯欲叛之也。

葬鄭襄公

三月卒，夏而葬，速。

秋，公至自晉

夏如晉而今歸也。

冬，城鄆

岷隱曰鄆有二，東鄆，莒邑，魯所爭也。西鄆，魯邑，今新城也。定公時齊歸鄆、讙、龜陰之田。杜氏謂此三邑者，汶陽之田也。魯既得汶陽，故城鄆以爲固。《左氏》謂欲叛晉而城鄆者，非也。木訥曰：西鄆近齊，以爲懼齊之復見奪，則然矣。《左氏》以爲備晉，則鄆去晉遠矣。鄆，《公羊》作運。

鄭伯伐許

鄭於是三伐許矣，況今悼公居喪未逾年，親自伐許。石氏曰：父伐人喪，子以喪伐人。

五年春王正月，杞叔姬來歸

内女見出曰「來歸」。

仲孫蔑如宋

蔑，孟獻子也。如宋報前年華元之聘也。

夏，叔孫僑如會晉荀首于穀

《左氏》曰：晉荀首如齊逆女，故宣伯餫諸穀。注穀，齊地也。岷隱曰魯畏晉，故其大夫逆女而僑如饋之。首，《公羊》作秀。

梁山崩

梁山，韓地，晉滅韓，故屬晉。《左氏傳》晉召伯宗，伯宗以重人之言告以山崩川竭，君爲之不舉。

秋，大水

書災。

冬十有一月己酉，天王崩

周定王立二十一年崩。

十有二月己丑，公會晉侯、齊侯、宋公、衛侯、鄭伯、曹伯、邾子、杞伯，同盟于蟲牢

《左氏》載許靈公愬鄭於楚，鄭悼公如楚訟，不勝，故請成于晉。岷隱曰：鄭之貳晉久矣，一旦請成于晉，晉所甚喜，故會諸侯以同盟，以侈鄭人之服。晉景公於是有驕泰之心矣。蟲牢，鄭地。

六年春王正月，公至自會

去冬同盟蟲牢，而今歸也。

二月辛巳，立武宮

岷隱曰：按《左氏》云季文子以鞌之功立武宮，非禮也。聽於人以救其難，不可以立武。如《左氏》所言，則武宮者猶邲之戰，潘黨請楚子欲築武庫之類也。《公羊》之説則不然，以武宮爲武公之宫。按《明堂位》曰：魯公之廟，文世室，武公之廟，武世室也。岷隱蓋兩存其説。木訥曰：魯祀周公爲太祖，伯禽爲太室，記禮者出於春秋之後，見魯立武宫，遂有武世室之語，蓋不經矣。鄭夾漈曰：武宫，講武之宫，自鞌之役，四卿出而大得志，故立武宫備戎事也。是不以爲廟也。然愚按：武公名敖，伯禽九世孫，成公十一世祖。若果世室不應中毁。木訥、夾漈之説似矣。然昭公十五年有事于武宫，注云：武公廟，成公復立。則謂武宫非廟，不可也。或者季孫行父以伐齊爲功，故立武宫以誇，如前二義皆兼之歟。

取鄟 音專。

《左氏傳》注：鄟，附庸國也。《公羊》以爲邾邑。未知孰是。然諸家多從《左》説。

衛孫良夫帥師侵宋

《左氏》載晉帥鄭、衛侵宋。晉師過衛，欲襲衛，伯宗止之，師還，衛人登陴。葉石林曰：與《經》絶不相類，且晉、衛侵宋而反欲襲衛，亦首尾自相戾。愚按此止當依《經》文，衛師侵宋。

夏六月，邾子來朝

邾久不朝，今朝以修好。

公孫嬰齊如晉

嬰齊者，叔肸之子，子叔聲伯也。高閌《集注》曰：晉召之，欲使魯伐宋也。蓋本《左氏》説。

壬申，鄭伯費卒

鄭悼公立二年卒。

秋，仲孫蔑、叔孫僑如帥師侵宋

《左氏》謂受晉之命而伐之也。然去年蔑方報華元之聘，今遽爲人役而伐之。又二子各私其軍，潛師侵掠，且宋一辭會，晉既命衛伐之，又命魯伐之，皆非也。

楚公子嬰齊帥師伐鄭

討其從晉，且鄭新喪而伐之，此其爲楚也。

冬，季孫行父如晉

《傳》謂晉遷新田而賀之也。

晉欒書帥師救鄭

《左氏》載欒書出而楚還。趙同、趙括欲戰，欒書力遏之，亦還。岷隱曰：晉無亡矢遺鏃之費而卒收救鄭之功，主將善御下也。救，《公羊》作侵。

七年春王正月，鼷鼠食郊牛角，改卜牛，鼷鼠又食其角，乃免牛

孫炎曰鼷鼠如鼠狼。鄭夾漈曰草鼠而微黄。愚聞之師曰：甘口鼠也，噬人畜不知痛。木訥曰：改卜牛而又食其角，天示譴也。説者以爲養牲不謹，非也。天豈享僭哉！

吴伐郯

吴，今平江府。郯，今淮陽軍下邳縣。相去本隔江淮二水而伐之者，吴始大也。於是季文子有「中國不振旅，蠻夷入伐」之憂。初，吴本受盟于楚，自楚之申公巫臣沮子重所請之賞田，挾子反所欲之夏姬逃於晉，而子重、子反殺其族。巫臣自晉適吴，通吴於晉，教之射御戰陳以叛楚，蠻夷之屬於楚者，吴盡取之。至是而又陵中國矣。楚之患漸定，而吴之擾方始。岷隱曰：荆之始見也，入蔡；吴之始見也，伐郯。中國莫之問，故駸駸焉交亂中國。

夏五月，曹伯來朝

曹無魯好者再世矣，今宣公來朝，修舊好也。

不郊，猶三望

不容郊天而猶祀地，此襲用僖公之繆舉也。三望之義，已見僖三十一年。

秋，楚公子嬰齊帥師伐鄭。公會晉侯、齊侯、宋公、衛侯、曹伯、莒子、邾子、杞伯救鄭。

八月戊辰，同盟于馬陵。公至自會

岷隱曰：楚再伐鄭，晉再救鄭，晉侯爲之大會諸侯，亦能因楚之隕公、鍾儀以獻於晉，其勢可以有爲矣【一】。伊川曰：同盟于馬陵者，諸侯同心病楚也。時莒初服。莒舊服于齊，今齊來而莒亦隨之也。

【一】「鄭悼公立二年卒」至「其勢可以有爲矣」此段文字原脱，據文淵閣本補。

吴入州來

州來，今壽州下蔡縣，故蠻也。楚人取之爲邑，而吴今入之，吴、楚之爭自入州來始。蓋入州來，則宋近楚【二】。

冬，大雩

《穀梁》曰：冬無爲雩也【三】，或者雩本旱祭，魯末俗用爲他祀歟。

衛孫林父出奔晉

孫良夫專兵而林父世卿，故定公惡之而奔。七年而晉侯强反之於晉，終以戚叛。則定公惡之是矣。

八年春，晉侯使韓穿來言汶陽之田歸之于齊

二年行父從晉伐齊，取汶陽田。齊既敗而事晉，故晉又使魯歸之於齊。七年之間一予一奪，皆制於晉。行父私於韓穿曰「汶陽，敝邑之舊也。」然不敢爭。

晉欒書帥師侵蔡

蔡迫於楚，自翟泉與盟之後未嘗從中國盟會。文十五年晉郤缺伐之，不能反。前年晉欒書救鄭因而伐蔡，楚師救之，不戰而還。晉未得志，故再侵蔡，遂侵楚，獲申驪。

公孫嬰齊如莒

《左氏》謂聲伯因聘而逆婦。

【二】則宋近楚　「宋」原作「宋」，據明本、文津閣本改。

【三】冬無爲雩也　「雩」原作「雲」，據《春秋》經文、《穀梁傳·成公七年》改。

宋公使華元來聘。夏，宋公使公孫壽來納幣

來聘者，聘共姬也。宋公使來納幣者，宋公自主之也。共姬，魯成公姊妹，爲宋共公夫人。

晉殺其大夫趙同、趙括

葉石林曰：趙朔，晉侯之壻，朔死而同、括之弟嬰亂其室，同、括不請於君而放之齊，於是朔之室譖於晉侯，使欒氏、郤氏證同、括將爲亂而殺之。愚按：同、括、嬰皆盾之弟，朔，盾之子，武又朔之子，隨朔之室畜於公宫。祁奚、韓厥言於晉侯曰：成季之勳，宣孟之忠而無後，爲善者懼矣。乃立武爲趙氏後，是無程嬰、杵臼之事也。安有晉侯外孫畜於公宫而待外人抱匿之者哉！況殺趙氏，正朔之室之謀，非欲殺朔之子也。

秋七月，天子使召伯來賜公命

岷隱曰：魯十二公獨文、成二君身受王命。文公拜命之後猶能遣叔孫得臣如京師，成公無是也。後四年因會伐秦，道過京師，息汗馬之勞爾。愚按：魯不請命，天子反賜命，而魯又不往拜之，春秋之世倒置一至於此。賜，《公》、《穀》作錫，義則同。天王、天子王者之通稱，亦非有異義。泰山孫氏云。

冬十月癸卯，杞叔姬卒

《左氏》曰：來歸自杞，故書。

晉侯使士燮來聘，叔孫僑如會晉士燮。齊人、邾人伐郯

士燮來聘者，以郯成於吴而請伐郯也。魯於郯爲親，賂使緩兵。士燮脅之，行父懼而使宣伯會。伐郯。士燮曰：郯，蕞爾小邦，何足以煩二國之謀而重勤四國之師哉！非難於郯，難於吴也。薛氏曰：吴伐郯不能救，郯服，吴則伐之，諸侯無所措手足矣。

衛人來媵

諸侯娶一國，則二同姓之國往媵之，國三人，凡九女。伯姬將嫁，故衛來媵。伊川謂伯姬賢，故書。

九年春王正月，杞伯來逆叔姬之喪以歸

孫覺《經解》曰：叔姬者，杞伯之出妻也。杞伯生絶其妻，死歸其喪。《春秋》以其非禮，書之。趙氏曰：叔姬絶於杞而卒於魯。則宜葬於魯。

公會晉侯、齊侯、宋公、衛侯、鄭伯、曹伯、莒子、杞伯，同盟于蒲。公至自會

《傳》謂歸汶陽之田，故諸侯貳于晉。晉人懼而會于蒲。張氏曰：自此執鄭盟魯，紛紛甚矣。蒲，衛地，今屬開封。

二月，伯姬歸于宋。夏，季孫行父如宋致女。晉人來媵

岷隱曰：伯姬之賢，魯人尊之，故既歸宋，復使上卿致女，以撫問其已至。晉人來媵，亦媵伯姬也。

秋七月丙子，齊侯無野卒

齊頃公立十七年卒。

晉人執鄭伯。晉欒書帥師伐鄭

鄭自邲之戰，從楚者十年，自蟲牢，馬陵之會，楚方備吴，未暇爭鄭。鄭在晉者亦五年，今年蒲之會，鄭方從晉。楚以重賂求鄭，鄭復會楚于鄧，故晉執而伐之。然非禮甚矣！適以激鄭之貳。

冬十有一月，葬齊頃公

五月而葬。

楚公子嬰齊帥師伐莒。庚申，莒潰，楚人入鄆

莒，今密州，在吴、魯之東。楚越吴、魯而伐之，國小而潰。鄆者，莒、魯所爭之邑。楚又乘勝入鄆。

秦人、白狄伐晉

《傳》曰諸侯貳故也。趙氏曰：宣八年晉成以白狄伐秦，今秦桓亦以白狄伐晉。狄介秦、晉之間，惟强者用之。

鄭人圍許

時鄭伯方執於晉，而鄭反圍許。《傳》謂此公孫申之謀，示不急君也。岷隱曰：豈有君見執外示不急之意，反興師以伐人，有如激晉侯之怒，其不重爲君累者鮮矣。按明年鄭伯歸，殺申，以鄭用其謀改立君也。

城中城

注中城，東海邑。木訥曰：楚伐莒入鄆，逼近魯，故城中城以備不虞。或曰魯之内城。

十年春，衛侯之弟黑背帥師侵鄭

《左氏》曰：晉命也。

夏四月，五卜郊，不從，乃不郊

天之不享僭禮如此。

五月，公會晉侯、齊侯、宋公、衛侯、曹伯伐鄭

鄭用公孫申之謀，置其被執之君不問，立子繻，見殺，又立髡頑。晉欒成子曰：鄭人立君，我執一人焉何益？不如伐鄭而歸其君，以求成焉。趙氏曰：晉景公欲歸其君而鄭不求，欲殺其君而鄭不服，故靦顔以合諸侯，伐鄭而歸之。

齊人來媵

媵伯姬也，異姓來媵，非禮也。

丙午，晉侯獳卒 獳，乃侯反。

晉景公立十九年卒。許氏曰：當景之世，楚莊入陳、圍鄭、圍宋，敗晉于邲，中國大絀，徒從事赤狄潞氏。迨楚莊没，始得爲鞌之役以服齊，僅不失霸。岷隱曰：晉景嗣霸，數勤諸侯，相與同盟，一曰斷道，二曰蟲牢，三曰馬陵，四曰蒲。蒲之盟以歸汶陽之故，諸侯貳晉爾。木訥曰：晉自蟲牢始得諸侯。宋公一言不順，即命魯、衛伐之，既而晉以齊厚於己，反前日所取於齊以予魯之田復以予齊，故諸侯貳晉。

秋七月，公如晉

公如晉奔喪【四】。《傳》云晉止公送葬，諸侯無在者。先儒謂奔喪、會葬，臣子之事也，公自取辱。蓋晉以反魯汶陽之田而疑公，故辱之。

冬十月

書，備四時。《公羊傳》無此三字。

十有一年春王三月，公至自晉

公留晉凡九月，始歸。

晉侯使郤犨來聘。己丑，及郤犨盟。夏，季孫行父如晉 犨，尺由反。

公自汶陽之田歸齊，欲貳晉而不果，然嫌隙已開。晉因公之朝而止之數月。《左氏》謂公請受盟而後使歸。郤犨來聘且涖盟，季文子報聘亦涖盟也。

秋，叔孫僑如如齊

【四】公如晉奔喪　「奔」原作「年」，據文津閣、文淵閣本改。

《傳》云：宣伯聘齊以修前好。張氏謂迫於晉之辱而不得已者也。岷隱曰：晉使我歸田于齊，齊未嘗遣使至魯，是德晉而怨魯也。今僑如修好，未幾而求昏，齊卒無報聘，則魯爲齊弱久矣。

冬十月

書，備四時。

十有二年春，周公出奔晉

《傳》載周公楚惡惠、襄二族之逼，又與卿士伯與爭政，怒而出奔。王使劉子復之，三日復出奔晉，是自絶于周也。

夏，公會晉侯、衛侯于瑣澤

《傳》載晉使楚囚鍾儀歸，求成於楚。宋華元因是合晉、楚之成。鄭伯如晉聽成，會于瑣澤，成故也。木訥曰：晉厲初立而求諸侯，於是爲瑣澤之會，然所會者魯、衛而已。《左氏》載宋合晉、楚之成，鄭人聽成。考之於《經》無一毫合。不知何年之事，而《左氏》誤附也。愚謂止憑《經》文足矣。瑣澤，《公羊》作沙澤。

秋，晉人敗狄于交剛

《傳》載狄侵晉，晉敗之于交剛。岷隱曰：春秋時狄患最重，齊霸之初，狄方爲患，桓公不能治也。晉霸之衰，狄人微弱，晉乃能屢勝之。《春秋》於晉敗狄之事纖悉備書，幸中國之猶能自强也。

冬十月

書,備四時。

十有三年春,晉侯使郤錡來乞師。二月公如京師。夏五月,公自京師遂會晉侯、齊侯、宋公、衛侯、鄭伯、曹伯、邾人、滕人伐秦。曹伯盧卒于師。秋七月,公至自伐秦

《傳》載秦桓公既與晉厲公爲令狐之盟,又召狄與楚欲道以伐晉,故晉使呂相絶秦,而帥諸侯之師及秦師戰于麻隧,秦師敗績。張氏曰:晉以私怨報秦,其義不足以令諸侯,故卑辭以乞師。諸侯已絶迹於京師一百餘年,今因伐秦過周,因講朝禮,故書如京師而不書朝,以見諸侯之行止爲伐秦,而不爲朝王也。戴氏曰:公無朝王之心,道過京師,不得已而行朝王之禮。書「公自京師」,書「公至自伐秦」,見初心之所存,而終事之不可掩也。

曹伯盧卒于師。《傳》曰閔之也。蓋曹宣公立十七年,爲晉役而死于行,不得其所也。

冬,葬曹宣公

《傳》載子臧逆宣公之喪。公子負芻居守,乃殺其太子而自立,既葬宣公,子臧將亡,國人皆將從之,負芻懼,告罪且請焉。子臧乃反而致其邑。子臧,賢公子,季札所慕而效者也。負芻,是爲成公。

十有四年春王正月,莒子朱卒

張氏曰：莒季佗也。

夏，衛孫林父自晉歸于衛

林父奔晉已七年，衛侯如晉，晉侯强見林父，定公不可，既歸而晉使郤犨送之。衛獻之出奔，禍根在此【五】。衛自元咺以臣抗君【六】，皆晉爲之矣。

秋，叔孫僑如如齊逆女

張氏曰：逆公夫人也。

鄭公子喜帥師伐許

《傳》載鄭子罕伐許，鄭伯復伐許，許人平以申叔之封，明年遷于葉，避鄭以依楚。蓋鄭自成三年再伐許，四年伐許，九年圍許，今又伐之，晉不能救也。

九月，僑如以夫人婦姜氏至自齊

僑如稱名不稱氏者，一事再見，因上文也，稱婦，有姑也。于時穆姜尚存。

冬十月庚寅，衛侯臧卒

衛定公立十二年卒。

秦伯卒

高閌《集註》曰：秦桓公也，立二十八年卒。史失其名。

十有五年春王二月，葬衛定公

【五】禍根在此　「在」原作「往」，據文津閣、文淵閣本改。

【六】衛自元咺以臣抗君　「抗」原作「杭」，據明本、文津閣本改。

五月而葬。

三月乙巳，仲嬰齊卒

初，東門氏公子遂立宣公有寵，其子歸父繼世專政，謀去三桓未遂而宣公薨。三桓逐東門氏，歸父奔齊。魯立嬰齊以後東門氏。杜氏注曰：立爲襄仲子歸父之弟，襄仲即公子遂之字，以字爲氏，故曰仲嬰齊。

癸丑，公會晉侯、衛侯、鄭伯、曹伯、宋世子成、齊國佐、邾人同盟于戚。晉侯執曹伯歸于京師。公至自會

《傳》云：會于戚，討曹伯負芻也。愚按：負芻殺世子自立，是可討也。然與之會，然後執之，若紿而致之，非討之義。張氏曰：先執曹伯以令諸侯，然後盟之，乃盡善也。

夏六月，宋公固卒

宋共公立十三年卒

楚子伐鄭

木訥曰：前年鄭公子喜無故而伐許，許，楚之與也。鄭昔嘗伐許而楚不問，以鄭亦在楚耳。今鄭從晉而伐楚之與國，楚能不惡鄭乎？故楚子伐鄭，爲許也，鄭有以招之也。

秋八月庚辰，葬宋共公。宋華元出奔晉。宋華元自晉歸于宋。宋殺其大夫山，宋魚石出奔楚

《左氏》曰：葬宋共公，於是蕩澤弱公室，殺公子肥。蘇氏曰：華元將討之而力不能，故出奔，奔而國人許之討，然後歸，故其討之也，族人莫救。劉氏曰：元自晉歸，使國人攻桓氏，殺蕩山，黜魚石，國然後定。蓋説者謂山即蕩澤之名，而魚氏與蕩氏皆桓族也。木訥曰：《左氏》載元之奔也，魚石止元于河上，而《經》實書奔晉。又載魚石請討山，既討山，則魚石何用奔楚？考其言無一合於《經》。蓋山與魚石均宋之亂臣，故山見殺而魚石奔，復倚楚而入。愚按：《傳》與《經》異，但當信《經》，凡依傳而生説以釋《經》者，不必也。

冬十有一月，叔孫僑如會晉士燮、齊高無咎、宋華元、衛孫林父、鄭公子鰌。邾人會吴于鍾離

《傳》始通吴也。注鍾離，楚邑，淮南縣。吴始來通。晉帥、諸侯之大夫會之，故殊會。趙氏曰：先會晉而後會吴，殊會也。高氏曰：吴實夷狄，反安坐于鍾離以待中國之會。葉氏曰：成公之末，楚浸衰而吴驟强，天下所恃者晉而已，反率諸侯而從之，一會而合七國，再會而合十三國，三會而合十二國，天下無不聽於吴焉。鍾離，楚邑，今濠州。

許遷于葉

避鄭依楚也。《傳》云：楚遷之葉。今汝州葉縣。

十有六年春王正月，雨，木冰

范甯曰：雨著木成冰。

夏四月辛未，滕子卒

《左氏傳》滕文公卒。

鄭公子喜帥師侵宋

公子喜，穆公子子罕也。侵宋，伐喪也。鄭叛晉從楚，故爲楚侵宋，自攻其類也。

六月丙寅，朔，日有食之

書災。

晉侯使欒黶來乞師。甲午晦，晉侯及楚子、鄭伯戰于鄢陵。楚子、鄭師敗績。楚殺其大夫公子側

鄢陵，鄭地也。是役也，晉吕錡射楚共王中目，楚師宵遁，晉入楚軍，三日穀。公子側，鄢陵之敗帥也，楚故殺之。自晉敗于邲，楚師横行中原。今厲公一戰而勝之，洗中國二十餘年之恥。岷隱曰：鄢陵之戰與城濮同功。然厲公所以異於文公者，一勝之後無以居之，觀沙隨之不見公，季孫行父之見執，厲公之志驕矣。愚觀晉既敗楚，范文子立於馬前曰：何以及此？君其戒之。蓋知厲公非保功之君也。果難作。鄢陵，鄭地，今開封。

秋，公會晉侯、齊侯、衛侯、宋華元、邾人于沙隨。不見公，公至自會

謀欲伐鄭，鄭未服也。魯叔孫僑如與君母穆姜謀作難。公至後期，故晉不見公。沙隨，宋地。

公會尹子、晉侯、齊國佐、邾人伐鄭

注曰：尹子，王卿士也。木訥曰：晉侯敗楚、鄭之師于鄢陵，鄭卒不反，今又以王命伐之。

曹伯歸自京師

曹伯負芻殺太子而自立，晉侯執而歸之京師，欲改立賢公子子臧。子臧不肯，盡致其邑與卿而不出，故負芻復得歸曹。木訥曰：曹成殺世子而自立，幸晉有尊周之心，不自裁處，而歸曹伯于京師。王苟因是而用其威福之柄，天下孰不震懾。今乃置而姑息之，諸侯判然知王法不復行，其何忌而不爲亂臣賊子哉！吾於此重爲周王惜之。愚按：曹伯復歸而不書名，諸家説各不同。竊意突、忽爭立，故出入必書名以爲别。曹成之位已定三年，不待書名爲别耳，恐無他義。

九月，晉人執季孫行父，舍之于苕丘。冬十月乙亥，叔孫僑如出奔齊。十有二月乙丑，季孫行父及晉郤犨盟于扈。公至自會。乙酉，刺公子偃

叔孫僑如與穆姜謀去季、孟而取其室，使晉因季孫在晉殺之，而已殺孟獻子於魯，故晉執季孫而舍之苕丘。苕丘，晉地也。公使子叔聲伯請季孫於晉，故晉與季孫盟而還之。叔孫僑如謀不遂而出奔。公歸而刺公子偃，偃者，公之庶弟。穆姜謀亂，嘗怒公，而指偃可代公故也。僑如既奔齊，魯立豹以後叔孫氏。莒，《公羊》作紹。

十有七年春，衛北宫括帥師侵鄭

《左氏》以爲衛救晉也。木訥曰：使晉被鄭兵而衛救之，則有援霸主之功，何得不書而書侵耶？愚謂此《經》文之所無，但據《經》文謂衛侵鄭足矣。

夏，公會尹子、單子、晉侯、齊侯、宋公、衛侯、曹伯、邾人伐鄭。六月乙酉，同盟于柯陵。秋，公至自會

葉石林曰：單子，王之中大夫也。王大夫前未有二人臨諸侯者，此言尹子、單子，鄭恃楚不服晉，復請於王而益之也。王命而行，一人可矣，命而不行，雖益何補？趙木訥曰：以七國之衆加以王師而鄭未反，故遂興柯陵之盟。戴岷隱曰：前此諸侯屈天子之卿爲會者有之，未有屈二卿者，屈天子之卿爲盟者有之，未有同盟者。厲公之志驕僭甚矣！

齊高無咎出奔莒

《左氏》載慶克通于靈公母聲孟子，蒙婦人衣乘輦而入。鮑牽見而告國武子，武子召慶克而謂之，克以告。夫人怒，及國子相靈公會而歸，孟子譖高、鮑將不納君，而立公子角，且譖國子亦知其謀。故公刖鮑牽而逐高無咎。無咎奔莒，弟高弱奔盧。

九月辛丑，用郊

木訥曰：魯之卜郊自成公始，而用郊自成公始。蓋前此雖以史逐請之平王，得用郊，猶疑其僭而卜之，未遽用也。成公七年卜之不從，乃免牛，十年又嘗卜之，五卜不從，遂不郊，今成公懼，卜而不從，則終不得郊，故不復卜而直用之。聖人書曰「用郊」，蓋前此未嘗用也。至定、哀之郊，則不復書用。蓋責不在定、哀，其用之始於成公。用與「用田賦」、「用致夫人」同謬者，求其説而不得遂以爲用人，其支離一至是哉。

晉侯使荀罃來乞師。冬，公會單子、晉侯、宋公、衛侯、曹伯、齊人、邾人伐鄭。十有一月，公至自伐鄭

《傳》載諸侯伐鄭，楚救鄭，諸侯還。晉至此再假王命，三合諸侯以伐之，而不能服。

壬申，公孫嬰齊卒于貍脤 貍，力之反，脤，市軫反。

公孫嬰齊，叔肹之子，子叔聲伯嘗請行父於晉者也，與前仲嬰齊同名耳。卒于貍脤者，從公伐鄭，還而道卒。脤，《公羊》作軫，《穀梁》作蜃。

十有二月丁巳，朔，日有食之

書災。

邾子貜且卒

貜且立四十年卒。

晉殺其大夫郤錡、郤犨、郤至

《左氏》載晉厲公侈，多外嬖，反自鄢陵，欲盡去群大夫而立其左右。胥童嬖而怨郤氏,請必先三郤,遂殺之,皆尸諸朝。又以甲劫欒書、中行偃於朝。《穀梁》曰:禍於是起。

楚人滅舒庸

任氏曰:舒庸,東夷偃姓之國。《左氏》曰:舒庸以楚師之敗,道吴人圍巢,故楚滅之。

十有八年春王正月,晉殺其大夫胥童。庚申,晉弑其君州蒲

《傳》載欒書、中行偃殺胥童,又使程滑弑厲公而迎立周子,年十四,是爲悼公。蓋胥童實道厲公殺三郤,又親劫欒書、中行偃,故二人殺胥童,繼弑厲公。近世張洽,受《春秋》於朱文公者也,其《集註》謂聞之師曰:稱國以弑者,衆弑其君之辭也。曷爲不言二臣弑之?《孟子》論貴戚之卿,君有大過則諫,反覆之而不聽則易位。厲公之過大矣,昵用小人,殺戮無辜,舉朝諸卿不保首領。書、偃,晉之世臣,以社稷爲心,尚可行易位之權而遽弑之。夫二人嘗以君事之矣。故稱國以弑,分其惡於衆也。悼公逐不臣者七人,而不誅書、偃,非里克、甯喜之比故也。

木訥趙氏曰:厲公之興,哆然修文、襄之業,敗狄伐秦,既如其志。當吴、楚並興,欲抗吴則畏楚,欲抗楚則慮吴,遂合諸侯以會吴于鍾離,蓋疑吴、楚合則中國無以抗之也。吴既我附,明年遂興鄢陵之師,大敗楚、鄭,謀亦深矣。然晉雖得志,而鄭不反,是時不退而修德，乃遷怒魯之後至，沙隨之會不見公，既而上屈王師，下連諸侯，三疾于鄭，鄭不能得，忿無所洩，内疾卿佐，立其朝者儳然如不終日，故中行、欒氏之逆成。嗚呼！剛暴之君可不監哉！愚按：張氏詳其一時取禍之患，趙氏詳其平日紹霸之勤。故并録以備參考。

齊殺其大夫國佐

慶克通乎君母，君母怒國子之謫克也，譖國子，既而慶克以君命圍高弱於盧，國子往殺慶克于盧，師以穀叛。齊侯與盟于徐關而復之。既叛而復仕其朝，故齊侯殺之于内朝之宫。然齊侯使慶克之子慶封爲大夫，則又稔禍矣。

公如晉

晉悼公嗣位而朝之也。

夏，楚子、鄭伯伐宋。宋魚石復入于彭城

宋華元討桓族而魚石奔楚。故魚石借楚之力伐宋，而復入彭城。彭城，宋邑也。

公至自晉，晉侯使士匄來聘

公方朝晉，晉隨使范宣子來謝其朝。晉悼公交鄰有道如此。

秋，杞伯來朝。八月，邾子來朝

《傳》稱杞桓公來朝，勞公且問晉故。邾宣公初即位而來見。

築鹿囿

杜氏注：築墻爲鹿苑。

己丑，公薨于路寢

正也。

冬，楚人、鄭人侵宋。晉侯使士魴來乞師。十有二月，仲孫蔑會晉侯、宋公、衛侯、邾子、齊崔杼，同盟于虛朾 魴音房。朾，他丁反。

晉謀救宋也。諸侯師至而楚、鄭之師已退。晉侯新立，因爲同盟。

丁未，葬我君成公

五月而葬。

成公立以正，薨以正，世適承嗣，國家無事。魯自春秋以來惟成公一人而已，然作丘甲，始用郊，其失不少。又内制於行父，掃四大夫之師以報歸父謀去三桓之怨，外制於强晉，得汶陽之田而復見奪。弔景公之喪而輒見止，如沙隨之會而不得見。亦惴惴度日爾。

襄公

名午，成公之子，母定姒。謚法：因事有功曰襄。

元年春王正月，公即位

於是襄公年四歲。

仲孫蔑會晉欒黶、宋華元、衛寧殖、曹人、莒人、邾人、滕人、薛人圍宋彭城

魚石自宋逃楚，楚伐宋而納魚石於宋之彭城。此去年之夏也，至冬又復侵宋，蓋既已納魚石，據宋一邑，因爲荐食之謀未已也。時晉悼公以十四歲新立，即會諸侯之師以救之，師至而楚師還。宋因辭諸侯而請其師圍彭城。至是晉大夫帥諸大夫共圍之，彭城降晉，晉以魚石之族五大夫在彭城者，歸而寘諸瓠丘，於是彭城復爲宋有。木訥曰：伐叛討逆，霸主事也。悼公之興，首合諸侯之大夫爲宋圍彭城，討魚石，得其職矣。宜列國和會而願奉其職也。

夏，晉韓厥帥師伐鄭。仲孫蔑會齊崔杼、曹人、邾人、杞人次于鄫。秋，楚公子壬夫帥師侵宋

鄭從楚伐宋者也，晉既救宋矣，故以次伐鄭。諸侯之師次于鄫者，爲之援也。鄫，鄭地也。楚之侵宋者，攻晉之所救也。胡氏曰：楚人釋君助臣事，已悖矣。晉降彭城，以魚石歸，遂伐鄭，而以諸侯次鄫，援之放義而行者也。戴氏曰：韓厥身自伐鄭，而諸侯不與焉，亦見晉悼公圖霸之初，使大夫身親其勞，不敢勤諸侯之師若此。宜其能成霸也。趙氏曰：中國伐鄭屢矣，必連諸侯之師。今悼公之圖鄭亦可謂有謀矣，以韓厥獨攻其前，以五國之兵援其後，楚兵不出，則一韓厥足以敵鄭而有餘。楚兵出，則五國之師足以鬭楚而不慴，此皆所以謹用諸侯而不忍輕鬭其民也。許氏曰：楚人侵宋，攻晉所救，而諸侯之師卒不爲動，則有以量楚力之所至矣。韓厥，《公羊》作韓屈。鄫，《公羊》作合。

九月辛酉，天王崩

簡王在位十四年崩。

邾子來朝。冬，衛侯使公孫剽來聘，晉侯使荀罃來聘

岷隱曰：歷考十二公即位之初，朝聘鄰國者有矣，鄰國未有先來聘者，獨襄公爲然。意晉悼初立，屈己交諸侯，當次鄫之役，晉侯、衛侯實次于戚，以爲之援，故謀而聘魯。然愚按：先儒皆以天王崩，不奔喪而朝聘於魯爲非。此又正本之論，而春秋時習俗之所不識者也。若邾之來朝，則高氏謂公方四歲，安能以禮相接？然則此殆禮之贄，又非來聘者比也。

二年春王正月，葬簡王

五月而葬，速。天子七月而葬。

鄭師伐宋

《左氏》曰：楚令也。木訥曰：鄭成公爲人固而不知機，彼鄭文、鄭襄不幸無霸主，楚兵脅之，姑從楚以紓國患而已。成公之初，堅附中華，一折而從楚，則至死不變。

晉厲敗楚師，三以諸侯伐鄭，鄭可歸矣，反受役於楚以戕中國。愚謂晉厲猶以力服之也。今楚納宋之叛臣，晉悼公伐其叛臣而取之，義聲震夷夏，逆順曉然矣。何爲尚爲楚而伐宋耶？

夏五月庚寅，夫人姜氏薨

成公夫人齊姜也。

六月庚辰，鄭伯睔卒 睔，古困反。

成公立十四年卒，《左傳》載其臨死不忍背楚之言。高氏曰：不言葬者，以成公背中國，諸侯不會其葬也。許氏曰：夫鄭豈以中國爲終可畔？既蒙楚之德，遂不可反，是以君子貴謀始也。

晉師、宋師、衛甯殖侵鄭

木訥曰：侵，淺事也，合三國之師於鄭郊而侵之，要其服而已，非志於伐也。説者以爲鄭方在喪，伐喪爲不義。吾以爲鄭成終身陷於左衽而不反，以楚之誘之也。今新君即位，苟一朝乎楚，爲楚所化，則亦未易歸也。故以兵侵之，要其速從中國而已，非伐喪也。愚聞之先師，亦曰三國成師以出，不以伐而以侵者，正避鄭之喪也。晉悼公豈伐喪者哉？

秋七月，仲孫蔑會晉荀罃、宋華元、衛孫林父、曹人、邾人于戚

《左傳》載會于戚，謀鄭也。孟獻子請城虎牢以逼鄭。知武子曰「善」。齊崔子今不來矣，滕、薛、小邾之不至，皆齊故也。將復於寡君而請於齊，於是今年冬戚之會，齊、滕、薛、小邾皆至，遂城虎牢。木訥曰：合六國之大夫而不加侵伐，謀所以服之之術而已。晉所以皇皇然速於得鄭者，蓋鄭僖初立，儻一爲楚所羈，則未可以文告致，是機會之不容失者。不然一歲之間，三合兵車，何諸侯之不憚煩哉？

己丑，葬我小君齊姜

杜氏曰：齊謚也。三月而葬，速。

叔孫豹如宋

《左氏》曰：通嗣君也。杜氏曰：豹，僑如之弟也。木訥曰：叔孫氏自公孫茲、叔孫得臣再世爲卿，至叔孫僑如，其横滋甚，反譖成公及季孫行父于晉，事敗奔齊，叔孫氏之黨沮矣。今襄公即位，幼未能君，盟會征伐專於仲孫蔑，蔑者，孟獻子。而季孫行父爲正卿，則耄矣。故季氏復出而任聘問之事，豹，得臣之次子也。

冬，仲孫蔑會晉荀罃、齊崔杼、宋華元、衛孫林父、曹人、邾人、滕人、薛人、小邾人于戚，遂城虎牢

齊、滕、薛、小邾聞知武子之言，故皆來會。既城虎牢，鄭人乃成。吕氏曰：城虎牢所以服鄭而拒楚，鄭服則楚自遠。荀罃城之是也。非取其地而有之也。故不繫之鄭。陸淳曰：城虎牢可以安中國，息征伐，故聖人許其取而不繫之鄭。張氏洽曰：虎牢所以不繫鄭者，鄭背華即夷黨楚，以爲中國患。悼公動天下之諸侯以討之，而負固自若。故從孟獻子之謀，城其巖邑以制之。以伯主討不服之國，地非鄭之所可私，此《春秋》明王制以示予奪之正也。木訥趙氏曰：安一國之功小，安天下之功大。晉悼初圍宋彭城，爲宋治叛臣爾，其利不及天下，此一國之功也。晉、楚爭鄭五十年，乍叛乍服，惟强是從，鄭成一叛入楚，而終身不復反。以一鄭不服，天下諸侯爲之不寧。兵車之會無日而置。今晉悼謀制鄭之策而城虎牢。虎牢，古虢國【七】，鄭得之爲制邑，至是爲虎牢，在漢爲成皋，今爲孟州汜水縣，巖險聞於天下，楚、鄭倚之以抗中國。今晉率十國之大夫取而城之。虎牢既非鄭有，鄭何恃以抗中國哉？故雞澤之盟，鄭不伐而自至。八國之君同涖是盟，而天下無兵車者六年。則虎牢之城誠有功於天下，此天下之功也。

愚按：此役諸儒多責鄭不能自守其險，而反爲晉取，然使鄭能守此險，則爲楚以戕中國。今晉取此險，則可拒楚以安中國。諸儒之爲此説者豈不知夷夏之辨耶！何不責鄭之不從晉，反責鄭之不守險也。

楚殺其大夫公子申

《左傳》載公子申爲令尹，多受小國之賂，以逼子重、子辛，故楚人殺之。

三年春，楚公子嬰齊帥師伐吴

《傳》載楚子重伐吴，克鳩兹，至于衡山，而吴取其駕，獲鄧廖。駕，良邑，廖亦楚之

【七】古虢國　「虢」原作「號」，據明本、文津閣本改。

良。所獲不如所亡。木訥曰：夷狄相攻，中國之福。稽其故，則自晉厲公會吴於鍾離，實有謀焉。鍾離一會，而吴無仇晉之心，楚有患吴之意。故楚之伐吴，以吴不與己而與中國也。楚之兵力既分於吴，而不能專向中國，此諸侯之患得以少紓。吴既受楚兵，則亦不能無求於中國，故五年戚之會，吴不召而自至，自是天下之勢遂成鼎足，晉、吴、楚是也。吴既附中國，則楚實孤，終春秋之世，楚無一日安枕者，吴掎其東也。

公如晉。夏四月壬戌，公及晉侯盟于長樗。公至自晉

如晉者，朝霸主也。公時方六歲，相其行者孟獻子也。蘇氏曰：晉侯修禮於諸侯，故去其國都與公盟于長樗。張氏曰：長樗，近晉之地也。

六月，公會單子、晉侯、宋公、衛侯、鄭伯、莒子、邾子、齊世子光。己未，同盟于雞澤。陳侯使袁僑如會。戊寅，叔孫豹及諸侯之大夫及陳袁僑盟。秋，公至自會

木訥曰：悼公，晉之賢君也。其所以霸諸侯之效在得陳、得鄭而已。陳、鄭即楚久矣，今興虎牢之役，隻矢不遺而鄭來，陳見鄭來而恥獨爲夷，亦遣袁僑如會。然鄭以君會，而陳以臣至，雞澤之盟以諸侯盟鄭之君。戊寅之盟，以大夫盟陳之臣。蓋鄭伯之來，既與盟矣。袁僑至而無以質之，則懷附之心不固。苟復自與之盟，則袁僑實抗而霸權不尊，故以大夫盟之，則晉無屈己之辱，僑無抗君之罪，禮甚安而分甚明。此吾所以見悼公之賢也。論者乃謂諸侯在而大夫盟，爲大夫之專，不知大夫奉君命而盟，袁僑何得爲專。愚按：此役説者又責其不當盟單子，竊意齊桓始假王人爲重，故首止、葵丘會王人而不敢同盟。世變日降，晉厲之世，王人之同盟屢矣，久而自同於列國。今不待請而自至，習俗既成，雖以悼公之賢，不知革其非。此可爲世變歎爾。

冬，晉荀罃帥師伐許

許自新城以來，不預中國盟會四十餘年矣。今晉以陳、鄭既服而伐許。木訥曰：許爲鄭虐，遷于葉以避。葉逼楚，倚楚爲重，必不能近叛楚而遠事晉。晉必能興召陵之師以服楚，則許可得，不然，徒伐之無益矣。

四年春王正月己酉，陳侯午卒

陳成公立三十年卒。木訥曰：陳成歸而卒於中夏，諸侯會葬之，賢於鄭成遠矣。高氏《集註》曰：《玄經》有言，日月之逝，改于尸，尚未晚也。陳成公既爲雞澤之盟而卒，則是國已變於夏矣。曾子曰：吾何求哉？

夏，叔孫豹如晉

《左氏》曰：穆叔如晉，報知武子之聘也。

秋七月戊子，夫人姒氏薨

姒，杞姓。襄公妾母也。姒，《公羊》作弋，注：莒女也。

葬陳成公

五月而葬。

八月辛亥，葬我小君定姒

杜氏曰：定，謚也。踰月而葬，速。許氏曰：《傳》載季文子不欲以夫人之禮葬定姒，志復古也，不得已於人言而卒夫人之。觀此踰月而葬，蓋禮略也。鄭夾漈曰【八】：既君則母同正矣，然適母薨而後可得伸其尊也。姒，《公羊》作弋。

冬，公如晉

《左氏》載請晉以鄫屬魯也。時公方七歲，蓋代其言者孟獻子也。

陳人圍頓

頓，小國也。《傳》載楚使頓間陳而侵伐之，故陳人圍頓。木訥曰：頓，楚之與也。陳初從中國而遽圍頓，故明年楚伐陳。

五年春，公至自晉

去年冬如晉求鄫，今始歸魯。

夏，鄭伯使公子發來聘

公子發者，子國也，子産之父。鄭僖新立，使來通好。

叔孫豹、鄫世子巫如晉

去年冬魯求鄫於晉，故今穆叔率鄫世子同如晉以成屬鄫。此《左氏》説也。《公羊》

【八】鄭夾漈曰　「夾漈」原作「來澄」，據明本、文津閣本改。

則謂鄫迫於莒，故魯率之通晉。愚恐兩説俱有之。

仲叔蔑、衛孫林父會吴于善道

《左氏》載吴使壽越如晉，請聽諸侯之好，故魯、衛俱受晉命，往會之。善道，《公》、《穀》皆作善稻，云吴地也。木訥曰：吴、晉將爲戚之會，而魯、衛實鄰於吴，故晉命以通好焉。許氏曰：晉、楚爭衡，權之在吴，故晉急吴如此。

秋，大雩

旱祭之僭者也。

楚殺其大夫公子壬夫

楚忿陳之復歸于晉也，咎令尹子辛之侵欲於陳，故殺之。

公會晉侯、宋公、陳侯、衛侯、鄭伯、曹伯、莒子、邾子、滕子、薛伯、齊世子光、吴人、鄫人于戚。公至自會

《左氏》曰會吴且命戍陳也。木訥曰：鍾離之會書「會」，以會晉率諸侯往會吴也。戚之會不殊，會吴、晉兩欲而爲是會也。陳、鄭歸晉，楚方内憒，殺公子壬夫，將有疆場之事。此晉所以願求於吴也。吴既與晉，楚公子嬰齊嘗帥師伐吴，此吴所以願交於晉也。吴、晉同欲，故十四國之君歡然相濟。

冬，戍陳

知楚將伐陳，故諸侯以兵戍之。

楚公子貞帥師伐陳，公會晉侯、宋公、衛侯、鄭伯、曹伯、齊世子光救陳。十有二月，公至自救陳

諸侯雖戍陳，而楚猶伐之，故諸侯又親救之。楚殺其令尹而出兵。晉范宣子預有失陳之憂，諸侯以兵戍陳，已非上策，戍又不足以禦，則事亦極矣。

辛未，季孫行父卒

行父相三君，其卒也，無衣帛之妾，無食粟之馬，無藏金玉，無重器備。《左氏》稱其忠於公室。然行父怨歸父之謀去三家，至掃四大夫之兵以攻齊。方公子遂弑君立宣，行父實再爲之如齊納賂。又帥師城莒之諸、鄆二邑，以自封植，其爲妾、馬、金、玉也多矣。柄及其子益專且叛。然則小廉者，乃其大不忠之飾歟！向使淫侈如齊慶封，適足以殺其身，烏能成其私也哉！

六年春王三月壬午，杞伯姑容卒

高氏《集註》曰：自僖公二十三年杞子卒後，杞桓公繼立，凡七十有一年。吕東萊曰：杞入《春秋》至此始名。邾、滕、杞微國，其卒或名或不名，國微不備禮乎。

夏，宋華弱來奔

《左氏》載華弱與子蕩少相狎，長相優，又相謗。子蕩以弓梏華弱于朝，平公見而逐之，亦逐子蕩。

秋，葬杞桓公

杞始書葬，始能通也。

滕子來朝

《左氏》謂滕成公始朝公也。

莒人滅鄫

鄫間於魯、莒之間，前此邾、莒伐鄫，魯救之，有狐駘之敗。前年魯請於晉以鄫屬魯，叔孫豹嘗以鄫世子同如晉矣。去年秋復以屬鄫爲不利而辭之，蓋以力不能及鄫也。至今莒遂滅鄫。呂氏曰：莒、鄫小國，自相滅亡。晉悼公爲時盟主，亦莫之卹，蓋是時禮義衰絶。滅國弑君皆目見之熟，不以爲甚異，故雖晉悼號爲賢君，亦莫能正也。愚按：莒之滅鄫，《春秋》具有本末。《穀梁》乃以鄫立莒之子爲子，謂神不歆異姓之祀爲滅，雖胡安國獨宗其説。而劉氏、孫氏、戴氏皆嘗辨其非。劉曰：若鄫取莒爲後，罪在鄫子，不當但責莒人。孫曰：立異姓而遂書滅，不惟於義不明，亦何以爲訓？此蓋莒人因鄫不順其立異姓而滅之爾。戴曰：鄫請屬于魯，則鄫之勢迫矣。莒既滅鄫，季孫宿如晉，見魯之不能救鄫也。莒人滅鄫，勢所必至。

冬，叔孫豹如邾

《左氏》曰：穆叔如邾，聘且修平，謂平四年狐駘之戰。

季孫宿如晉

宿，季孫行父之子也。《左氏》謂莒滅鄫，故來討，宿遂如晉。然魯雖嘗請屬鄫，既而辭之矣。滅鄫者，莒也，晉不問莒而反問魯，何耶？木訥曰：宿父喪未期而執使命，知世卿以固位而已。襄公幼弱，蓋非公意，宿自爲之。愚聞之師，亦謂宿嗣執政，往見以植私交。

十有二月，齊侯滅萊

齊圖萊久矣，自宣七年伐萊，至是遂滅之。萊，姜姓，例稱「滅」。同姓書名，今齊滅萊，不名，則例之説不通矣。

七年春，郯子來朝

郯，自出伯姬，不通於魯。成公嘗會晉伐之，今始來朝公。

夏四月，三卜郊，不從，乃免牲

孟獻子歸咎於既耕而卜，蓋不知天之不歆其僭也。

小邾子來朝

此小邾穆公也，其先郳犂來，顓頊之後，王命爲小邾，至是三朝魯。

城費 音祕。

季武子城其私邑以自强。定公十二年所欲墮之而不可得者也。費，今沂州費縣。

秋，季孫宿如衛

《傳》以爲報子叔之聘，然子叔之聘七年矣。宿初執政，疑自締私交也。

八月，螽

蝗也，書災。

冬十月，衛侯使孫林父來聘。壬戌，及孫林父盟

《左氏》謂報季孫宿之聘，且尋孫良夫之盟。

楚公子貞帥師圍陳。十有二月，公會晉侯、宋公、陳侯、衛侯、曹伯、莒子、邾子于鄬。

鄭伯髡頑如會，未見諸侯。丙戌，卒于鄵。陳侯逃歸 鄬，于軌切；鄵，七報反。

楚圍陳，諸侯謀救之。陳侯畏楚而逃，故不成救。鄭伯卒于行，《三傳》皆以爲見弑。然且當以《經》爲正。此鄭僖公也，立五年卒，頑，《公》、《穀》作原；鄵，作操。

八年春王正月，公如晉

《傳》云：公如晉，朝且聽朝聘之數。

夏，葬鄭僖公

五月而葬。王氏曰：《傳》載子駟弑公。然諸侯方會其郊，子駟其敢然乎？觀九年與晉爭盟，詞不少屈，而晉人不以爲討，其不爲不義可見矣。蓋子駟爲政多殺，群公子疾之者衆，因公卒于外而誣之。黎氏曰：若君實被弑，以疾赴遂從而書之，則弑君豈有以實告者乎？趙氏曰：若實弑而書卒，是《春秋》庇逆賊也。

鄭人侵蔡，獲蔡公子燮

僖公方葬，鄭乃侵楚之與國以挑釁，此子産所以獨憂，而不旋踵致楚之師。燮，《穀梁》作濕。

季孫宿會晉侯、鄭伯、齊人、宋人、衛人、邾人于邢邱。公至自晉

趙氏曰：晉既失陳，而爲是會以觀諸侯。諸侯皆以大夫聽命，晉之霸業隳矣。孫氏曰：邢邱之會，公在晉，晉侯不與公會，而與季孫宿會。襄公微弱，政在季氏也。

莒人伐我東鄙

《左氏》曰：莒人伐我東鄙，以疆鄫田，蓋鄫在魯東，其田接於魯而經界不明，故伐我以正之。魯既無鄫，世有莒患矣。愚按：此莒人以兵滅鄫明矣，孰謂以其子繼鄫爲滅鄫耶？

秋九月，大雩

爲旱禱也，大則僭也。

冬，楚公子貞帥師伐鄭

討其侵蔡也，自是鄭又與楚平。玉帛待于二竟，惟强者是從。

晉侯使士匄來聘

《左氏》曰：晉范宣子來聘，且拜公之辱，告將用師于鄭【九】。

九年春，宋災

天火曰災。

夏，季孫宿如晉

報范宣子之聘也。

五月辛酉，夫人姜氏薨。秋八月癸未，葬我小君穆姜

成公之母，襄公祖母也。

冬，公會晉侯、宋公、衛侯、曹伯、莒子、邾子、滕子、薛伯、杞伯、小邾子、齊世子光伐鄭。十有二月己亥，同盟于戲。楚子伐鄭 戲，許宜反。

《左氏》載諸侯伐鄭，將修器備，盛餱粮，歸老幼，居疾于虎牢。鄭人恐，乃行成。然子駟爭盟，欲唯有禮與强者是從。既盟而楚伐鄭，鄭又與楚平。蓋玉帛待二竟，此鄭之素謀，子駟尤力主從楚之説也。先師嘗謂其無夷夏之辯。趙木訥則謂晉欲得鄭，當先制楚，制楚當先結吴以掎楚。楚忌吴之斷其後，必不敢長驅鄭郊。愚謂鄭處晉、楚之間，亦難矣。晉不幸而遇楚之强，謀所以安中國，亦難矣。

十年春，公會晉侯、宋公、衛侯、曹伯、莒子、邾子、滕子、薛伯、杞伯、小邾子、齊世子

【九】「獨憂而不旋踵致楚之師」至「告將用師于鄭」此段文字原脱，據文淵閣本補。

光，會吴于柤。夏五月甲午，遂滅偪陽。公至自會柤，莊加反。

柤，楚地。吴子壽夢在柤，晉悼公會諸侯以往會之。先師謂晉方患楚，欲通吴而吴道多阻。今會於彭城之柤，所以道吴之來路。趙氏謂會吴所以掎楚，掎楚所以爭鄭。柤之會吴既向晉，楚恐吴之議其後，故晉兩合諸侯以伐鄭，鄭果如蕭魚之會。石氏曰：蕭魚之後，楚專事吴，不復爭鄭矣。偪陽，妘姓小國。《左氏》載晉取之，欲以封宋之向戌，向戌辭而以歸之宋。許氏曰：涉楚會吴而因道以滅人之國。中國之禮義盡矣，何以昭格荒服。

楚公子貞、鄭公孫輒帥師伐宋。晉師伐秦

木訥曰：楚既得鄭，則兵及於宋勢也。楚、鄭伐宋，晉不救宋而伐秦，以報私怨，非所以霸也。先師則曰：楚取彭城，欲以梗晉，晉滅偪陽，則楚不得而問。彭城、偪陽歸宋，故楚連鄭師以伐宋。去年秋秦嘗乞楚兵以侵晉，而楚爲之援，今晉師伐秦，亦悼公制楚之規模也。覺此説尤長。

秋，莒人伐我東鄙

鄫爲莒得，故莒再伐我東鄙。

公會晉侯、宋公、衛侯、曹伯、莒子、邾子、齊世子光、滕子、薛伯、杞伯、小邾子伐鄭

鄭黨楚伐宋，故晉侯率諸侯伐鄭，鄭不服，故再戍虎牢。齊世子光，人臣也，而今位滕、薛之上，以其先至而躋之也，非禮矣。

冬，盜殺鄭公子騑、公子發、公孫輒

盜一日而殺三大夫，鄭無政刑矣。《左氏》載子駟侵司氏、堵氏、侯氏、子師氏田，故五族聚群不逞之人而殺之。子駟，騑之字也。趙氏謂子駟當國，鄭受兵無虛歲，宜其禍生肘腋。張氏謂：鄭之從楚以勞中國，皆公子騑之罪。公子發、公孫輒惟騑是從，惡積而不可掩。鄭不能討而盜得殺之，所謂上慢下暴而致寇至，孔子以爲盜之招也，所以不稱殺其大夫。騑，《公》、《穀》作斐。

戍鄭虎牢。楚公子貞帥師救鄭。公至自伐鄭

《左氏》載諸侯之師城虎牢而戍之。鄭及晉平，楚子囊救鄭。晉荀罃曰我實不能禦楚，鄭何罪？不如還也。楚人亦還，前城虎牢，不言鄭，此戍虎牢而繫之於鄭者。黎氏云：城則取而城之，故《經》有城楚丘、城緣陵，皆不繫之國。戍者以兵守衛之，故《經》有戍衛、戍陳，皆繫之國。先師王氏云：城虎牢不繫之鄭者，時鄭從楚，中國取其虎牢而城之，爲中國守險以制鄭，非爲鄭而城之也。戍虎牢而繫之鄭者，時鄭已從晉，中國恐楚伐鄭，故置兵守衛以拒楚，是爲鄭而戍之也。此說尤明白。

十有一年春王正月，作三軍

此季氏欺襄公幼弱，始三分公室而三家各有其一也。然《周禮》有大國三軍之說。

諸儒多謂三軍乃魯之舊，而今以爲作。劉氏《意林》曰至襄而作三軍，明襄之前未有三軍也。及其舍之也，又曰舍三軍，明二軍猶在也。孫復《發微》曰：大國三軍，次國二軍。魯以次國而作三軍，亂聖王之制也。此一説也。

謂魯舊止二軍，今始分而三之也。葉石林曰：僖公之詩曰「公徒三萬」，此三軍之數也。至成公而季孫行父、臧孫許、叔孫僑如、公孫嬰齊以四卿見於鞌之戰，則有加於三軍也。鄭夾漈曰：宣、成以來，魯有五卿，卿專一軍，及季氏逐東門氏而立嬰齊，又將逐臧孫紇而立臧爲東門，與臧氏二家弱而不能軍其民，故三家分爲三軍而專之。此又一説也。

謂魯舊不止三軍，今始并而三之也。二説未知孰是。然前一説以周之舊制言，後一説以魯之强僭言。恐《春秋》時無復守周制，若强而僭者，則魯卿大夫之實也。在來者考焉。

夏四月，四卜郊，不從，乃不郊

崔氏曰：郊之用辛也。卜，上辛，不吉。則卜中辛，又不吉。則卜下辛，三卜不從則已矣。四卜過也。然崔氏之説以郊之常禮言，而魯之卜不從，乃天之不歆其僭也。

鄭公孫舍之帥師侵宋。公會晉侯、宋公、衛侯、曹伯、齊世子光、莒子、邾子、滕子、薛伯、杞伯、小邾子伐鄭。秋七月己未，同盟于亳城北。公至自伐鄭。楚子、鄭伯伐宋。公會晉侯、宋公、衛侯、曹伯、齊世子光、莒子、邾子、滕子、薛伯、杞伯、小邾子

伐鄭。會于蕭魚。公至自會。楚人執鄭行人良霄

按《左氏》所載鄭之侵宋者，鄭子展謀欲從晉，故伐宋以致諸侯之師，而後與之也。諸侯伐鄭而同盟于亳城北者，時鄭方行成，故盟諸侯，使毋貳也。楚子、鄭子又伐宋者，楚未知鄭之陰已附晉，尚率鄭以伐宋，而鄭姑從之也。晉又會諸侯伐鄭，而會于蕭魚者，鄭於是始決於從晉也。楚執鄭行人良霄者，鄭已從晉，使告于楚。楚無以制之，而姑執其行人以泄憤也。夫鄭自公子騑、公子發、公孫輒三人決於從楚，故鄭歲歲受晉、楚迭至之兵。三子既爲盗所殺，子展當國，改謀從晉，知所嚮背矣。然不即安於晉，必伐宋致師，待晉師再伐已而後藉以絶楚。恐非謀國之要策。若晉悼極力求鄭，卒成蕭魚之會，則霸功之盛也。

趙氏曰：蕭魚之役，楚疲於外，鄭服於内，寸兵不折，隻牲不歃，悼公所以制楚服鄭之功，豈下於桓、文耶？戴氏曰：蕭魚之會，晉赦鄭囚，納斥堠，禁侵掠，是舉也可爲春秋盛德事，比於召陵有光焉！書楚執良霄於蕭魚之下，見鄭人之心已服，楚人之力不競，晉悼之功爲不爭也。程氏曰：鄭不可信，晉悼公推至誠以待人，信之不疑。自此鄭不背晉者二十四年。師氏曰：諸侯之無時暫寧者，皆鄭之由也。至悼公用魏絳之謀，和戎以收五利之功，息民以致三駕之勝，遂能再合十二國之師以肆伐，而鄭之君臣始無二志。振諸夏之威，奪强夷之勢，是可嘉矣！

按去年秋會諸侯伐鄭者，晉悼公之初駕也；今伐鄭而盟于亳城北者，晉悼公之再駕也；伐鄭而會于蕭魚者，晉悼公之三駕。《左氏》曰：晉侯謀所以息民，三駕而楚不能與爭者此也。亳【一〇】，《公》、《穀》作京。

冬，秦人伐晉

報去年之役，且秦景公之妹爲楚共王夫人，故爲楚伐晉。然楚既無以爭鄭，秦亦安能黨楚？《左傳》書晉敗績，而《經》不書者，無傷晉之大體也。

十有二年春王三月，莒人伐我東鄙，圍台。季孫宿帥師救台，遂入鄆

莒五年之間三伐魯，魯未暇治之。今又圍魯邑，故季氏既救吾邑遂入莒邑以報之也。自《穀梁》稱受命而救台，不受命而入鄆，諸家自此爭攻季孫之生事。夫季孫固可責也。然魯皆季孫爲之也，入鄆固不受命，救台亦果受命者乎？放飯流歠而問無齒決，《穀梁》之謂矣。莒，小夷也，滅鄫而遂伐魯，歲歲不已，季孫之施報，方略與相當。此事莒可罪，而於季孫固未暇議也。

夏，晉侯使士魴來聘

鄭人既服，遣使以謝伐鄭之師。此晉悼公待諸侯有禮也。

秋九月，吴子乘卒

吴壽夢立二十五年卒，吴至壽夢始大。楚畏吴之議其後，始不敢肆擾中國。

【一〇】亳　原作「毫」，據諸本及《春秋》改。

冬，楚公子貞帥師侵宋

鄭不可得而楚姑泄憤於宋，楚於是無能爲矣。

公如晉

拜士魴之聘，此事羈之禮也。

十有三年春，公至自晉

去冬如晉報聘，而今始歸也。

夏，取邿 音詩。

邿，附庸小國也。《左氏》稱邿亂分爲三，魯師救邿，遂取之。先師謂季氏柄國，兼地自廣也。許氏曰：晉始息民，是以楚侵宋不報，魯取邿不討，取無大亂而已。邿，《公羊》作詩。

秋九月庚辰，楚子審卒

楚共王立三十一年卒，自以嘗敗于鄢，欲謚以靈若厲。

冬，城防

高氏《集注》曰：防，臧氏之邑也。厥後齊高厚伐我北鄙，圍防。則城防者，畏齊也。木訥趙氏曰：魯有二防，一近宋，隱十年伐宋取防是也。一近齊，隱九年公會齊侯于防是也。魯既事晉而外齊，懼有齊師，故城防以備之。明年齊卒有圍成之役，用是知城防以備齊也。

十有四年春王正月，季孫宿【一一】、叔老會晉士匄。齊人、宋人、衛人、鄭公孫蠆、曹人、莒人、邾人、滕人、薛人、杞人、小邾人會吴于向

時吴壽夢已卒，所會者吴新君諸樊也。《左氏》載吴敗於楚，告于晉，向之會，爲吴謀楚也。范宣子數吴之不德也，以退吴人。任氏曰：晉侯始汲汲會吴，將以謀楚也。鄭國既服，楚隙亦解，故諸侯不會，但使大夫。自是之後，歷襄、昭之世不復與吴會。然則會吴非晉所欲也。趙氏曰：悼公賢君，豈安於事夷狄哉！方内有所賴，勢不得已也。

二月乙未朔，日有食之

書災。

夏四月，叔孫豹會晉荀偃、齊人、宋人、衛北宫括、鄭公孫蠆、曹人、莒人、邾人、滕人、薛人、杞人、小邾人伐秦

《左氏》曰：諸侯之大夫從晉侯伐秦，以報櫟之役也。木訥曰：用諸侯之兵以報己怨，非也。然自是一伐秦，終春秋之世，秦不敢復侵晉。

己未，衛侯出奔齊

《傳》載衛獻公戒孫林父、甯殖食而弗食，二子作亂，立公孫剽，公出奔。

莒人侵我東鄙

【一一】季孫宿　「孫」原作「叔」，據《春秋》改。

注曰報入鄆也。木訥曰：季孫宿入鄆，非兵首也。而莒猶以爲憾，侵我東鄙，報入鄆之役焉。彼夷狄之酋安辯曲直之理，至十六年魯訴於晉，溴梁之會，晉人執而釋之。然後少悛，故二十年爲向之盟，而魯始無東鄙之患。戎狄之情，非桓無以制之也。

秋，楚公子貞帥師伐吴

石林曰：《經》書楚伐吴而已。《傳》稱吴敗楚師于皐舟，不足據。木訥曰：楚康即位，修先君之怨，謂楚不得志於中國者，吴實爲之梗，故置宋、鄭不問而首伐吴，其謀尤出共王之上矣。

冬，季孫宿會晉士匄、宋華閱、衛孫林父、鄭公孫蠆、莒人、邾人于戚

《左氏》載衛孫林父逐衛獻公衎而立剽。晉侯以問，荀偃對曰「不如因而定之，衛有君矣。」故會于戚以定剽。戚，衛地也，林父之邑也。木訥曰：釋賊不誅反定剽位，何賴於霸主哉【一二】？愚按：荀偃本亦弑賊，故爲逆賊林父謀而成其亂於林父之私邑。凡今年春列國之會于向者，太半不至，亦可見人心之公。而晉悼坐荀偃之誤不少矣。自是至剽弑而衎歸，衛有二君者十年，皆晉實爲之也。以悼公之賢而有此，惜哉！蓋公怠矣，明年遂薨。

十有五年春，宋公使向戌來聘。二月己亥，及向戌盟于劉

《傳》稱向戌來聘，且尋盟。許氏曰不盟于國而盟于劉，崇向戌也。公弱甚矣。張氏

【一二】霸主　「霸主」原作「羈王」，據文淵閣本、《春秋經》改。

曰：劉，魯地。

劉夏逆王后于齊

注：劉夏，天子之士也。《傳》逆王后，卿不行，非禮也。

夏，齊侯伐我北鄙，圍成，公救成，至遇。季孫宿、叔孫豹帥師城成郛

成，孟氏邑也。崔氏曰：公叔成北至遇齊侯，或已解圍而去，故公不進。《傳》謂畏齊不敢進，似誤矣。若實畏齊不敢進，當書「次」不書「至」也。戴氏曰：齊圍成，而公親救，既而二卿城成郛，用見孟氏之强，公不敢不出。而二卿合比以弱公室也。葉氏曰：前圍而公救之，固過矣。今二氏復各以其軍爲之城，著三家之自爲政也。先師嘗言三家私相封殖。城費，則叔仲以媚季氏；城成郛，則季叔以私孟氏。愚按：魯自作三軍，魯國已盡爲三家之有，而成又孟氏私邑。諸家反責襄公不能救成，致郛壞而非時以城者，殆腐儒之談，不能尚論其世者也。郛，外城也。孟氏蓋因是益固其守。至定公十二年，公圍成而不可隳。

秋八月丁巳，日有食之

書，災。

邾人伐我南鄙

邾黨於莒而附齊，故齊伐我北鄙，邾伐我南鄙，魯告晉，晉將爲會以討邾、莒。晉侯有疾乃止。許氏曰：魯自文、襄失政，齊與邾、莒交伐其國，由民分於三桓故也。

冬十有一月癸亥，晉侯周卒

晉悼公生十四年而立，立十五年而卒，壽甫三十。其經營楚、鄭時年方二十四五，功視桓、文，而德則過之。嗚呼！盛哉。木訥趙氏曰：晉室中僨，三郤誅，厲公弒，悼公以公族自外入繼。即位之初，慨然思復文公之業，一爲宋圍彭城而得諸侯，再奪鄭虎牢而得陳、鄭，外抗强楚，内連東吴，蕭魚之會，不戰不盟，楚不敢争，鄭不忍叛，雖召陵之役不是過也！其功業直將俎豆文公於百載之上，襄、成、靈、厲有慚德矣。以《傳》觀之，悼公之所以成霸業者，抑亦内外兩治者歟。其爲國也，施舍己責，逮鰥寡，振廢滯，康乏困，救災患，禁淫慝，薄賦斂，宥罪戾，舉不失職，官不易方，爵不踰德，師不陵正，旅不偪官，民無謗言。所以復霸。若《傳》果無溢美，則悼公直出桓、文之上。

十有六年春王正月，葬晉悼公。三月，公會晉侯、宋公、衛侯、鄭伯、曹伯、莒子、邾子、薛伯、杞伯、小邾子于湨梁。戊寅，大夫盟晉人，執莒子、邾子以歸。齊侯伐我北鄙。夏，公至自會 湨，古闃反。

晉悼公將爲魯討邾、莒，未果而卒。晉平公初立，即速葬其父，會諸侯于湨梁，執邾子、莒子以歸，自謂討有罪，能繼父志矣。然因欲速，反使其父悼公以中夏霸主，下從大夫三月而葬之禮。又身方居喪而速會諸侯，以諸侯宴行歌詩之事，諸侯咸在而反使大夫專盟，邾、莒皆諸侯，而反使大夫得執之以歸。故高厚逃歸而齊怒滋甚，又侵我北鄙矣。晉平之不克繼如此。

五月甲子，地震

記災異

叔老會鄭伯、晉荀偃、衛甯殖、宋人伐許

戴岷隱曰：許侯欲遷于晉，許大夫不從。許之勢甚迫，許之請可念也。晉人歸諸侯而獨使大夫伐許，猶未甚怒也。獨許、鄭有宿怨，鄭伯身從諸侯，甘心於許，故以鄭序晉上，爲鄭主乎是師也。趙木訥曰：許爲鄭虐，遷於葉以依楚，中國失許，實鄭之由。今晉不察，復聽鄭伐許，故十八年楚公子午伐鄭，許故也。悼公在位十五年，置許不問，以得許無益而徒犯楚怨，爲宋、鄭之患也。今平公聽鄭伐許，無得而失則多矣。

秋，齊侯伐我北鄙，圍郕

邾、莒皆齊之黨，相與伐我者，齊貳晉，執邾、莒，以齊故也，故齊益伐我，至於圍郕。

大雩

旱而禱也，大則僭也。

冬，叔孫豹如晉

以齊伐我故也。齊自恃霸餘，自柯陵之會，遂不復出，使大夫聽命，使世子抗禮，以魯服晉而伐之，伐魯所以貳晉也。故今穆叔往晉告急，曰「敝邑之急，朝不及夕。引領西望曰庶幾乎！」

十有七年春王二月庚午，邾子牼卒

邾宣公立十八年卒。牼，《公》、《穀》並作瞷。

宋人伐陳

高氏《集注》曰：七年鄬之會，陳哀逃歸，自是十年不與諸侯會。而楚、鄭連年侵宋，宋於是請於晉而伐之。

夏，衛石買帥師伐曹

孫林父之子孫蒯由于曹而見詬，故石買爲之伐之。曹人愬于晉，故明年晉執衛行人石買。

秋，齊侯伐我北鄙，圍桃。高厚帥師伐我北鄙，圍防

齊素貳晉以虐魯。晉平公又一旦執其相與伐我之邾、莒，所以重齊之怒而甚魯之禍，嘗三伐北鄙，再圍成，今君臣又分攻其二邑，蓋楚方不撓中國，而齊以中國反自撓中國矣。

九月，大雩

旱祭而僭者也。

宋華臣出奔陳

《傳》載華閱卒，閱之弟華臣虐閱之子臯比，賊殺其宰華吴，宋公已因向戌之言而舍之矣。國人逐瘈狗入其室，華臣懼而奔陳。木訥曰：華臣奔，而乃奔其君之讎，君可疾乎？

冬，邾人伐我南鄙

邾宣伐我，已爲晉執。邾悼新立，又復修怨【一三】，此叛晉也，此與齊也，此祝柯之會所以復見執也。

十有八年春，白狄來

《公羊》曰：不言朝，不能乎朝也。

夏，晉人執衛行人石買

爲石買無故伐曹而執之也。然不當因其爲行人而執之也。

秋，齊師伐我北鄙。冬十月，公會晉侯、宋公、衛侯、鄭伯、曹伯、莒子、邾子、滕子、薛伯、杞伯、小邾子同圍齊

齊、魯婚姻之國，今怒晉而泄之於魯，三年而五加兵，宜諸侯之所共怒也，故同圍齊。岷隱曰：春秋未有書同圍者，而此獨書，見齊之得罪者多，而諸侯之同心者衆也。

曹伯負芻卒于師

曹成公弒立二十三年而卒于師。

【一三】又復修怨 「怨」原作「恐」，據明本、文津閣本改。

楚公子午帥師伐鄭

石氏曰：楚自蕭魚之會師不出者已七年，今鄭子孔欲去諸大夫而專政，召之來也。故明年鄭討子孔。

十有九年春王正月，諸侯盟于祝柯。晉人執邾子。公至自伐齊，取邾田自漷水。季孫宿如晉

盟于祝柯之諸侯即同圍齊之諸侯也，故不再叙。晉執邾子者，以邾之爲齊伐魯也。公至自伐齊者，圍齊後復歸魯也。取邾田自漷水者，晉怒邾之伐魯不已，故取邾之田以予魯，自漷水爲界也。季孫宿如晉者，拜其爲魯伐齊且取邾田以予魯也。然晉救魯可也，動天下之兵以執邾子而取邾田不可也，未足以服齊也。柯，《公羊》作阿。

葬曹成公

計亦五月而葬。

夏，衛孫林父帥師伐齊。秋七月辛卯，齊侯環卒。晉士匄帥師侵齊，至穀聞齊侯卒，乃還

齊未服而再伐之。齊侯卒而還，不伐喪也。齊靈公立二十八年卒。

八月丙辰，仲孫蔑卒

蔑者，孟文伯之子孟獻子。《孟子》稱其有友五人者。

齊殺其大夫高厚

齊之權臣崔與高也。齊靈公死，崔杼立世子光。高厚傳公子牙，光立執牙，故杼殺高厚。木訥曰：高既以罪誅，齊之權在崔而已，故不旋踵而有崔杼之逆。高之殺，崔之幸，齊之禍也。

鄭殺其大夫公子嘉

《傳》載子孔之爲政也專，國人患之。子展、子西帥國人伐之，殺子孔而分其室。其所以伐之之辭曰「盜殺鄭三大夫」，時子孔知而不言也。前年楚師至純門，子孔召之也。然此其辭也，專殺而又分其室者，私也。子孔死，子産於是始爲卿。嘉，《公羊》作喜。

冬，葬齊靈公

秋七月卒，至冬葬，計亦五月。

城西郛

《左氏》曰：懼齊也。齊嘗伐北，莒伐東，邾伐南矣。故今備西。

叔孫豹會士匄于柯城、武城

齊伐魯，魯恃晉，今齊以晉不伐喪而與晉平，故穆叔聘晉，且城武城爲備。

二十年春王正月辛亥，仲孫速會莒人，盟于向

仲孫速，孟獻子名蔑之子孟莊子也。莒自五年鄫屬魯，而明年莒滅鄫，其後八年、十年、十二年、十四年嘗伐魯。魯愬于晉，晉嘗執莒子，前年諸侯盟督揚以和解之，故今孟莊子始與之結盟，迄二十年莒、魯不交兵。

夏六月庚申，公會晉侯、齊侯、宋公、衛侯、鄭伯、曹伯、莒子、邾子、滕子、薛伯、杞伯、小邾子盟于澶淵。秋，公至自會　澶，市然反。

《左》曰齊成故也。木訥曰：齊靈公卒，晉士匄聞喪不伐，振旅而還，齊人德之，求成于晉。晉合十三國歃血于澶淵，小大協和，天下賴之。愚按：圍齊之役，十二諸侯環其郛，靈公至欲還避而終不服。今因感其不伐喪而求服，甚矣禮之可以服人也。

仲孫速帥師伐邾

《傳》稱邾屢伐魯，魯以有諸侯之事弗能報。今孟莊子報之，然晉已爲魯伐邾，取田畀魯。澶淵之會，魯又方與邾同盟矣，不宜更伐之也。孟莊子父喪方新而盟莒伐邾，專横如此，急於擅魯爾。

蔡殺其大夫公子燮。蔡公子履出奔楚。陳侯之弟黄出奔楚

《傳》載蔡文公欲改事晉，畏楚不果而卒。公子燮求從先君以利蔡，蔡人殺之。燮之弟履遂奔楚。陳之慶虎、慶寅專政，誣公子黄與燮同謀，黄亦呼於國而奔楚。愚按：澶淵之會獨陳、蔡不與，必諸大夫志在楚也。

叔老如齊

齊、魯既同澶淵之盟，於是釋怨而修好。

冬十月丙辰朔，日有食之

書災。

季孫宿如宋

《傳》曰報向戌之聘也，宋人重賄之。

二十有一年春王正月，公如晉

魯連歲困於齊，邾、莒。今晉爲平齊而執邾、莒，故往謝之也。

邾庶其以漆、閭丘來奔

庶其，邾大夫也。漆與閭丘，邾之二邑，庶其盜之以奔魯也。《左氏》載季氏妻庶其以公之姑姊，其從者皆有賜。臧武仲謂之賞盜。岷隱曰：昔莒僕以寶玉來奔，季文子使出諸境。甚矣季武子之有愧於其祖也！木訥曰：今一受庶其之叛，其後莒、牟夷、邾黑肱接踵而至，曲阜之地匯爲賊淵。愚按：此所謂春秋三叛臣者也。然魯之受之，皆非君命。襄公如晉而庶其以漆、閭丘來。昭公如晉，而牟夷以牟婁、防兹來。昭公在乾侯，而黑肱以濫來。然則實爲賊淵者，惟季氏歟。

夏，公至自晉

如晉拜師，踰時方返。

秋，晉欒盈出奔楚

《左氏》載欒盈之母欒祈與其老州賓通，懼欒盈之討也，愬於欒祈之父范宣子，誣欒盈將爲亂，宣子信之，使盈城境而逐之，盈遂奔楚。木訥謂：盈將倚楚以入叛也。按欒書弒厲公而免於討，欒黶汰而以内亂亡其家，盈奔雖非其罪，而積惡有自來矣。

九月庚戌朔，日有食之。冬十月庚辰朔，日有食之

襄陵許氏曰：比年食，今又比月食，蓋自是八年之間而日七食，禍變重矣。徂徠石氏曰：此年九月、十月日食，二十四年七月、八月日食，三年之内連月而食者再。諸儒以爲曆無此法，或傳寫之誤。然漢高二年十月、十一月亦頻食，天道遠，按交會之度而求之，亦難矣。

曹伯來朝

曹武公即位，既除喪而始來朝也。

公會晉侯、齊侯、宋公、衛侯、鄭伯、曹伯、莒子、邾子于商任 音壬。

《左氏》曰：錮欒氏也。木訥曰：一大夫出奔，動天下諸侯以錮之，盈亦何能爲哉！蓋懼其脅楚以入爾。岷隱曰：欒盈實奔楚，非晉所得錮也。商任之會，非徒無益而又害之。高氏《集注》曰：范鞅欲使盈無所容於世，故盈發憤卒興大亂，此以私敗公，足爲戒也。

《公羊》、《穀梁》皆於是年附十有一月庚子孔子生。

二十有二年春王正月，公至自會

會于商任而歸也。

夏四月。秋七月辛酉，叔老卒

注：子叔齊之子也。蓋叔肸之孫，聲伯之子，其子弓嗣，是曰子叔敬子。

冬，公會晉侯、齊侯、宋公、衛侯、鄭伯、曹伯、莒子、邾子、薛伯、杞伯、小邾子于沙隨。

公至自會

時欒盈自楚如齊，范鞅知之，故復爲沙隨之會以錮之。師氏曰：欒盈非有犯上之罪，徒以范氏私怨再會諸侯以錮之，是宜起其惡心，而有曲沃之事。夾漈曰：齊侯陽會晉而陰納欒氏，故齊、晉之仇復興。

楚殺其大夫公子追舒

追舒者，令尹子南也。《傳》載觀起有寵於子南，未益禄而有馬數十乘，遂殺子南於朝，轘觀起於四竟。蘇氏謂罪不至死也。

二十有三年春王二月癸酉朔，日有食之

書災。

三月己巳，杞伯匄卒 匄，古害反。

杞孝公立十七年卒。

夏，邾畀我來奔

畀我者，邾庶其之黨也。既納其叛邑，又納其叛人。

葬杞孝公

晉平公之母舅，故魯會其葬而書杞，始此也。

陳殺其大夫慶虎及慶寅，陳侯之弟黄自楚歸于陳

《傳》載二慶專陳，公子黄奔楚。陳侯如楚，楚用黄之愬，使慶樂往殺之，而黄得歸楚。木訥曰：黄以君之弟而見逐，陳哀侯僅免爲衛衎、魯昭，幸矣，今能殺二慶，黄之謀，楚之力也。

晉欒盈復入于晉，入于曲沃

欒盈自楚如齊，齊因媵晉嫁女，竊載盈入于盈之舊邑曲沃。盈帥曲沃之甲，因魏獻子以晝入絳，兵敗奔曲沃。晉人圍之。按《傳》所載，先入沃後入晉，其次第與《經》不同，或者疑之。孫氏曰：此欒盈以曲沃之甲入晉，敗而後奔入曲沃也。

秋，齊侯伐衛遂伐晉。八月，叔孫豹帥師救晉，次于雍榆 雍，於用反。

齊自恃霸餘，素不從晉。晉靈之世，衛嘗爲晉伐齊，齊故伐衛以報其役，志實在伐晉也。豹救之而次于雍榆者，孫氏謂不救則懼晉之討，往救則畏齊之强也。木訥曰：齊莊即位，德士匄之不伐喪，姑與晉平，及其幸晉有欒氏之亂，復伐晉以報平陰之役。然不修澶淵之好，而修平陰之怨。莊公亦好亂樂禍者，宜其不善終也。

己卯，仲孫速卒

此孟獻子之子孟莊子也。莊子無適嗣，公鉏長而而愛其幼子名紇，故臧武仲爲之立紇，是爲悼子。

冬十月乙亥，臧孫紇出奔邾 紇，下没反。

臧武仲阿季氏意，爲之廢長立少，其長公鉏既見廢，亦爲孟氏廢其長秩而立其少羯，以激怨孟氏，蓋孟氏素惡臧氏者也。孟氏遂告季氏，謂臧氏將爲亂。臧武仲斬關出奔，孟椒盟之曰：無或如臧孫紇干國之紀，犯門斬關。武仲如防請後，魯立臧爲，而臧紇致防奔齊。孔子謂其要君者也。

晉人殺欒盈

《傳》載晉人克欒盈于曲沃，盡殺欒氏之族。不書殺其大夫者，黎氏謂前書「出奔」，已非晉大夫；次書「入晉」，則晉之寇；此書「殺欒盈」，則討賊之辭也。

齊侯襲莒

《傳》載齊侯還自晉而襲之也。趙子曰：掩其不備曰襲。黎氏曰：《春秋》用兵雖多，無書「襲」者，此獨曰「襲」，黎譏諸侯行盜賊之事。臧武仲於其伐晉，亦云聞晉亂而後作，抑君似鼠，鼠晝伏夜動。

二十有四年春，叔孫豹如晉。仲孫羯帥師侵齊

豹如晉，賀克欒氏也。羯侵齊，爲晉故也。木訥曰：豹如晉以雍榆之次爲功，晉照其僞而有言焉，故羯侵齊以悦之。魯若移其侵齊之役於雍榆之次，則豹不必往，羯不必侵也。岷隱曰：豹之如晉，賀克欒氏，羯之侵齊，爲晉復怨。夫當事而救，不能致力，既事而聘，何益於晉？當齊伐晉，不能擊齊，既退而侵，何損於齊？君子是以知其爲文具也。

夏，楚子伐吴

《左傳》載楚爲舟師伐吴，不爲軍政，無功而還。木訥謂楚怨吴之與晉，今雖吴與晉不交者已十年，至是凡三伐吴。

秋七月甲子朔，日有食之，既

食之既，災之甚也。

齊崔杼帥師伐莒

木訥曰：齊以盜竊之計襲莒，實無得焉，故崔杼因復伐莒，成君之惡，而已得行其姦。岷隱曰：君子是以知崔杼有異志，助其君爲虐矣。

大水

書災也。許氏曰：夷儀之會以水不克伐齊，則知水之所被者廣，非特魯之災也。

八月癸巳朔，日有食之

食之既矣，而又連食，尤其災也。

公會晉侯、宋公、衛侯、鄭伯、曹伯、莒子、邾子、滕子、薛伯、杞伯、小邾子于夷儀。冬，楚子、蔡侯、陳侯、許男伐鄭。公至自會

《左氏》謂謀將伐齊，以水不克。岷隱曰：會于夷儀，欲伐齊，不克。乃使楚人伐鄭以牽制中國。木訥曰：楚未嘗一日忘鄭，特觀中國之釁而已。今晉不能和諸侯以制楚，而乃摟諸侯以伐齊，且勝齊，孰愈於制楚哉？夷儀之會，無損於齊，徒爲鄭招寇也。

陳鍼宜咎出奔楚

《傳》謂陳復討慶氏之黨，故鍼宜咎出奔楚。

叔孫豹如京師

《傳》載齊城王城之郟，穆叔如周賀城。許氏曰：自宣九年仲孫蔑如京師，其後五十餘年始有叔孫豹如京師，以罕書也。自是不復聘王矣。

大饑

木訥曰：宣十年秋大水而冬饑。今秋大水而冬大饑。無先具也。

二十有五年春，齊崔杼帥師伐我北鄙。夏五月乙亥，齊崔杼弒其君光。公會晉侯、宋公、衛侯、鄭伯、曹伯、莒子、邾子、滕子、薛伯、杞伯、小邾子于夷儀

《傳》載崔杼見棠姜美而取之，莊公通焉。杼欲弑莊公，故伐魯將致晉師，弑君以説于晉而不獲，遂歸而弑之。夷儀之會將伐齊以討崔杼之弑，齊賂之而還。木訥曰：諸侯不能討逆，反冕弁端委以乞賂於盜，爲辱大矣。齊莊公立凡五年。

六月壬子，鄭公孫舍之帥師入陳

《左氏》載：初，陳侯會楚子伐鄭，當陳隧者，井堙木刊，鄭人怨之，故今入陳。

秋八月己巳，諸侯同盟于重丘。公至自會

《傳》曰齊成也。按晉此行欲報齊莊朝歌之師也。岷隱曰：舍崔氏之大罪，復莊公之小怨，況又納賂焉，何以宗諸侯？愚按：重丘之盟，列弑君之齊，不惟不克伐齊，適以成其亂爾。

衛侯入于夷儀

自剽簒立而衛獻公衎出奔，今入于夷儀。夷儀，衛之邑也。及甯喜弑剽，始復歸于衛之都。

楚屈建帥師滅舒鳩

《傳》載舒鳩叛楚，吴救之，大敗，故楚滅舒鳩。木訥曰：群舒近楚，爲楚蠶食，至是盡矣。成十七年滅舒庸，宣八年滅舒蓼，及是滅舒鳩。其先本與楚俱張，荆舒是懲是也，而今皆併於楚。

冬，鄭公孫夏帥師伐陳

《傳》載子西復伐陳，陳及鄭平。按鄭之再伐，甚矣。以子產獻捷于晉，子產辭辨而晉受之，故恃此而再伐也。

十有二月，吴子遏伐楚，門于巢，卒

《傳》載諸樊伐楚以報舟師之役，門于巢，巢牛臣隱于短墻而射之，卒。吴諸樊立凡十三年。

二十有六年春王二月辛卯，衛甯喜弒其君剽，衛孫林父入于戚以叛。甲午，衛侯衎復歸于衛

《傳》載衛孫林父，甯殖逐衛獻公而立剽。甯殖後悔之。垂没屬其子喜復獻公，喜許諾。至是獻公自夷儀與甯喜言，於是甯喜弒剽。孫林父元逐獻公而立剽者也，故入于戚以叛，蓋戚其私邑也。剽弒，林父出，而獻公復歸。愚按：剽本篡立而書甯喜弒其君者，喜嘗事之爲君十年也。衛侯歸而書名者，剽弒衎歸，衛有二君，書名以别也。

夏，晉侯使荀吴來聘。公會晉人、鄭良霄、宋人、曹人于澶淵 澶，市延反。

《傳》載晉黨衛之孫林父召公同會澶淵，取衛懿氏六十以與孫氏。愚按：孫林父，衛之叛賊也，晉平公反爲之封殖如此。鄭良霄獨書名者，胡氏謂鄭伯爲衛侯，故如晉，知其不助孫氏也。時趙武主會，止書晉人。

秋，宋公殺其世子痤才禾反。

《傳》載痤美而狠，向戌惡之。寺人伊戾事痤無寵，誣痤與楚客盟，將爲亂。向戌曰：固聞之。痤求其弟佐爲請，向戌聒而與佐語，故使佐失期，痤無救乃縊。已而公知其冤，烹伊戾。愚謂此向戌之罪也。

晉人執衛甯喜

《傳》載晉人執喜，詰之曰：曷爲納君而伐孫氏？則是爲叛賊之異己而執之，非以其有弑君之罪而執之也。

八月壬午，許男甯卒于楚。冬，楚子、蔡侯、陳侯伐鄭，葬許靈公

《傳》載許靈乞師于楚，以死爲期，楚故爲之伐鄭而後葬也。按靈公立四十五年，爲讎鄭而死蠻荆。

二十有七年春，齊侯使慶封來聘

齊景公初即位，慶封得政，欲善於諸侯，於是來聘。

夏，叔孫豹會晉趙武、楚屈建、蔡公孫歸生、衛石惡、陳孔奂、鄭良霄、許人、曹人于宋

《左氏》載宋向戌善於晉趙文子，又善於楚令尹子木，於是合晉、楚于宋，欲弭諸侯之兵以爲名。

衛殺其大夫甯喜，衛侯之弟鱄出奔晉

甯喜既弑剽，迎復獻公而專。公患之，公孫免餘爲公殺之。初，喜之謀復獻公也，謂公不信，欲得其弟鱄之言以爲信，喜以鱄之言而返公。今公殺喜，故鱄出奔，終身不仕。

秋七月辛巳，豹及諸侯之大夫盟于宋

向戌會十四國，盟以弭兵，上文惟序九國者，注云齊、秦不交見，邾、滕爲私屬，皆不與盟。宋爲地主，與盟不待序也。是役也，楚衷甲爭盟，晉讓楚先歃，書先晉者，貴信也。鄭夾漈曰：宋之會大成也，未有合晉、楚之成，而大夫專之者也。然自宋之盟四十年，九國不仇兵。戴岷隱曰：弭兵之功小，大夫專盟之罪大。大夫固嘗盟于溴梁矣。當是時諸侯皆在會，憚於一盟，遺大夫以爲盟，是諸侯之怠，非大夫之專也。大夫專盟，未有如宋者也。《春秋》書宋之盟，特言諸侯者，明君臣之義；特先晉人者，正夷夏之分。孫泰山曰：自宋之會，天下皆大夫專之。

冬十有二月乙亥朔，日有食之

書，災也。《左氏》謂再失閏。劉氏《權衡》辨其不然。

二十有八年春，無冰

「三之日納于凌陰」，今正月也。去年常燠，故今無冰。

夏，衛石惡出奔晉

《傳》載討甯氏之黨，故惡出奔。

邾子來朝

邾悼公舊每伐魯，自魯愬之晉而執之，取其田，納其叛邑。邾宜無以自立，今其來朝，蓋屈服也。

秋八月，大雩

旱祭之僭。

仲孫羯如晉

《傳》爲宋之盟，告將如楚也。

冬，齊慶封來奔

《傳》載慶封好田而嗜酒，與其子慶舍政，以其内實遷于盧蒲嫳氏，國遷朝焉。慶舍爲盧蒲癸所殺，慶封伐之，弗克，遂來奔。齊人來讓，奔吴，吴與之朱方，富於其舊。

十有一月，公如楚

秋，既使羯告於晉，今乃如楚。《傳》載公及宋公、陳侯、鄭伯如楚。岷隱曰：率天下朝楚，明告于晉。晉不得而辭也，尚得以宋之盟爲晉趙氏之功乎？夾漈曰：爲宋之盟，故從楚之諸侯皆朝于晉，從晉之諸侯皆朝于楚，謂之交好。魯君之如晉屢矣，自周公以來，於今始朝楚。

十有二月甲寅，天王崩

周靈王立二十七年崩。

乙未，楚子昭卒

楚康王立十五年卒。

二十有九年春王正月，公在楚。夏五月，公至自楚

岷隱曰：當正月之吉，身在夷狄之國。《左氏》以爲釋不朝正于廟。《公羊》以爲存君，《穀梁》以爲閔公。皆得之矣。木訥曰：成十年、襄四年、昭十五年公皆如晉，皆踰年而反，不書公之所在。惟昭公見逐於季氏，三年之間皆書「正月，公在乾侯」。今公如楚，權在季孫宿。觀《左氏》載季氏取卞，公謂公冶曰：吾可入乎？則事亦危矣。此所以書公之所在也，其書公至自楚，蓋楚止公以送楚之葬，凡七月乃得歸。《穀梁》謂殆其往而喜其返也。

庚午，衛侯衎卒

獻公立通前三十三年，嘗爲孫林父所逐者十年。

閽弑吴子餘祭 測戒反。

《左氏傳》載吴伐越，獲俘焉，以急閽，使守舟，餘祭觀舟，閽以刀弑之。

仲孫羯會晉荀盈，齊高止、宋華定、衛世叔儀、鄭公孫段、曹人、莒人、滕人、薛人、小邾人城杞。晉侯使士鞅來聘。杞子來盟

杞，晉平公母家也，故合諸國城之。士鞅、杞子之來，皆謝城杞也。

吴子使札來聘

《公羊》盛言札之賢而進之。劉氏質夫曰：札不稱公子，以辭國而生亂者，札爲之也。張氏曰：季子爲其父之所立，其兄之所屬，違父兄之命，徒以潔身而去爲高。觀宗國之危亂，僚與光之相殘，若秦人視越人之肥瘠。況身爲貴戚，自古聖賢未有視社稷安危若是恝者。夫子所謂果哉，末之難矣！其復位而待之，言曰：非我生亂，君子殆未之信也。劉質夫之傳，得聖人之旨矣。趙氏鵬飛曰：彼其來聘，豈情也哉？窺中國而已。愚按：《春秋》書吴札之來聘，與書楚椒、秦術之來聘同。而史載其後闔閭弑僚，札爲之使東諸侯，其窺中國可知矣。《公羊》言札終身不入吴國者，亦妄也。苟不義其爲，如曹子臧猶可也，胡爲而爲之來聘？爲之來聘而云不入其國可乎？《公羊》因其逃國而高之，故過爲之辭。凡前諸儒之説，皆正也。

秋九月，葬衛獻公

五月而葬。

齊高止出奔北燕

高止，高厚之子。北燕，召公之後，今始見於《經》。高止好以事自爲功，且專。公孫蠆、公孫竈放之而奔。木訥曰：自高止奔之而燕以亂，燕伯奔齊，齊侯伐燕，皆基於高止。

然愚恐亦意之爾。

冬，仲孫羯如晉羯，居謁反。

《左氏》謂此年士鞅來聘而報之也。

三十年春王正月，楚子使薳罷來聘罷音皮。

高氏《集註》曰：公踰年在楚，楚郟敖新即位，故使薳罷以報之。

夏四月，蔡世子般弒其君固

以閨門之惡也。固者，景公也，立四十九年。

五月甲午，宋災，宋伯姬卒

伯姬以傅母不在，宵不下堂，逮乎火而死。蓋寧死而不失其節。

天王殺其弟佞夫，王子瑕奔晉

周景王初立，儋括謀亂，欲立佞夫。佞夫不知而王殺之。子瑕，佞夫之與也，故奔。

秋七月，叔弓如宋葬宋共姬

叔弓者，叔老之子，使之共葬，賢伯姬也。謚共，從夫正也。

鄭良霄出奔許，自許入于鄭，鄭人殺良霄

《左氏》載良霄者，伯有也。强子晳使楚而嗜飲不戒。子晳攻之，伯有醉，奔許。許者，鄭仇也。伯有復還，以其甲入，駟帶帥國人伐之，伯有死於羊肆。良霄不稱大夫者，戴氏謂其出奔，已絶於鄭。

冬十月，葬蔡景公

四月見弒，十月方葬。

晉人、齊人、宋人、衛人、鄭人、曹人、莒人、邾人、滕人、薛人、杞人、小邾人會于澶淵。宋災故 澶，市延反。

《公羊》曰：卿不憂諸侯。崔氏曰：直爲宋災之故而爲會，其無補於宋，明矣。

三十有一年春王正月。夏六月辛巳，公薨于楚宫

如楚七月，不知恥，又歸而效之作楚宫。薨於是宫，非正也。

秋九月癸巳，子野卒

立而卒，《傳》以爲毁也。

己亥，仲孫羯卒

慶父之後孟孝伯也。

冬十月，滕子來會葬。癸酉，葬我君襄公

諸侯之喪，士弔，大夫送葬。滕成公來會葬，非禮也。

十有一月，莒人弒其君密州

《傳》稱公子展輿弒其君自立，而《經》書莒人，當以《經》爲正。

襄公四歲即位，權在仲孫蔑、叔孫豹、季孫行父及其子季武子作三軍以分公室，然自即位至十五年，皆晉悼公再伯之十五年，國以無事。悼公既没，困於齊、邾、莒連年之師，晉平公爲之平齊而執邾、莒，稍吐氣矣。及平公與楚盟於宋，與楚弭兵，楚遂横行中國。公兩事晉、楚，見辱於楚，得脱而歸，不自痛憤，反效夷言，作楚宫，卒没于楚宫。是豈能自立者哉。